NOUVEAU LIVRE

DE

MORALE PRATIQUE

A LA MÊME LIBRAIRIE

MASSON (J.), directeur d'école communale à Paris. — **Le livre de lecture des petits enfants.** Un vol. in-16, avec 65 grav., cart. . . . . 60 c.

— **Un voyage de vacances.** Un vol. in-8 illustré, broché.   1 fr. 10

— **Histoires de Bêtes qui ne le sont pas.** Un vol. in-16 illustré, cart. . . . . 40 c.

— **Le Rêve de Noël.** Un vol. in-16 illustré, cart. . . . . . 35 c.

— **La Vengeance de Jeannot-Lapin.** Un vol. in-16 illustré, cart. . . . . 35 c.

727-12. — Coulommiers. Imp. PAUL BRODARD. — 16-12.

J. MASSON
Directeur d'École à Paris
Secrétaire de la rédaction du *Manuel
général de l'Instruction primaire.*

D. ROUSTAN
Agrégé de l'Université
Professeur de philosophie.

NOUVEAU LIVRE

DE

MORALE PRATIQUE

À L'USAGE DES ÉCOLES ET DES FAMILLES

AVEC UNE PRÉFACE DE

F. BUISSON

Ancien directeur de l'enseignement primaire au ministère de l'Instruction publique.

ILLUSTRÉ DE 79 GRAVURES

QUATRIÈME ÉDITION

PARIS

LIBRAIRIE HACHETTE ET Cie

79, BOULEVARD SAINT-GERMAIN, 79

1912

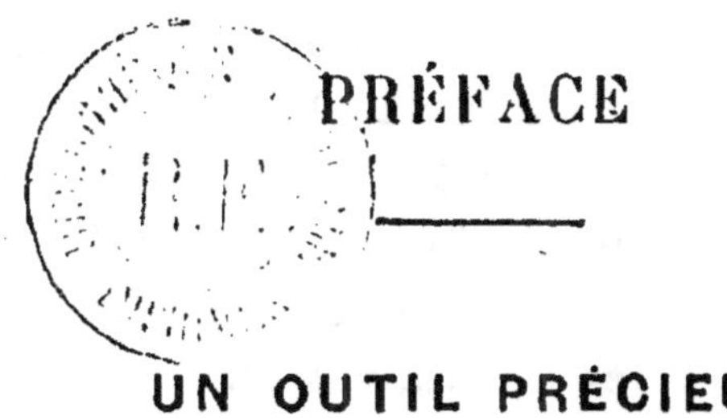

PRÉFACE

UN OUTIL PRÉCIEUX

C'est le titre qui me vient sous la plume en fermant ce *Nouveau livre de morale pratique*.

« Nouveau »? Être nouveau en pareille matière, c'est l'ambition de tous les auteurs. Demandez aux lecteurs ce qu'ils en pensent. Cette fois, pourtant, c'est justement la première impression qu'on a. Comment se fait-il que ce recueil tout petit, tout simple, tout enfantin d'allure, vous offre ce je ne sais quoi de neuf, charme inespéré? Vous êtes étonné de feuilleter ces deux cent cinquante pages avec tant de plaisir. Il y a pourtant bien des pages déjà lues, vous y retrouvez plus d'un souvenir d'enfance, et il n'y a rien qui ne soit lisible, intelligible et intéressant pour des lecteurs de dix à douze ans. Néanmoins cela ne sent pas le livre de classe, encore moins l'officiel et glacial *Manuel d'instruction morale et civique*.

Pourquoi?

C'est que l'inspiration en est très haute. C'est que les auteurs sont de ceux qui ont appris à faire difficilement des livres faciles, comme disait Boileau. C'est, si vous voulez, qu'ils ont d'instinct la salutaire, la sainte horreur du médiocre. Il y a là comme une théorie esthétique appliquée à la morale : le beau, le beau vraiment digne de ce nom, le parfaitement beau l'est seul assez pour le peuple. Et de même pour l'enfant, rien n'est assez bon que le meilleur dans l'excellent, que le bien pur, sans tache et sans limite, le bien qui ne s'arrête pas au possible, le bien idéal, le bien qui est une religion, une poésie, un élan vers le sublime.

Prenez les divers chapitres, vous remarquerez bien d'abord que les auteurs ont voulu être toujours concrets. Pas de sermons, pas de phrases, pas même de maximes ou très peu. Suppression impitoyable de tout le remplissage jugé nécessaire par tant d'auteurs de livres pour enfants. Suppression des inévitables banalités dites scolaires et qui ne sont que scolastiques. Suppression même des fables, non pas peut-être pour les fameux motifs allégués par Jean-Jacques, mais n'importe, c'était rompre hardiment avec le respect humain.

Mais de la place ainsi gagnée que va-t-on faire? — On y met des morceaux que la plupart des recueils primaires n'ont jamais vus : cela commence à Xénophon et cela ne finit pas à Tolstoï en passant par *l'Enfant prodigue* et le *Bon Samaritain*. Est-ce la variété, l'imprévu, j'allais dire l'inédit de ces leçons prises à tous les âges, à toutes les civilisations, à toutes les littératures qui rajeunit si fort cet enseignement? Est-ce la valeur littéraire de beaucoup de ces morceaux? Est-ce l'éclat de quelques-uns, la grâce de ceux-ci, la force de ceux-là? C'est tout cela sans doute, mais c'est autre chose surtout : c'est la hauteur de cette morale.

De la première page à la dernière, il en est ainsi. La première est de Tolstoï et c'est un de ses plus exquis souvenirs de première enfance rendu avec un charme pénétrant. A la dernière, on est déjà en pleine vie moderne, c'est une silhouette américaine tracée par Herbert Spencer et qui fait entrevoir « l'assassinat commercial ». Ouvrez le livre où vous voudrez, vous n'y lirez rien de banal et vous n'y trouverez pas une leçon de médiocrité morale.

La gamme est d'ailleurs infiniment variée. Il y a là près de deux cents récits, exemples, traits d'histoire, anecdotes, souvenirs, tableaux, réalité et fiction, histoire et poésie; ce qu'il y a de commun entre toutes ces scènes diverses, c'est la doctrine ou, si vous voulez, c'est le ton de l'enseignement, la qualité de la morale enseignée ou plutôt inspirée par tous ces exemples

On sent si bien que les auteurs ne songent nullement à faire remplir par l'enfant une série de devoirs numérotés et méthodiquement distribués! Ils ont eu l'heureuse audace de ne pas se préoccuper de satisfaire correctement aux divers articles de la longue rubrique : *Devoirs envers...*, qui suffirait à engendrer un non moins long ennui. Ce qu'ils veulent créer chez l'enfant, c'est une disposition, une émotion, une poussée de l'âme, un élan, bref, une manière de sentir, de penser, d'aimer, de vouloir et finalement une habitude de vivre qui lui fera, chemin faisant, découvrir tous les devoirs et aimer toutes les vertus dont il n'aura pas même appris le nom.

Et toute cette éducation, dans ce petit livre, se déroule comme dans la vie, jour par jour, sous mille aspects divers, avec la souplesse et la richesse de la vie elle-même. On y entend tour à tour le rire et les pleurs; on y voit passer des héros, des saints, des sages, des patriotes, des braves, des intègres, des modestes, des victimes du devoir, et puis çà et là de bonnes petites figures d'écoliers, des essaims d'enfants, de petites scènes de famille d'où la gaieté n'est pas absente, les jeux des frères et sœurs, les parents, l'aïeul, les voisins, le doux nid de famille, le bon rire de la vieille France, la solidarité du village en attendant celle de la patrie; et puis, comme repoussoirs, discrètement, rarement indiqués, mais indiqués pourtant, quelques types sur lesquels on ne saurait trop tôt éveiller l'attention, la pitié et l'horreur de l'enfant, ceux surtout de l'alcoolisme.

Assurément, tout cela est rapide, léger, sommaire comme une série d'esquisses. Ce petit livre ne dispensera

pas le maître de donner la règle et le précepte, de rédiger
peu à peu en doctrine suivie et méthodique cet ensemble
d'impressions morales; mais, de quelque sujet qu'il parle,
institutions de la France ou théorie générale du devoir,
enseignement de la solidarité ou règles d'hygiène, habitudes morales ou devoirs sociaux, à toutes ces choses qui
peuvent sembler abstraites, l'élève se trouvera déjà initié
et préparé, il y sera gagné d'avance par le cœur avant d'en
être convaincu par l'esprit. Le sentiment lui aura déjà
fait faire la première partie du chemin, et c'est celle qu'il
importe de bien frayer. Quel avantage pour un éducateur
d'avoir déjà tant d'intelligences dans la place et de pouvoir compter sur un écho d'émotion sympathique chaque
fois qu'il va parler du devoir?

F. Buisson.

AVERTISSEMENT AUX MAITRES

Toutes les personnes qui ont quelque expérience de l'enseignement élémentaire s'accordent à déclarer que les leçons de morale à l'école primaire ne seront fructueuses que si elles sont concrètes. Aussi les instituteurs et les institutrices s'efforcent-ils de fonder leur enseignement moral sur des *exemples*. C'est ce qui explique le grand succès obtenu par certains ouvrages qui ne sont que des recueils de belles actions, comme l'antique *Morale en actions* et la *Morale pratique* de Barrau. Mais ces livres, excellents en leur temps, ne sont aujourd'hui conformes ni à l'esprit ni à la lettre de nos programmes.

S'ils ont d'ailleurs l'avantage d'avoir été écrits d'un bout à l'autre par le même auteur et d'offrir ainsi une forte unité de doctrine, ils présentent aussi l'inconvénient, inévitable en pareil cas, de révéler trop franchement aux écoliers l'intention dans laquelle ils ont été composés. Pour rendre notre pensée d'un mot familier, ils annoncent trop le sermon. Leur lecture ne se suit pas sans une certaine monotonie. Un auteur, quelles que puissent être son ingéniosité et les ressources de son talent, ne saurait varier à l'infini sa mani[...] [...] raconter. Sur les deux ou trois cents récits que [...] [...]nt un ouvrage de ce genre, un grand nombre ressemblent trop à ceux qui les précèdent ou les suivent, au moins par la forme sous laquelle ils sont présentés.

Nous avons pensé qu'il serait utile de mettre entre les mains des élèves, comme *lecture courante*, un livre de morale en exemples composé suivant les indications du programme officiel, afin de pouvoir s'adapter à tous les cours théoriques de morale en usage dans nos écoles, et formé de morceaux empruntés à différents auteurs, par conséquent très varié de ton et de style. Tel est, croyons-nous, l'ouvrage que nous soumettons au jugement des maîtres.

Dans notre pensée, cet ouvrage est également destiné à servir de livre de lecture pour les élèves des cours d'adultes.

NOUVEAU LIVRE

DE

MORALE PRATIQUE

CHAPITRE I

LA FAMILLE

AVERTISSEMENT POUR LES MAITRES

Le programme officiel de morale classe les devoirs seulement d'après leur objet (devoirs envers soi-même, envers la patrie, envers l'humanité, envers les êtres vivants). Il considère d'abord l'individu, puis, autour de l'individu, des cercles concentriques de plus en plus étendus. La netteté d'une telle méthode la rend très commode à l'enseignement.

Mais l'instituteur ne se contente pas d'enseigner la morale; il veut la faire pénétrer jusqu'à l'âme de l'enfant. Sa profession est une mission plutôt qu'un métier. Il ne peut se contenter d'une méthode d'exposition commode, d'une méthode logique : pour exercer une action sur les caractères et sur les conduites, il lui faut une méthode *psychologique*. Telle est celle que nous lui proposons.

Elle consiste à partir des sentiments moraux que l'enfant a, pour les rendre plus conscients, plus profonds et plus vivaces et à développer ceux-ci jusqu'aux sentiments moraux que l'enfant n'a pas.

On commence donc par faire surtout appel à sa sensibilité. On lui fait prendre conscience des sentiments élevés qu'il possède à son insu, on essaie de fortifier l'amour naturel qu'il éprouve pour ceux qui l'entourent, on l'amène de l'amour de la famille à l'amour de la patrie, puis à l'amour de l'humanité et de tous les êtres vivants. Mais comme tous les devoirs ne sont pas des devoirs d'amour, il faut aussi s'adresser à la raison de l'enfant, et, après avoir éveillé chez lui des passions bonnes, lui faire adopter ce que nous appellerions volontiers, si le mot ne paraissait un peu ambitieux, une méthode de vie. Il ne suffit pas, en effet, que l'éducateur ait développé des sentiments affectueux, des inclinations généreuses et même éveillé des enthousiasmes qui peut-être, au milieu de circonstances exceptionnelles, inspireront d'héroïques sacrifices. Il faut encore préparer l'enfant à ces devoirs que le cœur ne dicte pas, qui exigent de ceux qui les accomplissent une adhésion rationnelle, une discipline morale volontairement acceptée. C'est par amour qu'on se dévoue, c'est par calcul, c'est par parti pris que l'on est sobre, travailleur, prudent, économe de son temps et de ses biens. Ce ne sont pas là des vertus communes Plus nombreuses peut-être sont les personnes capables de beaux dévouements et d'actions éclatantes, mais isolées, que les personnes constamment sincères, constamment honnêtes, constamment respectueuses des droits de leurs semblables. Pratiquer de telles vertus, c'est s'imposer une sorte de régime, c'est persévérer pendant toute une vie dans une attitude difficilement choisie, difficilement conservée. Or, cette persévérance à vouloir ce qui est juste et sage est proprement ce qui constitue une vie morale. Il n'est pas d'acte isolé, si admirable qu'on le suppose, qui puisse dispenser de ces *habitudes* morales. L'éducation n'aurait donc pas porté tous ses fruits si elle n'avait pas habitué l'enfant à accepter de telles disciplines.

Mais rien ne parait plus éloigné de la fantaisie capricieuse de l'enfant que la ponctualité d'un régime à suivre. Aussi avons-nous rejeté à la fin de ce recueil les chapitres où il est traité de ces *habitudes* morales, de la tempérance et des soins à prendre du corps, de l'emploi du temps et des richesses, de la sincérité, de la force d'âme dans le malheur, du souci de notre dignité. Et c'est dans le dernier chapitre qu'il est question des devoirs de justice, parce que ce sont les plus difficiles à pratiquer. Le *respect*, en effet, est un sentiment peu naturel à l'enfant, et c'est encore une *discipline morale* que l'observation de la justice. Tandis que la bonté jaillit du cœur, il n'en est pas ainsi du sentiment de l'inviolabilité du droit. La reconnaissance du droit d'autrui, la déférence que je professe à son égard supposent un parti délibérément adopté, un *plan de vie*, un régime auquel, après réflexion, je m'astreins, tant pour sauvegarder en retour mes propres droits, que pour affirmer l'estime que je fais de la dignité humaine en autrui, et par conséquent en moi-même. La justice est donc un devoir dicté par la raison. Or, nous voudrions avoir contribué par cet ouvrage à élever comme par degrés notre jeune lecteur des *bons instincts* jusqu'aux obligations rationnelles, lesquelles sont non seulement l'achèvement des bons instincts, mais même leur fondement et l'unique garantie de leur permanence.

Tendresse maternelle.

Je me rappelle que lorsque j'étais las de courir, je venais m'asseoir devant la table à thé dans mon petit fauteuil d'enfant, haut perché. Il était déjà tard, j'avais fini depuis longtemps ma tasse de lait sucré et mes yeux se fermaient de sommeil; mais je ne bougeais pas; je restais tranquille et j'écoutais. Comment ne pas écouter? Maman cause avec une des personnes présentes, et le son de sa voix est si doux, si aimable! A lui seul il dit tant de choses à mon cœur!

Je la regarde fixement avec des yeux obscurcis par le sommeil, et tout à coup elle devient toute petite, toute

petite; sa figure n'est pas plus grosse qu'un bouton [1], mais reste nette; je vois que maman me regarde et qu'elle sourit. Je trouve amusant d'avoir une maman toute petite. Je cligne encore plus les paupières et elle diminue : elle devient pas plus grande que les petits garçons qu'on voit au fond des yeux des gens. Mais j'ai remué, et le charme est rompu. Je fais les petits yeux, je change de position, je me donne beaucoup de peine pour rappeler le charme : c'est en vain.

1. Impression d'un enfant qui s'endort.

Je me laisse glisser jusqu'à terre et vais tout doucement me coucher commodément dans un grand fauteuil.

« Tu t'endors, mon petit Nicolas, me dit maman. Tu ferais mieux d'aller te coucher.

— Je n'ai pas envie de dormir, maman. »

Des rêves vagues, mais délicieux, emplissent mon imagination ; le bon sommeil de l'enfance ferme mes paupières, et, au bout d'un instant, je suis endormi. Je sens sur moi, à travers mon sommeil, une main délicate ; je la reconnais au seul toucher et, tout en dormant, je la saisis et la presse bien fort sur mes lèvres.

Tout le monde s'est dispersé. Une seule bougie brûle dans le salon. Maman a dit qu'elle se chargeait de me réveiller. Elle se blottit dans le fauteuil où je dors, passe sa main dans mes cheveux, se penche à mon oreille et murmure de sa jolie voix que je connais si bien :

« Lève-toi, ma petite âme ; ' est temps d'aller se coucher. »

Aucun regard indifférent ne la gêne : elle ne craint pas d'épancher sur moi toute sa tendresse et tout son amour. Je ne bouge pas ; mais je baise sa main encore plus fort.

« Lève-toi, mon ange. »

Elle met son autre main dans mon cou et me chatouille avec ses doigts. Le salon silencieux est dans une demi-obscurité ; mes nerfs sont excités par le chatouillement et par le réveil ; maman est assise tout contre moi, elle me touche ; je sens son parfum et j'entends sa voix : je me lève d'un bond, je jette mes bras autour de son cou, je me serre contre sa poitrine en murmurant :

« O maman, chère petite maman, comme je t'aime ! »

Léon Tolstoï[1], Souvenirs[2].

---

1. Le comte *Léon Tolstoï* est un romancier russe contemporain. Dans ses ouvrages, il ne se propose pas seulement de procurer à ses lecteurs une distraction agréable ; il essaye encore de les instruire et de les rendre meilleurs. Il leur prêche la pitié, la charité, la fin des guerres et le règne de l'humanité. Il estime que le travail manuel est une obligation pour tous les hommes et qu'il les ennoblit. Ce grand seigneur russe donne lui-même l'exemple et exerce le métier de cordonnier.

2. Traduction Arvède Barine. Hachette, éditeur.

La mère de Criquette.

Elle était bien nommée, Criquette.... Toute maigrichonne, toute pâlotte, toute fluette, mais avec un air de hardiesse et d'intelligence; de grands yeux noirs éclairaient son visage étiolé [1] de petite faubourienne de Belleville [2]. La mère de Criquette, la marchande de pommes et de fleurs, vivait misérablement, après avoir connu des jours moins rigoureux. Le père, Louis Brinquart, était un peintre en bâtiment, un bon ouvrier, qui travaillait tous les jours,

Les gens du quartier lui donnaient un coup de main.

n'allait jamais au cabaret, aimait sa femme, adorait sa petite fille.... Trois ans auparavant, il s'était tué raide, en tombant à la renverse sur le pavé, du haut d'un échafaudage. Ses camarades lui firent la conduite; puis, en sortant du cimetière, allèrent s'attabler dans un cabaret. La mère prit sa petite par la main et s'en retourna à Belleville sous la neige, le long des boulevards extérieurs.

Brinquart laissait quatre cent cinquante francs économisés sou à sou, placés à la caisse d'épargne. « Pour que la petite ne pâtisse pas, disait-il, s'il y a du chômage. » Ce chômage fut la mort.... Les quatre cent cinquante francs furent bien vite dévorés. La pauvre femme essaya alors de ce petit commerce de fruits et de fleurs ; elle avait du courage, mais pas de force, pas de santé, la poitrine faible. Elle ne s'était jamais remise de ce grand froid qu'elle avait eu en venant au monde. Le métier était très dur : il fallait aller à la halle tous les matins au petit jour, et revenir à Belleville, pliant sous le faix [1]. Que de fois elle s'était assise sur le rebord du trottoir, lasse, exténuée, avant d'aborder la terrible montée de Belleville! Des gens du quartier, souvent lui donnaient un coup de main ; elle ne se plaignait jamais, se tirait d'affaire tant bien que mal, ne s'adressait au bureau de bienfaisance qu'à la dernière extrémité. C'était une résignée. Elle souffrait beaucoup de ne pouvoir mieux nourrir sa petite Criquette. Du pain, de la soupe, des pommes de terre, presque jamais de viande. Depuis six années, elle vivait ainsi, un peu aidée par sa voisine, la charbonnière, une excellente femme qui n'était pas riche, mais qui avait le cœur compatissant.

L. Halévy [2], Criquette [3].

Les parents de Diderot.

Une des choses qui m'aient fait le plus de plaisir, c'est le propos bourru que me tint un provincial quelques années après la mort de mon père. Je traversais une des rues de ma ville [4] ; il m'arrête par le bras et me dit : « Monsieur Diderot, vous êtes bon ; mais si vous croyez que vous vaudrez jamais votre père, vous vous trompez. » Je crois, et je croirai tant que je vivrai, que ce provincial m'a dit vrai. Mes parents ont laissé après eux un fils aîné qu'on appelle Diderot le philosophe, c'est moi ; une fille qui a gardé le célibat, et un dernier enfant qui s'est fait ecclésiastique. C'est une bonne race.

L'ecclésiastique est un homme singulier, mais ses défauts

---

1. *Faix* : charge, fardeau (portefaix).
2. *L. Halévy* (membre de l'Académie française) : neveu du compositeur de musique Halévy, romancier et auteur dramatique contemporain ; il a composé, en collaboration avec Henri Meilhac, beaucoup de comédies d'une verve des plus spirituelles à laquelle son talent souple et délicat sait allier parfois les sentiments les plus touchants.
3. Calmann-Lévy, éditeur.
4. *Ma ville* : ma ville natale, Langres.

légers sont compensés par une charité illimitée qui l'appauvrit au milieu de l'aisance. J'aime ma sœur à la folie, moins parce qu'elle est ma sœur que par mon goût pour les choses excellentes.... Je ne sais ce que j'ai, je ne sais ce que j'éprouve. Je voudrais pleurer. O mes parents! O ma mère, toi qui réchauffais mes pieds froids dans tes mains!...

Un des moments les plus doux de ma vie, ce fut il y a plus de trente ans, et je m'en souviens comme d'hier, lorsque mon père me vit arriver du collège les bras chargés des prix que j'avais remportés, et les épaules chargées des couronnes

« Mon père pleurait. »

qu'on m'avait données et qui, trop larges pour mon front, avaient laissé passer ma tête. Du plus loin qu'il m'aperçut, il laissa son ouvrage, il s'avança sur la porte et se mit à pleurer. C'est une belle chose qu'un homme de bien et sévère qui pleure.

DIDEROT [1].

1. *Diderot* (1713-1784) : fils d'un coutelier de Langres, écrivit des ouvrages hardis, qui le rendirent célèbre. Il dirigea, d'abord avec la collaboration de tous les grands esprits du siècle, puis à peu près seul et au milieu de difficultés presque insurmontables, le Dictionnaire de l'*Encyclopédie*, qui fut à la fois le recueil des connaissances humaines d'alors et l'organe de toutes les revendications sociales, une machine de guerre contre les préjugés et les abus. Il écrivit aussi avec grand succès des *Contes*, qui sont souvent des satires politiques et sociales, et des *Salons*, où il donna le premier exemple de la critique d'art.

Les parents de Pasteur.

Le jour où l'on inaugura [1] la plaque qui indique la maison natale du grand savant Louis Pasteur, dans le petite ville d'Arbois [2], celui-ci s'écria, s'adressant en esprit à ses parents morts :

Pasteur.

« O mon père et ma mère, ô mes chers disparus, qui avez si modestement vécu dans cette petite maison, c'est à vous que je dois tout. Tes enthousiasmes [3], ma vaillante mère, tu les as fait passer en moi. Si j'ai toujours associé la grandeur de la science et la grandeur de la patrie, c'est que j'étais imprégné des sentiments que tu m'avais inspirés.

Et toi, mon cher père, dont la vie fut aussi rude que ton rude métier, tu m'as montré ce que peut faire la patience dans les longs efforts. C'est à toi que je dois la ténacité [4] dans le travail quotidien. Non seulement tu avais les qualités persévérantes [5] qui font les vies utiles, mais tu avais aussi l'admiration des grands hommes et des grandes choses... Regarder en haut, apprendre au delà; chercher à s'élever toujours, voilà ce que tu m'as enseigné. »

PASTEUR [6].

1. L'inauguration d'un monument est la cérémonie que l'on accomplit, au moment de le livrer pour la première fois aux regards du public.

2. Arbois : chef-lieu de canton (Jura), arrondissement de Poligny.

3. Enthousiasme : élan du cœur vers les belles choses.

4. Ténacité : attention opiniâtre.

5. Persévérantes : durables, grâce à l'effort d'une volonté soutenue.

6. Pasteur (1822-1895) : illustre chimiste, professeur et académicien français. Il a fait d'admirables découvertes sur les ferments, sur les maladies de la bière, du vin, des vers à soie, sur le charbon, sur la rage. Ses élèves, suivant ses doctrines scientifiques et ses méthodes de travail, continuent les glorieux travaux du maître (vaccin de la diphtérie, de l'érysipèle, de la peste, etc.).

Grand-père et Grand'mère.

Grand-père et grand'mère.

Ah! le bon temps qui s'écoulait
Dans le moulin de mon grand-père!
Pour la veillée on s'assemblait
Près du fauteuil de ma grand'mère;
Ce que grand-père racontait,
Comme en silence on l'écoutait!
Et comme alors gaîment trottait
Le vieux fuseau de ma grand'mère;
    Comme il trottait!
Et quel bon temps! quel temps c'était!

Grand-père était un vieux bonhomme,
Il avait près de cent ans;
Tout était vieux sous son vieux chaume
Hors les enfants de ses enfants.

Vieux vin dans de vieilles armoires,
Vieille amitié, douce toujours ;
Vieilles chansons, vieilles histoires,
Vieux souvenirs des anciens jours !

Grand'mère était la gaîté même,
On la trouvait toujours riant :
Depuis le jour de son baptême,
Elle riait en s'éveillant.
De sa maison, riant asile,
Elle était l'âme : aussi, depuis
Que son fuseau reste immobile,
On ne rit plus dans le pays.

Le vieux moulin de mon grand-père,
Tout comme lui s'est abattu ;
Le vieux fuseau de ma grand'mère
A la muraille est suspendu :
Et vous, couchés sous l'herbe épaisse,
Comme au vieux temps encore unis,
Je crois vous voir quand le jour baisse,
Et tout en larmes je redis :

Ah ! le bon temps qui s'écoulait
Dans le moulin de mon grand-père,
Pour la veillée on s'assemblait
Près du fauteuil de ma grand'mère.
Ce que grand-père racontait,
Comme en silence on l'écoutait !
Et comme alors gaîment trottait
Le vieux fuseau de ma grand'mère !
      Comme il trottait !
Et quel bon temps ! quel temps c'était !

E. PLOUVIER [1].

Dévouement filial.

Jean Vigier était le quatrième fils d'une veuve née dans l'aisance, mais que des revers de commerce avaient fait descendre par degrés dans la misère la plus profonde. La

1. *Édouard Plouvier* : poëte contemporain.

maladie était venue se joindre encore à la misère. Pleins d'intérêt pour cette malheureuse femme et surtout pour son jeune fils, dont les études donnaient de belles espérances, deux hommes de bien veillaient sur elle et sur lui. Mais ces honorables protecteurs, ne pouvant suffire à la fois à soutenir le ménage de la veuve et à faire suivre à l'enfant les études qu'il avait commencées au collège, résolurent enfin un jour de faire entrer la pauvre femme à l'hospice.

Il fallait prévenir de cette résolution le jeune Vigier; le principal [1] du collège s'en chargea. « Ma mère n'ira pas à l'hôpital, dit Jean. Elle y mourrait de chagrin. Je quitterai le collège. Je resterai avec ma mère, je soutiendrai [2] ma mère. » Le principal, frappé d'une détermination si inattendue de la part d'un enfant de dix ans, lui fit des observations, qui échouèrent devant son invincible fermeté.

Le lendemain, Jean alla trouver ses trois frères, qui gagnaient déjà leur vie. Il leur proposa de soutenir avec lui sa mère indigente et infirme : ils l'écoutèrent froidement, puis ils dirent qu'ils ne pouvaient pas. Jean les quitta sans leur faire de reproches. Il renferma en lui seul son espérance. Il se sentait presque fier de ne pouvoir plus compter que sur lui-même : son parti [3] en devint d'autant plus irrévocable [4]. Il vendit ses habits neufs et sa montre en or; il se fit porte-balle : il gagna du pain, il donna un lit à sa mère.

Vingt ans se sont écoulés depuis le jour où se passaient ces scènes touchantes; et depuis vingt ans le sacrifice volontaire s'accomplit sans interruption. Jean Vigier n'a pas cessé d'être le modèle du plus parfait dévouement filial. Il n'a pas quitté un moment la pauvre malade. C'est encore sur son bras qu'elle s'appuie quand elle va, par un jour de soleil, glaner dans les champs. Il a tout refusé pour ne s'éloigner ni d'elle ni de sa ville natale, où son sort est loin d'être heureux. Il se soumet à bien des humiliations, content d'en avoir pu en épargner une à sa mère. Plein de fierté au fond de l'âme, il a consenti, pour rester près d'elle,

---

1. *Principal* : directeur d'un collège communal.
2. *Je soutiendrai* : je serai le soutien de ma mère; je pourvoirai à sa subsistance.

3. *Parti* : résolution, décision.
4. *Irrévocable* : définitif, sans appel, à l'abri de toute révocation.

à servir, et à servir commissionnaire dans une hôtellerie, c'est-à-dire dans le lieu où l'on est le plus en butte au mépris, aux caprices, aux insolences.

LEBRUN,

Socrate et Lamproclès.

(SUPPORTER L'HUMEUR DES PARENTS)

Lamproclès dit à son père Socrate[1] : « Oui, sans doute, ma mère a fait mille choses pour moi ; mais personne cependant ne pourrait supporter son humeur. — Et toi, dit Socrate, combien, depuis ton enfance, ne lui as-tu pas coûté de désagréments insupportables, en paroles et en actions, et le jour et la nuit !... Crois-tu donc que ta mère est pour toi une ennemie ?

Socrate.

— Non, certes, je ne le crois pas. » Alors Socrate : « Eh bien, cette mère qui t'aime, qui prend de toi tous les soins possibles quand tu es malade, afin de te ramener à la santé, qui prie les dieux de te prodiguer leurs bienfaits, tu te plains de son humeur !... O mon fils, si tu es sage, tu prieras les dieux de te pardonner tes offenses envers ta mère, dans la crainte qu'ils ne te regardent comme un ingrat et ne te refusent leurs bienfaits ; et, pour les hommes, tu prendras garde aussi qu'instruits de ton manque de respect pour tes parents, ils ne te méprisent tous et ne te laissent privé d'amis. Car, s'ils pensaient

1. *Socrate* : né à Athènes en 469 av. J.-C. Ayant réfléchi sur les choses humaines, il s'était donné la mission de rendre ses concitoyens justes et bons. Il allait çà et là dans la ville, sur la place publique, dans les gymnases, les boutiques des artisans, causant avec chacun de son art, de l'Etat, de la famille, de la vertu. Sa franchise parfois ironique lui fit des ennemis, qui réussirent à le perdre. Accusé d'être l'adversaire de la religion et de corrompre la jeunesse, il refusa de se justifier. Condamné à boire la ciguë, il refusa, par respect pour les lois, même injustes, de s'évader, et attendit l'heure de la mort en souriant, entouré de ses amis et leur donnant avec sérénité ses suprêmes conseils (401 ou 400 av. J.-C.).

que tu fusses ingrat envers tes parents, aucun d'eux ne te croirait capable de reconnaître [1] un bienfait ».

XÉNOPHON [2].

Deux frères.

Nous allions ensemble à l'école, nous revenions ensemble au logis; le matin, je portais le panier, parce que nos provisions le rendaient plus lourd; c'était lui qui le portait le soir. Toujours nous faisions cause commune. Je ne le laissais point insulter; et lui, quand j'avais quelque affaire, sans s'informer du sujet de la querelle, sans considérer ni la taille ni le nombre de nos ennemis, il m'apportait résolument le secours de ses petits poings; et je devenais tout à la fois accommodant et redoutable, tant je tremblais qu'il n'attrapât des coups dans la bagarre!

La soupe était si bonne.

Certes, je n'ai pas subi une punition qui ne l'eût indigné comme une grande injustice. Si j'étais au pain sec, il savait bien me garder la moitié de ses noix et la moitié de sa moitié de pomme. Une fois, il vint à moi en pleurant; et pourtant il apportait un morceau de sucre, un grapillon

1. *De reconnaître*, d'être reconnaissant.

2. *Xénophon* (445-365 av. J.-C.) : disciple de Socrate, historien et philosophe grec. Bien qu'il ne fût ni officier ni soldat, il dirigea la célèbre retraite des Dix mille, qu'il a racontée. Il a écrit aussi la *Cyropédie* (éducation de Cyrus), sorte de roman sur l'éducation d'un conquérant, les *Mémoires sur Socrate*, etc.

de raisin et quelque chose de rôti. Festin de roi! Je m'informai de ce qui le faisait pleurer : « Ah! me dit-il, la soupe était si bonne, mon frère! » Je l'appelais Eugène; mais lui ne me donnait pas mon nom, et ne me parlait, ni ne parlait jamais de moi qu'en disant : « Mon frère. » Telle était notre mutuelle affection, que les préférences dont son caractère et sa gentillesse étaient l'objet ne le rendaient pas orgueilleux, ni moi jaloux.

Louis Veuillot [1].

Une querelle entre frères.

Je n'avais qu'une année et quelques mois de moins que mon frère; nous avions grandi, étudié et joué ensemble. Jusqu'ici on n'avait fait aucune différence entre nous; mais, à l'époque dont je veux parler, je commençai à comprendre que Volodia [2] n'était pas un camarade pour moi, ni par l'âge, ni par les goûts. Il me sembla même que Volodia se rappelait qu'il était l'aîné et qu'il en était fier.

Cette persuasion, peut-être erronée, éveillait mon amour-propre, qui souffrait chaque fois que mon frère et moi nous avions un conflit. Volodia m'était supérieur en tout, aux jeux, à l'étude, dans nos querelles, dans sa tenue. Le sentiment de mon infériorité m'éloignait de lui et me causait des souffrances morales, qui restaient incompréhensibles pour moi [3].

Ainsi, le jour où Volodia porta pour la première fois une chemise en toile de Hollande, si j'avais dit tout franchement que je regrettais de ne pas en avoir une pareille, il ne m'aurait pas semblé, chaque fois qu'il rajustait son col, que c'était pour m'humilier....

Ce qui me tourmentait le plus, c'est que Volodia avait quelquefois l'air de deviner ce qui se passait en moi, mais il le dissimulait.

Qui n'a pas observé ces rapports secrets qui s'établissent sans qu'une parole soit prononcée, par un sourire, un

---

1. *Louis Veuillot* : célèbre journaliste contemporain. (Œuvres éditées chez V. Retaux.)

2. Nom russe. La scène se passe en Russie.

3. Sentiments d'envie, honteux toujours, mais surtout entre frères.

mouvement, un coup d'œil furtif, entre des personnes vivant sous le même toit, entre frère et sœur, mari et femme, maîtres et domestiques, quand la franchise n'existe pas dans leurs relations? Que de désirs inavoués, de pensées non exprimées, et que de crainte d'être compris se révèlent dans un de ces regards imprévus qui se croisent timidement et sans le vouloir!...

Peut-être aussi ma susceptibilité excessive et mon besoin de tout analyser m'induit-il en erreur; il est possible que Volodia n'ait pas ressenti les mêmes impressions que moi. Il était fougueux, franc et inconstant dans ses passions. Il aimait toutes sortes de choses et s'y livrait de toute son âme.

Tantôt c'était la passion des gravures; il se mettait lui-même à dessiner, dépensait tout son argent en tableaux et en mendiait chez son maître de dessin, chez son père et chez grand'mère. D'autres fois il avait la toquade des brimborions [1]; il les recueillait partout où il en trouvait, et en couvrait sa table de travail; puis, il s'éprenait de la lecture et y passait ses jours et ses nuits.

Je me rappelle qu'au plus fort de sa passion pour les bric-à-brac, je m'approchai un jour de sa table et brisai par inadvertance un petit flacon multicolore; par bonheur, il était vide.

« Qui t'a prié de toucher à mes affaires? » s'écria Volodia, qui entrait dans la chambre juste à ce moment néfaste; du premier coup d'œil il s'aperçut que j'avais dérangé la symétrie de ses bibelots....

« Et où est le petit flacon de couleur? demanda-t-il; et de quoi te mêles-tu?

— Je l'ai renversé sans le vouloir, et il s'est cassé, répliquai-je. En voilà un malheur!

— Je te prie de ne jamais te permettre de toucher à mes affaires, » dit Volodia en rassemblant les morceaux du flacon brisé et en les regardant d'un air désolé.

« Voyez! répondis-je; le grand malheur! j'ai cassé un flacon.... Eh bien, que veux-tu que j'y fasse? »

Et je souris, quoique je n'eusse nullement envie de sourire en cet instant.

« Oui, à toi, cela ne te fait rien, mais à moi cela me fait beaucoup..., continua Volodia en remontant une épaule,

____

1. *Brimborions* : petits objets curieux, mais sans valeur.

geste qu'il avait hérité de mon père et signe de son mécontentement..., tu l'as cassé... et tu en ris par-dessus le marché.... Quel vilain gamin!

— Moi, je suis un gamin, et toi tu es grand, mais sot!

— Je n'ai nulle envie de dire des injures, répliqua Volodia en me repoussant avec douceur : va-t'en!

— Ne me pousse pas!...

— Va-t'en!...

— Je te dis de ne pas me pousser! »

Volodia me prit par la main et voulut m'éloigner de force de la table; mais j'étais déjà irrité au plus haut degré; je m'emparai du pied de la table, et je la renversai.

« Voilà ce que tu auras gagné à me pousser. »

Tous les brimborions de porcelaine et les ornements en cristal roulèrent à terre en se brisant en éclats.

« Abominable gamin! » s'écria Volodia en s'efforçant de retenir les objets qui glissaient.

« Maintenant, me dis-je en moi-même en sortant de la chambre, tout est fini entre nous, nous sommes brouillés pour la vie. »

De toute la journée pas une parole ne fut échangée entre nous, je me sentais coupable; je n'osais pas regarder mon frère, et j'étais incapable de m'appliquer à quoi que ce fût, Volodia, au contraire, prit très bien ses leçons, et, après le dîner, selon son habitude, babilla[1] et rit comme si de rien n'était[2].

Après les classes, quand notre professeur fut parti, je redoutai de rester seul en tête-à-tête avec mon frère...; j'avais honte! Dès que la leçon d'histoire fut terminée, je pris mes cahiers et me dirigeai vers la porte. En passant devant Volodia, bien que j'eusse le désir de faire la paix, je boudai, et je fis la moue. Au même instant mon frère leva la tête et me regarda.

« Cher Nicolas, me dit-il, c'est assez se quereller : si je t'ai offensé, pardonne-moi. »

Et il me tendit la main.

Une sorte d'étau me serrait la poitrine, me coupait la respiration et, montant toujours, m'étreignait la gorge;

<hr>

1. *Babiller* : causer de manière joyeuse et enfantine.

2. *Comme si de rien n'était* : comme si notre querelle récente n'était d'aucune importance.

cette sensation ne dura qu'une seconde; les larmes me montèrent aux yeux, et je me sentis soulagé.

« Pardonne-moi, Volodia! » dis-je en lui serrant la main.

LÉON TOLSTOÏ[1], *Enfance et adolescence*[2].

La première cuillerée.

Mme Hamilton rapporte un fait bien intéressant. Elle a vu, dans une partie reculée de l'Écosse, deux pauvres

enfants, dont l'aîné, âgé de trois ans, a été constamment seul auprès de son plus jeune frère. Il le soignait, l'habillait, le nourrissait, ne l'abandonnait jamais un seul instant, et remplissait tous les devoirs de la mère la plus attentive. Quand l'heure du repas approchait, il faisait rentrer son pupille[3] dans la cabane, allumait un petit feu qu'il gouvernait très habilement, et préparait les simples aliments qui les nourrissaient tous les deux.

« Prenez garde, Daniel, lui dit une personne qui le regardait, comme il donnait à manger à son élève, prenez garde

1. Voir p. 4, note 1.
2. Hetzel, éditeur.
3. *Son pupille* : son protégé. Pupille, personne faible confiée à la direction d'une plus forte.

de ne pas brûler votre frère! — Il n'y a pas de danger, répondit-il, c'est moi qui goûte toujours la première cuillerée. »

Mme NECKER DE SAUSSURE [1].

Le lait de la petite sœur.

C'était en 1870, les Prussiens bombardaient Paris.
Près du Panthéon, rue des Feuillantines, n° 63, il y avait

L'obus fait explosion.

une femme de campagne réfugiée avec sa vache, qu'on lui avait laissée sous condition d'en réserver le lait pour les enfants et les malades du quartier.

Le matin, à une heure connue, des femmes, des enfants venaient attendre la précieuse distribution. Un jour, à cause du grand froid, on avait fait entrer par préférence

1. Mme *Necker de Saussure* (1765-1841) : sœur du grand chimiste Théodore de Saussure. Elle a écrit sur la pédagogie un livre devenu classique : l'*Éducation progressive, étude du cours de la vie*; les deux premières parties en sont consacrées à l'enfance; la troisième, à la jeunesse.

les enfants sous le porche. Arrive un obus qui s'annonce en sifflant et tombe dans la cour. En un clin d'œil chacun s'était jeté à terre.

L'obus fait explosion, les éclats vont frapper les murailles; personne n'est blessé. Un jeune garçon se relève comme les autres, tenant sa boîte de fer-blanc qu'il n'avait pas laissé échapper. « Mon Dieu, s'écrie-t-il, quel bonheur que je n'avais pas mon lait! Qu'est-ce que serait devenue ma petite sœur! »

Oubliant qu'il avait manqué d'être tué, il ne pensait qu'à sa petite sœur.

FRANCISQUE SARCEY [1].

Les alarmes d'une sœur.

Hélas! une lettre m'est venue parler si tristement de ta santé que j'en suis accablée. « Il tousse encore! » dit un ami. Ces mots me retentissent au cœur; une pensée désolante me poursuit, passe et repasse dedans, dehors, et va tomber sur un cimetière : je ne puis voir une feuille verte sans penser qu'elle tombera bientôt, et qu'alors les poitrinaires meurent. Mon Dieu, guérissez-moi ce pauvre frère! Que me faudrait-il faire pour lui? Impuissante affection! Tout se réduit pour lui à souffrir sans moi.

EUGÉNIE DE GUÉRIN [2], Journal intime [3].

La mort d'un frère.

1870. — Dire que cette liaison intime et inséparable de vingt-deux ans; dire que ces jours, ces nuits passés toujours ensemble, depuis la mort de notre mère; dire que ce long temps, pendant lequel il n'y a eu que deux sépara-

---

1. *Francisque Sarcey* (1827-1899) : Professeur, il donna sa démission et entra dans le journalisme. Ses chroniques sont populaires; c'est surtout comme critique dramatique que Sarcey est devenu célèbre.—Fasquelle, éditeur.

2. *Eugénie de Guérin*, a écrit sans prétention littéraire un journal intime qui est en son genre un chef-d'œuvre; son frère, Maurice de Guérin, a laissé quelques poésies et aussi quelques pages en prose d'une grâce mélancolique et touchante.

3. Locoffre, éditeur.

tions de vingt-quatre heures; oui, dire que c'est fini, fini à tout jamais. Je ne l'aurai plus marchant à côté de moi, quand je me promènerai. Je ne l'aurai plus en face de moi quand je mangerai. Dans mon sommeil, je ne sentirai pas son sommeil dans la chambre à côté. Je n'aurai plus avec mes yeux, ses yeux, pour voir les pays, les tableaux, la vie moderne. Je n'aurai plus son intelligence jumelle pour dire avant moi ce que j'allais dire ou pour répéter ce que j'étais en train de dire. Dans quelques jours, dans quelques heures va entrer dans ma vie si remplie de cette affection, qui, je puis le dire, était mon seul et unique bonheur, va entrer l'épouvantable solitude du vieil homme sur la terre.

E. DE GONCOURT [1], *Journal* [2].

Nous sommes sept.

J'ai rencontré une petite villageoise :
Elle avait huit ans, me dit-elle;
Ses cheveux s'enroulaient en mille boucles
Qui faisaient grappe autour de sa tête.

Elle avait un air rustique, sauvage même,
Et elle était vêtue comme une enfant des bois;
Ses yeux étaient beaux, très beaux;
Sa beauté me rendit joyeux.
— « Frères et sœurs, petite fille,

Combien pouvez-vous être? »
— « Combien? Sept en tout », dit-elle,
Et, surprise, elle me regarda.

— « Et où sont-ils? dis-le-moi, je t'en prie ».
Elle répondit : « Nous sommes sept;
Et deux de nous vivent à Conway,
Et deux sont allés sur mer.

Deux de nous sont couchés dans le cimetière,
Ma sœur et mon frère;

1. Les frères *Edmond et Jules de Goncourt* : célèbres écrivains contemporains. Ils ont abordé à peu près tous les genres de littérature : le journal, le roman, l'histoire, le théâtre, la critique d'art, etc. Leur style très personnel est désigné par le nom l'*Écriture artiste*.

2. *Le Journal des Goncourt* (Mémoires de la vie littéraire), commencé par les deux frères, a été continué et achevé (après 1870) par Edmond seul.

Et dans la maisonnette du cimetière, moi,
Je vis près d'eux avec ma mère.
— Tu dis que deux vivent à Conway

Et que deux sont allés sur mer,
Et que pourtant vous êtes sept; je t'en prie, dis-moi,
Ma jolie fillette, comment cela peut se faire? »
Alors la petite fille répliqua :

« Nous sommes sept garçons et filles;
Deux de nous sont couchés dans le cimetière,
Sous l'arbre du milieu.

— Tu peux courir, ma petite fille,
Tes membres, ils ont de la vie;
Si deux de vous sont couchés dans le cimetière,
Alors vous n'êtes que cinq. »

— Leurs tombes sont vertes, on peut les voir,
Répliqua la petite fille,
A douze pas ou un peu plus de la porte de ma mère,
Et elles sont côte à côte.

Là je tricote souvent mes bas,
J'ourle mon mouchoir là,
Et je m'assieds là sur la terre;
Je m'assieds et leur chante.

Et souvent, après le coucher du soleil, monsieur,
Quand il fait clair et beau,
Je prends ma petite écuelle
Et mange mon souper là.

C'est ma sœur Jeanne qui est morte la première;
Elle resta dans son lit à gémir
Jusqu'à ce que le bon Dieu la délivrât de son mal;
Et puis elle s'en alla.

Alors on la coucha dans le cimetière,
Et tout l'été, tant qu'il fit sec,
Nous jouâmes ensemble autour de sa tombe,
Mon frère Jean et moi.

Et quand la terre fut blanche de neige,
Et quand moi je pus courir et faire des glissades,
Mon frère Jean fut forcé de s'en aller,
Et il est couché à côté d'elle.

— Combien êtes-vous alors, lui dis-je,
Si eux deux sont au ciel? »
La petite fille répliqua :
« O monsieur ! nous sommes sept.

— Mais ils sont morts ; ces deux-là sont morts !
Leur âme est au ciel ! »
C'était perdre mes paroles ;
Car la fillette n'en voulut pas démordre
Et dit : « Mais si, nous sommes sept. »

WORDSWORTH [1].

Ce que c'est que la famille.

LE GRAND-PÈRE. — Dis-moi, Jean, qui t'a fait cette jolie égratignure à la figure?

JEAN, *souriant*. — Grand-père, c'est le chat.

LE GRAND-PÈRE. — Oh! un chat à deux pattes? Voyons, confesse-toi.

JEAN. — C'est que je me suis battu avec Bernier.

LE GRAND-PÈRE. — Et pourquoi ça? Il t'avait donc pris des billes?

JEAN. — Non; mais il m'avait dit du mal de papa. Je l'ai jeté par terre et il a avoué qu'il avait menti.

LE GRAND-PÈRE. — Tu es un brave garçon. Est-ce qu'il n'y a que ton papa que tu défends ainsi?

JEAN. — Non; maman aussi, grand'mère et toi, et mon grand frère Louis.

LE GRAND-PÈRE. — Tu nous aimes donc bien?

JEAN. — Eh! oui, puisque vous êtes mes parents.

LE GRAND-PÈRE. — Alors tu as été content quand j'ai été nommé maire?

JEAN. — Oui, et j'étais très fier. Ce jour-là, j'ai mieux appris mes leçons et mieux fait mes devoirs.

LE GRAND-PÈRE. — Tu as cru que, toi aussi, tu étais nommé maire.

1. *William Wordsworth* (1770-1850) : fut l'un des premiers parmi les poètes anglais que l'on a nommés « lakistes », parce qu'ils ont décrit les paysages et les *lacs* de leur pays. Il passa toute sa vie à la campagne, où il vivait d'un modeste traitement de percepteur du timbre. Il est connu par les relations en vers de ses voyages en Suisse, en Italie et surtout en France. Il avait beaucoup de sympathie pour notre pays.

Jean. — Un peu.

Le grand-père. — Et quand Louis a été nommé sergent?

Jean. — J'avais envie de mettre des galons.

Le grand-père. — Ainsi te voilà déjà maire et sergent; tu fais bien ton
chemin; tu iras loin. Tu
n'es pas toujours si con-
tent; je t'ai vu bien triste
quand ta maman a été
malade.

Jean. — Ah! elle souf-
frait, et j'ai cru tout de
suite qu'elle allait mourir
comme notre voisine, et
que nous resterions tout
seuls.

Le grand-père. — Tu
es un bon fils, tu es un
bon frère aussi. Je t'ai
vu, au lieu de t'amuser
avec tes camarades, pro-
mener ta petite sœur et
jouer avec elle. Nous
ferons quelque chose de
bon de toi. Mais, il me
semble que si tu nous
aimes, tu aimes aussi
beaucoup le cerisier, au
temps des cerises.

« Tu nous aimes donc bien? »

Jean. — Ah! le cerisier est à nous, et quand je suis
monté dedans, je suis chez moi.

Le grand-père. — Je vois que tu es plus content de vivre
avec nous dans notre maison que dans la maison des voisins avec les voisins, et que tu ne te trouves tout à fait
bien qu'avec nous.

Jean. — Certainement.

Le grand-père. — Eh bien, mon enfant, quand on vit
ensemble, quand on s'aime les uns les autres, quand
chacun aime les autres plus que soi, quand il est heureux
de ce qu'il leur arrive de bien, malheureux de ce qu'il leur
arrive de mal, quand il est prêt à les soigner s'ils ont besoin
de lui, à les défendre si on les attaque, quand il aime

mieux souffrir que de les voir souffrir et qu'on n'est tous
ensemble qu'un seul cœur, c'est la famille.

BERSOT[1].

Le jardin de la famille.

Moi aussi, j'ai eu pour premier berceau un petit jardin
entouré d'un mur de pierres sèches [2], sur une de ces collines arides et sombres que vous apercevez d'ici à l'extrémité de votre horizon; il n'y avait là ni vaste étendue, ni
ombrages majestueux, ni eaux jaillissantes, ni fleurs rares,
ni fruits précoces, ni plantes de luxe; c'étaient quelques
allées étroites, encadrées d'œillets sauvages, de violettes
et de primevères, et bordant des carrés de légumes pour
la ourriture de la famille. Eh bien! j'habite maintenant
des jardins plus vastes et plus artistement plantés; mais
j'ai conservé ma prédilection [3] pour celui-là. Et, quand j'ai
quelques rares heures de liberté et de solitude, c'est dans
ce jardin que je vais les passer! Oui, c'est dans cette pauvre
enceinte depuis longtemps déserte, vidée par la mort; c'est
dans ces allées envahies par les herbes, par la mousse et
par les œillets des bordures; c'est sur ce sable mal ratissé,
que je cherche encore du regard les pas de ma mère, de
mes sœurs, des anciens amis, des vieux serviteurs de la
famille; je vais m'asseoir contre la clôture, en face de la
maison qui s'ensevelit d'année en année davantage sous le
lierre, aux rayons du soleil couchant, au bourdonnement
des insectes, au bruit des lézards de la vieille muraille, que
je crois reconnaître comme d'anciens hôtes du jardin, et
avec lesquels il me semble que je pourrais du moins encore
m'entretenir d'autrefois.

LAMARTINE[4].

---

1. *Ernest Bersot* (1816-1880), : philosophe, directeur de l'École normale
supérieure. Pendant sa vie, il ne cessa
de servir la cause de la liberté, et montra toujours le plus grand respect et
la plus grande tolérance pour les opinions de ses adversaires. — (Hachette,
édit.)

2. *Pierres sèches* : sans mortier.

3. *Prédilection* : préférence.

4. *Alphonse de Lamartine* : l'un des
plus grands poètes du xix° siècle (1790-
1869), auteur des *Méditations poétiques*,
des *Harmonies poétiques et religieuses*,
de *Jocelyn*, etc.; il a écrit aussi une
Histoire des Girondins. Membre du
gouvernement provisoire en 1848, il
prononça pour le maintien du drapeau
tricolore un discours resté célèbre.
Lamartine mourut pauvre et oublié.

La fenêtre de la maison paternelle.

Autour du toit qui nous vit naître,
Un pampre [1] étalait ses rameaux;
Les grains dorés vers la fenêtre
Attiraient les petits oiseaux;
Ma mère, étendant sa main blanche,
Rapprochait les grappes de miel,
Et les enfants suçaient la branche
Qu'ils rendaient aux oiseaux du ciel.
L'oiseau n'est plus, la mère est morte,
Le vieux cep languit, jaunissant,
L'herbe d'hiver croît sur la porte....
Et moi, je pleure en y pensant.

LAMARTINE

Attachement à la maison et aux choses familières.

Le grand-père vient de mourir; la mère et le fils vivaient de sa retraite. Maintenant il faut que la maison paternelle et le jardin soient vendus; mère et fils partent pour Brest, car celui-ci est matelot.

I

« Jean! » appelait-elle tristement, tandis qu'elle vidait une armoire d'effets, « Jean, viens voir! Te souviens-tu de ceci? » et elle lui montrait une petite chemise en baptiste blanche, taillée « à l'ange »....

D'abord, il ne se rappelait pas, non..., c'était tellement loin.... Mais tout à coup, si!... Oh! la robe de la Fête-Dieu....

Elle avait désiré la revoir avec lui encore une fois, avant de la jeter aux choses à détruire ou à vendre. Mais Jean voulut l'emporter, et on la mit, soigneusement pliée, dans une des malles qui partaient pour l'exil.

« Et ça? » dit-elle, montrant un petit chapeau brun avec des rubans de velours qui pendaient....

1. *Pampre* : branche de vigne avec ses feuilles et ses fruits.

Alors, il revit, dans un navrant lointain, certain soir de Pâques, certain dîner de printemps, à côté du vieux grand-père disparu.... Et une tristesse infinie monta du fond de son âme, la plus désolée tristesse que ce départ lui eût causée encore....

« Oh! se séparer de ce petit chapeau! non; il fut décidé qu'on l'emporterait aussi à Brest, avec la robe d'ange qui tenait si peu de place.

La redingote du grand-père, sa canne à pomme d'argent, d'autres objets venus de lui s'en allaient aussi. Pour des gens si pauvres, ils s'encombraient vraiment de beaucoup d'inutiles bagages.

II

Le dernier jour! Et un jour si limpide, si trompeur dans sa joie ensoleillée, un incomparable beau jour du mois de novembre commençant.

Ils devaient partir dans la soirée, tard, par un train de nuit.

Lui, qui avait mille choses encore à emballer, à arranger, se hâtait pour trouver le temps, avant le coucher du soleil, d'aller rêver une heure dans son jardin du Garigou, situé un peu loin de la ville.

Quand il y entra, dans ce jardin, c'était presque le soir; des rayons déjà tout rouges passaient horizontalement au travers des branches, éclairaient le tronc des vieux arbres impassibles [1]. Pour lui, elles s'ajoutaient l'une à l'autre, les mélancolies [2] de toutes ces fins qui arrivaient ensemble : la mélancolie du soir, celle de l'automne et celle, beaucoup plus profonde, du définitif départ.

L'attachement à des lieux, à des arbres, à des murs peut prendre chez quelques-uns, surtout dans la première jeunesse, une extrême puissance.... Il semblait à Jean que cette vente à des étrangers, cet enlèvement matériel, ne pourrait empêcher que l'essence, presque pensante, de ces choses, fût toujours à lui, jamais à ceux qui les avaient achetées.

Subitement, tout l'or qui rayait les branchages s'éteignit et il y eut comme un accroissement de silence; le soleil était couché. Un froid inattendu tombait sur la terre, avec la nuit.

1. *Impassibles* : qui ne partagent pas nos émotions. 2. *Mélancolies* : tristesses

Il était plus que l'heure de rentrer. Jean promena sur les allées envahies d'herbes un regard pour leur dire adieu et se décida à partir.

III

Maintenant, leur dîner, où ils ne mangèrent pas.

Et enfin, commença la lourde soirée d'attente. Tout était prêt; plus rien à faire; ils se retrouvèrent seuls, ayant froid, dans leur salon vide, démeublé à jamais des vieilles choses aimées. En silence, ils attendirent, comme attendent les condamnés, la voiture qui devait venir les prendre.

De temps à autre, Jean s'en allait, une bougie à la main, faire dans la maison une sorte de ronde suprême, revoir encore une fois sa chambre....

Vers dix heures, un roulement dans la rue, sur les pavés, bruit sinistre et sourd, d'abord dans le lointain.... Jean avait été le premier à l'entendre....

Quand on fut bien sûr que c'était cela, qu'un omnibus s'était arrêté devant le seuil, il leur sembla qu'ils touchaient à une minute de mort, et instinctivement ils se prirent, la mère et le fils, dans les bras l'un de l'autre.

Ils descendirent.

Ils descendirent. Derrière eux les portes, avec leurs plaintes, avec leur chers grincements familiers entendus pour la dernière fois, se refermaient, aussi définitivement que des couvercles de tombeaux....

PIERRE LOTI [1], *Matelot* [2].

1. *Pierre Loti* : officier de marine, romancier, académicien. Son véritable nom est Julien Viaud. Ses principaux romans sont : *Pêcheur d'Islande*, *Aziyadé*, *le Mariage de Loti*, *le Roman d'un Spahi*, *Mon frère Yves*, *le Livre de la Pitié et de la Mort*.

2. Calmann-Lévy, éditeur.

Paysans, restez aux champs!

Aux voix qui vous diront la ville et ses merveilles,
N'ouvrez pas votre cœur, paysans, mes amis !
A l'appel des cités n'ouvrez pas vos oreilles,
Elles donnent, hélas ! moins qu'elles n'ont promis.
La cité pour son peuple en vain se dit féconde ;
Le pain de ses enfants est plus amer que doux.
Sous un luxe qui ment, tel rit aux yeux du monde,
Qui tout bas porte envie au dernier d'entre vous.

Paisibles et contents, la tâche terminée,
A votre cher foyer vous rentrez chaque soir.
Combien de citadins, au bout de leur journée,
Ne rapportent chez eux qu'un morne désespoir !
A vos champs, à vos bois, demeurez donc fidèles :
Aimez vos doux vallons, aimez votre métier.
Auguste est le travail de vos mains paternelles :
C'est à votre sueur que vit le monde entier.

AUTRAN [1], La vie rurale [2].

L'enfant prodigue.

Un homme avait deux fils. Le plus jeune dit à son père :
« Mon père, donne-moi la part de ton bien qui doit me
revenir ». Le père fit donc entre ses enfants le partage de
son bien.

Peu de jours après, le plus jeune des fils, ayant rassemblé
tout ce qu'il avait, partit pour une région étrangère et
lointaine, et il y dissipa son bien.

Après qu'il eut tout dépensé, une grande famine survint
dans cette contrée, et il commença à sentir la faim. Se
trouvant sans ressources, il fut obligé de se mettre au service d'un habitant de ce pays. Celui-ci l'envoya à sa maison
des champs pour garder les pourceaux. Et il désirait
apaiser sa faim des gousses [3] que mangeaient les pourceaux ;
mais personne ne lui en donnait.

1. *Joseph Autran* : poète contemporain, a surtout chanté la mer et la
campagne.

2. Michel Lévy, éditeur.
3. *Gousses* : enveloppes des graines
de plantes légumineuses.

Rentrant alors en lui-même, il dit : « Combien de mercenaires [1] dans la maison de mon père ont du pain en abondance, tandis que moi je meurs de faim ici ! Je me lèverai donc et j'irai vers mon père, et je lui dirai : « J'ai péché

« Je ne suis plus digne d'être ton fils. »

contre le ciel et contre toi, je ne suis plus digne d'être appelé ton fils [2]. Traite-moi comme l'un de tes mercenaires. »

Il se leva donc et revint vers son père. Comme il était encore loin, son père le vit, et, touché de compassion, il accourut, se jeta à son cou et le baisa. Et le fils lui disait : « Mon père, j'ai péché contre le ciel et contre toi ; je ne suis plus digne d'être appelé ton fils. » Mais le père dit à ses serviteurs : « Apportez vite sa robe première et revêtez l'en et mettez-lui un anneau au doigt et une chaussure aux pieds. Allez chercher aussi le veau gras ; tuez-le et mangeons, et réjouissons-nous, car mon fils que voilà était mort, et il revit ; il était perdu et il est retrouvé. » Et tous commencèrent à manger et à se réjouir.

3e Évangile.

1. *Mercenaires* : gens de service payés.
2. Le fils prodigue se repent et, comme on l'a dit, « le repentir est frère de l'innocence ».

Le nom que l'on porte.

Resté seul tout enfant, d'abord avec sa mère veuve, puis avec sa mère remariée, M. Bouilly [1] trouva un père dans son beau-père.

Arrivé à l'adolescence, il éprouva un sentiment à la fois naturel et singulier.

Son nom de Bouilly commença à l'ennuyer. Les plaisanteries de ses camarades de classe lui avaient appris que ce nom prêtait à rire; il avait plus d'une fois été forcé de se battre parce qu'on se moquait de son nom, et la vanité, lui poussant au cœur en même temps que le duvet au menton, le faisait rougir tout bas de ce nom comme d'un ridicule. Il alla donc trouver son beau-père, et, lui demanda, en l'embrassant, la permission de s'appeler Bourguin comme lui. Le beau-père la regarda dans les yeux.

« Eh! pourquoi veux-tu t'appeler Bourguin?

— Pour m'appeler comme vous.

— Ah! répondit le beau-père, rien que pour cela? rien que par affection?

— Oui! répliqua l'enfant en balbutiant un peu.

— Allons, mon petit Nicolas, dit le beau-père, je vois avec plaisir que tu ne sais pas mentir, même quand la vérité n'est pas claire pour toi.... Je vais donc te dire ce que tu ne t'es pas dit à toi même.

« Tu veux t'appeler Bourguin parce que tu es embarrassé de t'appeler Bouilly.

« Eh bien, mon enfant, écoute-moi :

« Un honnête homme ne quitte jamais le nom de son père, et, quand ce nom semble un peu ridicule, on n'a qu'une ressource, c'est de le rendre célèbre, si l'on peut; honorable et honoré, on le peut toujours.

Legouvé [2], Nos filles et nos fils [3].

1. *Bouilly* (1753-1842) : auteur de pièces de théâtre et de contes moraux.

2. Voir p. 103, n. 1.

3. Calmann-Lévy, éditeur

Nathalie Sávichna.

(UNE VIEILLE SERVANTE)

Vers le milieu du siècle dernier, on voyait courir dans le village où demeuraient les parents de ma mère une fillette grossièrement vêtue, nu-pieds, mais fraîche et gaie. C'était la grosse Nathalie, la fille de Sawa, le joueur de clarinette. Pour récompenser les services de Sawa, et sur sa prière, mon grand-père prit Nathalie chez lui, et elle devint une des femmes de ma grand'mère. Elle se distingua par sa douceur et sa diligence [1], et, à la naissance de ma mère, on choisit Nathalie pour être sa bonne.

Elle montra dans ces nouvelles fonctions une activité et un dévouement à sa jeune maîtresse qui lui valurent encore des éloges.

Quand vint le moment de donner une gouvernante à ma mère, Nathalie reçut les clefs du linge et des provisions. Elle déployait en toutes choses le même zèle et le même dévouement. Elle ne vivait que pour les intérêts des maîtres, voyait partout du gaspillage et travaillait par tous les moyens à l'empêcher.

Quand maman se maria, elle voulut récompenser Nathalie de ses vingt années de bons services. Elle la fit venir, lui exprima son attachement dans les termes les plus flatteurs, lui remit un papier contenant son acte d'affranchissement et ajouta qu'elle y joignait une pension de 300 roubles [2], que Nathalie restât ou non dans la maison. Nathalie écouta ce discours sans mot dire, puis elle prit le papier, le regarda d'un air furieux, marmotta quelque chose entre ses dents et se sauva en frappant la porte. Maman n'y comprenait rien. Elle attendit quelque temps : personne. Elle rentra alors dans la chambre de Nathalie, qu'elle trouva sur une malle, les yeux rouges, occupée à déchirer son mouchoir de poche, tout en regardant fixement les débris de l'acte d'affranchissement, épars sur le plancher.

« Qu'est ce que vous avez, ma bonne Nathalie? demanda maman en lui prenant la main.

---

1 *Diligence* : attention dévouée. | 2. Le rouble vaut 3 f. 00 environ.

— Rien, petite mère [1]. Apparemment, je vous ai déplu, puisque vous me chassez.... C'est bon je m'en vais. »

Elle retira sa main de force en essayant de retenir ses

« Qu'avez-vous, Nathalie. »

larmes et voulut sortir. Maman l'en empêcha, l'embrassa et elles se mirent toutes les deux à pleurer.

Du plus loin que je me souvienne, je me rappelle les preuves de tendresse et les caresses de Nathalie Savichna, mais ce n'est qu'à présent que je sais les apprécier; quand j'étais enfant, je n'avais aucun soupçon de ce que valait cette vieille femme : je ne me doutais pas que c'était une créature adorable et comme il y en a peu. Non seulement elle ne parlait jamais d'elle, mais elle n'y pensait jamais; sa vie entière ne fut qu'amour et abnégation.

Léon Tolstoï [2], Souvenirs [3].

1. En Russie l'usage autorise entre supérieurs et inférieurs, entre maîtres et serviteurs les appellations affectueuses comme « petit père, petite mère », d'une part, et « mes enfants », d'autre part.

2. Voir p. 4.

3. Traduction Arvède Barine. Hachette, éditeur.

A une vieille servante.

Reste ainsi, ne fais pas un geste,
Ne quitte pas ton escabeau [1];
Poursuis ta besogne modeste
A côté d'un pâle flambeau.

Mon cœur est plein, mon œil se mouille,
Lorsque, seul et baissant les yeux,
Je te vois filer ta quenouille [2]
A ce foyer silencieux.

Les obscures vertus de l'âme,
Le dévouement et la bonté,
Prêtent au front de l'humble femme
Je ne sais quelle majesté.

Au bruit des heures que balance
La pendule de l'escalier,
Tu vas et tu viens en silence,
Faisant ton travail familier.

La fatigue est ton habitude;
A l'œuvre dès le point du jour,
Tu donnes à la servitude
La forme auguste de l'amour!

Va, je t'aime, âme simple et grande,
Toi qui ne sus jamais haïr :
Je t'aime, et moi qui te commande,
Je me sens prêt à t'obéir.

JOSEPH AUTRAN [3], La Vie rurale.

1. *Escabeau* : siège de bois sans dossier.
2. *Quenouille* : chanvre fixé à un axe pour être filé.
3. *Joseph Autran* : voir p. 28, note 1.

CHAPITRE II

LA PATRIE

NOTE POUR LES MAÎTRES

La patrie, c'est notre pays tout entier, avec son passé glorieux ou douloureux, avec son avenir qui sera ce que nous le ferons. Membres d'une démocratie, nous sommes en effet tous, jusqu'aux plus humbles, artisans de l'avenir. Le relèvement de la France depuis trente ans est l'œuvre non de quelques-uns, mais de tous.

Il y a un vrai et un faux patriotisme. Souvent les étrangers nous reprochent avec moquerie de nous juger nous-mêmes avec trop de complaisance, et de nous croire d'emblée le premier des peuples. On appelle *chauvinisme* cette déformation peu intelligente du patriotisme.

Le maître s'attachera à développer chez les enfants un patriotisme intelligent. Il essayera d'ouvrir leurs yeux sur les défauts actuels de la France pour tenter de les corriger, sur les concurrences dont elle est entourée en Europe et aux colonies, pour y tenir tête. Rien de plus antipatriotique que de nous dissimuler nos points faibles : dépopulation, alcoolisme, fonctionnarisme, indifférence politique, peur de s'expatrier.

Pour faire de vrais patriotes, il ne suffit pas de quelques tirades exaltées sur les trois couleurs; il faut toute une éducation systématique, qui fasse des hommes sains de corps et d'esprit et, en particulier, corrigés des défauts qui sont pour la génération présente des causes de faiblesse et de déchéance.

1. — *LA PATRIE FRANÇAISE*

Ce que c'est que la patrie.

La patrie, mes amis, ce n'est pas seulement votre plaine ou votre coteau, la flèche de votre clocher ou la cime de vos arbres ou les chansons monotones de vos pâtres! La patrie, c'est la Picardie pour les habitants de la Provence; c'est la Bretagne pour les montagnards du Jura; c'est tout ce que notre vieille France contient de pays et de citoyens dans les vastes limites du Rhin, des Pyrénées et de l'Océan! La patrie, c'est ce qui parle notre langue, c'est ce qui fait battre nos cœurs, c'est l'unité de notre territoire et de notre indépendance, c'est la gloire de nos pères, c'est la communauté du nom français, c'est la grandeur de la liberté! La patrie, c'est l'azur de notre ciel, c'est le doux soleil qui nous éclaire, les beaux fleuves qui nous arrosent, les forêts qui nous ombragent et les terres fertiles qui s'étendent sous nos pas! La patrie, c'est tous nos concitoyens, grands ou petits, riches ou pauvres! La patrie, c'est la nation que vous devez aimer, honorer, servir et défendre de toutes les facultés de votre intelligence, de toutes les forces de votre bras, de toute l'énergie et de tout l'amour de votre âme.

CORMENIN [1].

Suprématie intellectuelle de la France.

La France est aussi grande aujourd'hui qu'elle l'a jamais été. Depuis cinquante années qu'en commençant sa propre transformation, elle a commencé le rajeunissement de toutes les sociétés vieillies, la France semble avoir fait deux parts égales de sa tâche et de son temps [2]. Pendant vingt-quatre ans, elle a imposé ses armes à l'Europe; depuis vingt-cinq ans, elle impose ses idées. Son esprit s'introduit peu à peu dans les gouvernements et les assaillit. C'est d'elle que viennent toutes les palpitations généreuses des autres peuples, tous les changements insensibles du mal au bien qui s'accomplissent parmi les hommes en ce moment et qui épargnent aux États des secousses violentes. Peut-être les limites matérielles de la France sont-elles momentanément restreintes; non, certes, sur la map-

1. Le vicomte *de Cormenin* (1788-1868) : auteur d'ouvrages de droit administratif et d'un ouvrage important sur les *Orateurs parlementaires*. Sous le pseudonyme de Timon, il écrivit contre la monarchie de Louis-Philippe des pamphlets pleins de malice.

2. L'auteur considère ici la France comme une personne morale.

pemonde éternelle dont Dieu a marqué les compartiments avec des fleuves, des océans et des montagnes, mais sur cette carte éphémère bariolée de rouge et de bleu, que la victoire et la diplomatie refont tous les vingt ans. Mais si les coalitions, les réactions et les congrès ont bâti une France, les poètes et les écrivains en ont fait une autre. Outre les frontières visibles, la grande nation a des frontières invisibles, qui ne s'arrêtent que là où le genre humain cesse de parler sa langue, c'est-à-dire aux bornes mêmes du monde civilisé.

Vous le voyez, je ne suis pas de ceux qui désespèrent; qu'on me pardonne cette faiblesse, j'admire mon pays et j'aime mon temps.

VICTOR HUGO[1].

L'âme de la France.

La voilà, cette France si belle, assise par terre comme Job, entre ses amies[2], les nations, qui viennent la consoler[3], l'interroger[4], l'améliorer si elles peuvent, travailler à son salut.

« Où sont tes vaisseaux, tes machines? » dit l'Angleterre. — Et l'Allemagne : « Où sont tes systèmes? N'auras-tu donc pas au moins, comme l'Italie, des œuvres d'art à montrer? »

Bonnes sœurs, qui venez consoler ainsi la France, permettez que je vous réponde. Elle est malade, voyez-vous; je lui vois la tête basse, elle ne peut pas parler.

Si l'on voulait entasser ce que chaque nation a dépensé de sang et d'or, et d'efforts de toute sorte, pour les choses désintéressées qui ne devaient profiter qu'au monde, la pyramide de la France irait grandissant jusqu'au ciel.... Et

---

1. *Victor Hugo* (1802-1885) : fils d'un général du premier empire, il embrasse d'abord avec enthousiasme la cause royaliste. Son rôle politique fut important. Membre de l'Assemblée constituante de 1848, il réclama l'abolition de la peine de mort. Ses opinions étaient d'abord peu libérales. Elles le devinrent de plus en plus à l'Assemblée législative. Il fut exilé après le Coup-d'État du 2 décembre. Comme poète, il est l'un des plus grands de tous les temps. Citons parmi ses œuvres : *Odes et Ballades, Orientales, Feuilles d'automne, Chants du crépuscule, le Théâtre, les Romans, la Légende des Siècles, les Châtiments, les Voix intérieures les Rayons et les Ombres.* Ces ouvrages contiennent à la fois les principes et l'application du « romantisme », dont Hugo fut le chef.

2. Ses fausses amies.

3. Soi-disant la consoler.

4. Tout ce passage est ironique.

la vôtre, ô nations, toutes tant que vous êtes ici, ah! la vôtre, l'entassement de vos sacrifices irait au genou d'un enfant.

Ne venez donc pas me dire : « Comme elle est pâle, cette France! » Elle a versé son sang pour vous.... — « Qu'elle est pauvre! » Pour votre cause, elle a donné sans compter.... Et n'ayant plus rien, elle a dit : « Je n'ai ni or ni argent, mais ce que j'ai, je vous le donne.... » Alors elle a donné son âme, et c'est de quoi vous vivez.

MICHELET [1], Histoire de France.

Le paysan français.

I

Oh! la belle moisson! Du haut de la colline, on la voit rouler ses flots où glissent, rapides, les ombres des nuages.

Il leur reste les yeux pour pleurer.

Comme des flots verts, les larges pommiers émergent de cet océan d'épis. L'air est plein de bourdonnements d'abeille et du sempiternel [2] ramage [3] des criquets et des cigales, sur lequel se détache, alerte, le chant de la caille. C'est partout la joie, l'heureuse fécondité, récompense des

---

1. *Michelet* : voir p. 95, n. 1.
2. *Sempiternel* : incessant, perpétuel.
3. *Ramage* : se dit du chant des oi-
seaux, ou, comme ici, des insectes assemblés en grand nombre.

longs labeurs. A travers le bruissement de ces myriades de pailles sonores qui se frôlent sous la brise, déjà l'on croit entendre ruisseler les grains dorés du froment. Viens maintenant, diligent laboureur, les sillons t'attendent, pour te payer de ta peine au centuple!

II

Deux heures après, le même horizon encadre un tableau tout différent. Des arbres déracinés, des blés hachés, et, çà et là, la terre elle-même horriblement déchiquetée. Partout des débris, des mutilations, des traces effrayantes d'une force dévastatrice. On dirait que la guerre a passé par là au galop furieux de cent escadrons d'artillerie et sous l'averse infernale du fer et du feu. — Tout est piétiné. — En vain vous chercheriez à reconnaître ce qui fut du seigle, du froment ou de l'avoine. Il ne reste par terre que d'informes hachures, à travers lesquelles gisent, culbutés et jetés pêle-mêle, des troncs et des branches d'arbre. Et sur les espaces désolés, on voit errer de pauvres paysans, cherchant leurs moissons perdues, comme on cherche les cadavres après la bataille. Ils se montrent les uns aux autres les petits oiseaux morts, du gibier assommé, des arbres foudroyés, réduits en menus éclats, et, çà et là, quelque grêlon de grosseur démesurée qui achève de se fondre dans une ornière.

Pauvre gens! que leur reste-t-il, si ce n'est les yeux pour pleurer? Et, de fait, presque tous ont des larmes dans la voix. C'est navrant.

III

Rien de démoralisant comme les peines perdues; que d'hommes ne peuvent les supporter! Le laboureur, lui, se ressaisit. Il essuie ses larmes pour y voir plus clair, et reprend ses travaux. C'est un admirable recommenceur. Par son tranquille courage, sa faculté de lutter et de se relever, il rappelle le matelot. Malgré les différences de milieu, les mains qui tiennent la charrue ont beaucoup d'analogie avec celles qui manœuvrent les voiles. Les unes et les autres savent prier et peiner. Les unes et les autres

ont besoin, pour rester vigoureuses, d'espérer en Dieu qui
fait vivre, malgré les puissances de mort. — Demain, ces
mêmes champs recevront la semence pour une moisson
nouvelle, et l'espérance germera sur leurs sillons dévastés.
Il y a des leçons, chez ces humbles et rudes travailleurs,
pour les volontés affaiblies, et pour les trembleurs aussi
qu'un rien épouvante; ridicule espèce, toujours prête à
faire naufrage en pleine terre ou à mourir de faim en pleine
abondance.

C. WAGNER [1].

Les Français peints par un Américain.

Je ne puis quitter ce grand et bon peuple français sans
exprimer ce que je pense de sa prééminence [2] sur toutes
les nations de la terre. Je n'ai jamais connu d'inclinations
plus bienveillantes, et plus de chaleur et de dévouement
dans les relations intimes. La bonté, la prévoyance des
Français pour les étrangers sont sans égales, et l'hospitalité de Paris surpasse tout ce que j'aurais cru praticable
dans une grande cité. Leur supériorité dans les sciences,
les dispositions communicatives de leurs savants [3], la politesse générale des manières, l'aisance et la vivacité de leur
conversation donnent à leur société un charme qu'on ne
trouve pas ailleurs. En comparant cette nation à toutes les
autres, on recueille en sa faveur le même témoignage qui
valut le prix à Thémistocle après la bataille de Sala-
mine; chacun des chefs s'adjugea à lui-même le premier
prix de la valeur, et décerna le second au général athénien.
Interrogez de la même manière un homme qui a voyagé,
à quelque nation qu'il appartienne, et demandez-lui dans
quelle contrée sur la terre il préférerait passer sa vie, il
vous répondra : Dans ma patrie, sans doute, où j'ai tous
mes parents, toutes mes relations, où je retrouve mes premières affections et les plus doux souvenirs de ma vie. —
Et en second lieu, quel serait votre choix? — La France.

THOMAS JEFFERSON [4], Mémoires.

---

1. C. Wagner (le pasteur) : écrivain con-
temporain, auteur d'ouvrages moraux :
Jeunesse, Vaillance, la Vie simple, le
Long du chemin, etc. — Fischbacher, édit.

2. Prééminence : supériorité.

3. C'est-à-dire que les savants français ne se montrent pas jaloux de leurs
découvertes, et sont les premiers à vouloir en faire profiter tous les peuples.

4. Thomas Jefferson (1743-1826) : né en

§ II. — *DEVOIRS ENVERS LA PATRIE*

L'amour du pays natal.

La petite patrie.

Quand reverrai-je mon village?

Heureux qui, comme Ulysse [1], a fait un beau voyage,
Ou comme celui-là qui conquit la Toison [2],

Virginie, fut un des premiers adversaires de la domination anglaise en Amérique. Plus tard, il rédigea la déclaration de l'Indépendance et accompagna Franklin (voir p. 147, n. 5) en France. Troisième président de la République américaine, il consacra ses dernières années à la prospérité d'une Université qu'il avait fondée. Il a laissé une *Correspondance* remarquable, des *Rapports sur le commerce*, des *Notes sur la Virginie*, et des *Mélanges*. Il avait conservé pour la France une vive reconnaissance.

1. *Ulysse* : roi d'Ithaque; après la prise de Troie il erra sur les mers au milieu des tempêtes avant de pouvoir regagner son pays.

2. Il s'agit d'une toison d'or gardée par un dragon, et qui, selon la fable, fut prise par l'héroïque Jason et les cinquante Argonautes.

Et puis est retourné, plein d'usage [1] et raison,
Vivre entre ses parents le reste de son âge!

Quand reverrai-je, hélas! de mon petit village
Fumer la cheminée, et en quelle saison
Reverrai-je le clos de ma pauvre maison,
Qui m'est une province, et beaucoup davantage?

Plus me plaît le séjour qu'ont bâti mes aïeux,
Que des palais romains le front audacieux;
Plus que le marbre dur, me plaît l'ardoise fine.

Plus mon Loyre [2] gaulois, que le Tibre latin,
Plus mon petit Lyré que le mont Palatin,
Et plus que l'air marin, la douceur angevine!

DU BELLAY [3].

Lettre d'un exilé.

Boisfort [4], 1er janvier 1856.

A Madame Desbordes-Valmore [5].

Ah! le beau pays que mon pays! terre féconde en miracles, jusque dans les instants de tourmente et d'égarements partiels! Ici [6] l'on passe; là-bas où vous êtes [7], on existe, on s'aime, on s'apprécie, on se comprend, on se respecte jusqu'après la mort. Oh! si la France venait à être retranchée de la carte, l'univers n'aurait plus ni cœur, ni tête; ce petit recoin pense et agit pour tout le monde. Tout se régénère, dès qu'elle comprend qu'il faut changer de rôle; tout tremble sous la calotte du ciel, dès que ce Jupiter [8] fronce le sourcil. Le souvenir seul de son soleil vous réchaufferait jusque sur les glaces du pôle; on l'adore, bonne mère ou

1. *Plein d'usage* : plein d'expérience.
2. *Le Loir* : affluent de la Sarthe; *Lyré*, petite ville, près d'Angers, où naquit le poète; le *Tibre*, fleuve qui passe à Rome; le *Palatin*, l'une des sept collines de la Ville Éternelle.
3. *Joachim du Bellay* : poète français du XVIe siècle; il faisait partie de la pléiade dont Ronsard était le chef.
4. *Boisfort* : hameau de la banlieue de Bruxelles (Belgique).
5. *Mme Desbordes-Valmore* : écrivain contemporain, auteur de poésies d'une grâce souvent mélancolique.
6. *Ici* : en Belgique, en exil pour avoir combattu l'empire.
7. *Où vous êtes* : en France.
8. *Jupiter* : le père des dieux et des hommes, dans la mythologie romaine, et le maître du tonnerre.

marâtre; on se ferait vingt fois tuer, dût-elle être ingrate, pourvu qu'elle fût plus belle encore. Chantez, ma muse, cette admirable France, héroïque, spirituelle, bonne et affectueuse, économe et libérale, un peu coquette et essentiellement aimante, un peu narquoise [1], mais toujours juste et impartiale, grande maîtresse du progrès indéfini qui entraîne dans son tourbillon jusqu'aux Cosaques [2] et aux Hurons [3]; chantez cette mère, vous, sa fille adoptive, qui la comprenez si bien; et permettez-moi de vous appeler ma muse [4], puisque mon prosaïque lot ne me donne aucun droit de vous appeler ma sœur, et soyez sûre qu'en vous admirant je vous aime.

F.-V. RASPAIL [5].

La France.

Si vous voulez dans votre cœur,
Quand mes os seront sous la terre,
Sauver ce que j'eus de meilleur,
Garder mon âme tout entière,
Aimez, sans vous lasser jamais,
Sans perdre un seul jour l'espérance,
Aimez-la comme je l'aimais;
    Aimez la France !

Qu'importent les labeurs ingrats
Et l'injustice populaire !
Travaillez de l'âme et des bras
Et je vous réponds du salaire.
Conservez ma robuste foi,
Vous aurez de plus la vaillance.
Enfants ! servez-la mieux que moi,
    Servez la France !

1. *Narquoise* : amie de la plaisanterie ironique.

2. *Cosaques* : peuples demi-sauvages du Sud de la Russie.

3. *Hurons* : peuples sauvages de l'Amérique du Nord.

4. *Ma Muse* : mon inspiratrice. Les Muses étaient dans la mythologie grecque des divinités inspiratrices des hommes de génie.

5. *Raspail* (1794-1878) : né à Carpentras. Savant et homme politique français. Condamné à plusieurs reprises pour ses opinions républicaines, c'est en prison qu'il composa la plupart de ses ouvrages de botanique et de médecine. Il imagina la médication au camphre, vulgarisa l'emploi du microscope en physiologie végétale et créa la chimie organique.

Servez-la dans l'obscurité
Avec la même idolâtrie,
Arrière toute vanité,
Et gloire à toi, sainte Patrie!
Votre honneur, amis, c'est le sien;
Humbles soldats de sa querelle,
Souffrez sans lui demander rien,
    Souffrez pour elle!

Vous tenez d'elle et des aïeux,
De ce grand passé qu'on envie,
Vos mœurs, votre esprit et vos dieux;
Vous lui devez plus que la vie.
Ne marchandez pas votre sang,
Afin de la rendre immortelle....
Au premier rang, au dernier rang,
    Mourez pour elle!

        V. DE LAPRADE [1], *Le Livre d'un père* [2].

Respect de l'uniforme.

I

Je me promenais un soir dans les faubourgs d'une ville
à plusieurs régiments d'infanterie et de cavalerie tiennent
arnison. Je vis venir à moi un groupe de quatre ou cinq
ntassins qui étaient ivres. Ils marchaient en battant les
urs et chantaient à tue-tête le refrain de quelque gros-
ère chanson. Tandis que je contemplais cet ignoble spec-
cle, un cuirassier vint à passer. C'était un grand garçon
ui avait les yeux bleus et la chevelure un peu roussé, une
gure énergique et fière. Je le vis qui marchait à la ren-
ntre des ivrognes. Arrivé près d'eux, il s'arrêta et se mit
leur parler d'une voix indignée. Ce qu'il leur dit alors, je
e pourrais guère vous le répéter, car le brave soldat,
nporté par sa généreuse colère, traitait ces brutes en
rmes passablement vifs. Il leur reprochait de déshonorer
uniforme, d'être un objet de scandale [3] pour les passants,

1. *Victor de Laprade* (1815-1883) : ète, académicien, fut l'un des disciples plus distingués de Lamartine.

2. Hetzel, éditeur.
3. *Scandale* : éclat fâcheux que produit une mauvaise action.

et une honte pour le régiment dont ils portaient le numéro au collet de leur capote.

Deux d'entre eux, que cette véhémente apostrophe [1] avait un peu dégrisés firent mine de vouloir se fâcher, et levè-

Il les saisit l'un et l'autre.

rent la main sur lui. Il les saisit l'un et l'autre par l'épaule et les secoua de telle sorte, que personne n'eut plus envie de provoquer un si robuste gaillard.

II

Après cette petite scène, les fantassins s'éloignèrent tout penauds, et le cuirassier reprit sa marche. Je m'approchai alors de lui, et je le félicitai vivement. Il me répondit avec un bon sourire.

« Dame, monsieur, moi qui suis Alsacien, moi qui ai quitté le pays pour ne pas servir dans un régiment prussien, vous comprenez que ça me dégoûte de voir des militaires qui galvaudent ainsi [2] l'uniforme!... »

1. *Apostrophe* : parole vive et bles-
sante adressée à une personne.

2. *Galvaudent* : qui déshonorent.

Je vous laisse à penser si je serrai la main de ce brave garçon.

G. Duruy [1], *Pour la France* [2].

Obéissons à la loi.

La loi reste la loi, même injuste et cruelle,
Sa force vient d'en haut : nul n'est au-dessus d'elle.
Tout un peuple obéit, nous devons obéir;
Dieu jugera plus tard et saura qui punir.
Pour nous, suivons l'exemple et le sort de nos frères;
Nul n'a droit de marcher par des sentiers contraires.
Celui qui, sans orgueil, fait ce que fait chacun,
Et, soumis à la loi, subit le sort commun,
Eût-il le moins bon lot et les plus sombres chances,
Il échappe au remords, la pire des souffrances.
Mais celui qui, rebelle et marchant à l'écart,
Dans les devoirs de tous veut se choisir sa part;
Qui se croit, sans nul titre, excepté du vulgaire
Et, seul, contre son peuple ose se mettre en guerre,
Qui des lois et des mœurs veut remonter le cours,
Haï souvent, flétri parfois, vaincu toujours,
Ne sachant plus se prendre à rien de légitime,
Se condamne au malheur..., hélas! peut-être au crime!

Victor de Laprade, *Le Livre d'un père*.

L'Alsace.

(DIS-MOI QUEL EST TON PAYS)

I

Dis-moi quel est ton pays,
Est-ce la France ou l'Allemagne? —
C'est un pays de plaine et de montagne,

1. *Georges Duruy* : né à Paris en 1853, fils de V. Duruy : ancien ministre de l'instruction publique, professeur d'histoire, a publié, outre des livres élé- mentaires pour les classes, une *Histoire de Turenne*, des romans et des nouvelles très remarqués.
2. Hachette, éditeur.

Une terre où les blonds épis
En été couvrent la campagne;
Où l'étranger voit tout surpris
Les grands houblons, en longues lignes,
Pousser joyeux aux pieds des vignes
Qui couvrent les vieux coteaux gris!
La terre où vit la forte race
Qui regarde toujours les gens en face...
C'est la vieille et loyale Alsace!

II

Dis-moi quel est ton pays,
Est-ce la France ou l'Allemagne? —
C'est un pays de plaine et de montagne,
Que les vieux Gaulois ont conquis
Deux mille ans avant Charlemagne!...
Et que l'étranger nous a pris!
C'est la vieille terre française
De Kléber [1], de la Marseillaise!...
La terre des soldats hardis
A l'intrépide et froide audace,
Qui regardent toujours la mort en face!
C'est la vieille et loyale Alsace!

III

Dis-moi quel est ton pays,
Est-ce la France ou l'Allemagne? —
C'est un pays de plaine et de montagne
Où poussent avec les épis,
Sur les monts et dans la campagne,
La haine de tes ennemis,
Et l'amour profond et vivace,
O France, de ta noble race!...
Allemands, voilà mon pays!

1. *Kléber* (1755-1800) : fils d'un maçon de Strasbourg, il devint architecte. Engagé en 1792 comme simple grenadier, il avança rapidement jusqu'aux plus hauts grades. Laissé par Bonaparte à la tête de l'armée d'Égypte, il fut poignardé par un musulman fanatique.

> Quoi que l'on dise et quoi qu'on fasse,
> On changera plutôt le cœur de place,
> Que de changer la vieille Alsace!
>
> ERCKMANN-CHATRIAN [1].

§ III. — *LES INSTITUTIONS DE LA FRANCE*

Déclaration des droits de l'homme et du citoyen.

Les représentants du peuple français, constitués en Assemblée nationale, considérant que l'ignorance, l'oubli ou le mépris des droits de l'homme sont les seules causes des malheurs publics et de la corruption des gouvernements, ont résolu d'exposer, dans une déclaration solennelle, les droits naturels [2], inaliénables [3] et sacrés de l'homme, afin que cette déclaration, constamment présente à tous les membres du corps social, leur rappelle sans cesse leurs droits; afin que les actes du pouvoir législatif [4] et ceux du pouvoir exécutif [5], pouvant être à chaque instant comparés avec le but de toute institution politique, en soient plus respectés; afin que les réclamations [6] des citoyens, fondées désormais sur des principes simples et incontestables, tournent toujours au maintien de la constitution [7] et au bonheur de tous.

En conséquence, l'Assemblée nationale reconnaît et déclare, en présence et sous les auspices [8] de l'Être suprême, les droits suivants de l'homme et du citoyen.

---

1. *Erckmann-Chatrian* : ce sont deux collaborateurs, Emile Erckmann né en 1822 et Alexandre Chatrian (1826-1890), tous deux originaires de la Meurthe. Ils ont composé surtout des romans-feuilletons et des nouvelles d'une inspiration patriotique. — Hetzel, éditeur.

2. *Naturels* : que tout homme possède de par sa naissance.

3. *Inaliénables* : que personne ne peut céder par renonciation ni contrat.

4. *Pouvoir législatif* : assemblée qui élabore et promulgue les lois, mais n'a pas qualité pour les appliquer elle-même.

5. *Pouvoir exécutif* : gouvernement, ensemble des agents chargés d'exécuter les lois (ministres, etc.). Le gouvernement applique les lois, mais ne les fait pas. Ses décisions ne sont que des *décrets*, non des lois.

6. Tout citoyen a le droit d'adresser des réclamations au gouvernement, sous forme de pétition.

7. *Constitution* : ensemble des lois qui règlent, dans un État, la nature, l'élection du corps législatif et ses rapports avec le corps exécutif.

8. *Sous les auspices* : sous la protection.

ARTICLE PREMIER. — Les hommes naissent et demeurent libres et égaux en droit. Les distinctions sociales [1] ne peuvent être fondées que sur l'utilité commune.

ART. 2. — Le but de toute association politique est la conservation des droits naturels et imprescriptibles [2] de l'homme. Ces droits sont : la liberté, la propriété, la sûreté et la résistance à l'oppression.

ART. 3. — Le principe de toute souveraineté réside essentiellement dans la nation [3]. Nul corps, nul individu ne peut exercer d'autorité qui n'en émane expressément.

ART 4. — La liberté consiste à pouvoir faire tout ce qui ne nuit pas à autrui, ainsi l'exercice des droits naturels à chaque homme n'a de bornes que celles qui assurent aux autres membres de la société la jouissance de ces mêmes droits. Ces bornes ne peuvent être déterminées que par la loi.

ART. 5. — La loi n'a le droit de défendre que les actions nuisibles à la société. Tout ce qui n'est pas défendu par la loi ne peut être empêché et nul ne peut être contraint à faire ce qu'elle n'ordonne pas.

ART. 6. — La loi est l'expression de la volonté générale. Tous les citoyens ont le droit de concourir personnellement ou par leurs représentants à sa formation. Elle doit être la même pour tous, soit qu'elle protège, soit qu'elle punisse. Tous les citoyens étant égaux à ses yeux sont également admissibles à toutes les dignités, places et emplois publics, selon leurs capacités et sans autre distinction que celle de leurs vertus et de leurs talents.

ART. 7. — Nul homme ne peut être accusé, arrêté, ni détenu que dans les cas déterminés par la loi, et selon les formes qu'elle a prescrites. Ceux qui sollicitent, expédient, exécutent ou font exécuter des ordres arbitraires [4], doivent être punis; mais tout citoyen appelé ou saisi en vertu de

---

1. *Distinctions* : les inégalités entre les hommes.

2. *Imprescriptibles.* Il y a des droits qui ne sont valables qu'à la condition d'avoir été revendiqués avant l'expiration d'un délai fixé. Ce délai écoulé, si la revendication n'a pas eu lieu, le droit dont il s'agit cesse d'exister. On dit qu'il y a *prescription*, que le droit est *prescrit*. Au contraire, les droits *naturels* sont *imprescriptibles*. Peu importe que pendant des siècles ils aient été méconnus, et qu'on ait attendu jusqu'à 1789 pour les revendiquer : ils n'ont rien perdu de leur validité, car elle n'est pas subordonnée à un délai.

3. C'est-à-dire que les gouvernants, ministres, fonctionnaires, etc., ne sont que des délégués, des agents de l'ensemble des citoyens.

4. *Ordres arbitraires* : fondés non sur la loi, mais sur la fantaisie d'un individu.

la loi doit obéir à l'instant : il se rend coupable par sa résistance.

Art. 8. — La loi ne doit établir que des peines strictement et évidemment nécessaires, et nul ne peut être puni qu'en vertu d'une loi établie et promulguée antérieurement au délit et légalement appliquée [1].

Art. 9. — Tout homme étant présumé [2] innocent jusqu'à ce qu'il ait été déclaré coupable, s'il est indispensable de l'arrêter, toute rigueur qui ne serait pas nécessaire pour s'assurer de sa personne doit être sévèrement réprimée par la loi.

Art. 10. — Nul ne doit être inquiété pour ses opinions, même religieuses, pourvu que leur manifestation ne trouble pas l'ordre public établi par la loi.

Art. 11. — La libre circulation des pensées et des opinions est un des droits les plus précieux de l'homme. Tout citoyen peut donc parler, écrire, imprimer librement, sauf à répondre de l'abus de cette liberté dans les cas déterminés par la loi.

Art. 12. — La garantie des droits de l'homme et du citoyen nécessite une force publique; cette force est donc instituée pour l'avantage de tous, et non pour l'utilité particulière de ceux auxquels elle est confiée.

Art. 13. — Pour l'entretien de la force publique et pour les dépenses d'administration, une contribution commune est indispensable, elle doit être répartie entre tous les citoyens en raison de leurs facultés [3].

Art. 14. — Tous les citoyens ont le droit de constater par eux-mêmes ou par leurs représentants la nécessité de la contribution publique, de la consentir librement, d'en suivre l'emploi, et d'en déterminer la quotité [4], l'assiette [5], le recouvrement [6] et la durée.

Art. 15. — La société a le droit de demander compte à tout agent public [7] de son administration.

---

1. Un délit antérieur à une loi ne doit pas, en bonne justice, pouvoir tomber sous le coup de cette loi.

2. Jusqu'au jour de la condamnation, un prévenu, quoique emprisonné, doit être traité comme innocent, car nul n'a le droit d'anticiper sur le jugement légal.

3. L'impôt doit être réparti proportionnellement à l'aisance des contribuables.

4. Le chiffre total.

5. Le mode de répartition.

6. Le mode de prélèvement.

7. Par ce terme il faut entendre tous fonctionnaires civils (art. 3) ou militaires (art. 12).

ART. 16. — Toute société dans laquelle la garantie des droits n'est pas assurée, ni la séparation des pouvoirs déterminée, n'a pas de constitution [1].

ART. 17. — La propriété étant un droit inviolable et sacré, nul ne peut en être privé, si ce n'est lorsque la nécessité publique, légalement constatée, l'exige évidemment et sous la condition d'une juste et préalable indemnité.

Assemblée nationale de 1789.

La République.

Un homme ne peut incarner [2] la République, non! il peut la représenter comme fonctionnaire [3], il doit la défendre comme citoyen; mais ce n'est que par les efforts de tous les bons citoyens que ce gouvernement peut vivre et prospérer. Et c'est précisément dans ce caractère collectif, unanime, général du gouvernement républicain que se trouvent son excellence et sa supériorité.

Les autres gouvernements, en effet, ne peuvent vivre que par la domination d'un maître, trompeur ou despote, qui s'impose par la force, ou par une sorte de privilège constitué dans une famille et qui le transmet à ses héritiers avec autant de sans-façon.

C'est là ce qui fait que le régime républicain offre des garanties [4] sérieuses même contre l'incapacité, contre les hasards de la naissance, contre les infirmités, contre les passions, contre les vices d'un seul homme [5]. Aussi faut-il bien se garder, parmi nous, de jamais faire du régime républicain l'apanage [6] d'un seul homme; il faut en faire au contraire un régime qui change de mains, qui est mobile et qui va, par l'élection, par le choix, tous les jours plus assuré, plus juste et plus moral, au plus digne. Quand celui-ci a fait son temps, on le remplace, la nation étant appelée à se donner ainsi pour premier magistrat, — et non pas pour maître, — le plus intelligent, le plus expérimenté, le plus digne.

1. Le soi-disant gouvernement est alors illégal, et dans ce cas rare, autant que grave, l'insurrection peut être un devoir.

2. Représenter à lui tout seul.

3. Voir le morceau précédent, art. 3, 12, 15 et notes.

4. Voir le m. précédent, art. 16 et note.

5. Voir le m. précédent, art. 7 et note.

6. L'*apanage* : le domaine propre.

C'est pourquoi la République est par excellence le régime de la dignité humaine, le régime de la volonté nationale. C'est le régime qui peut seul supporter la liberté de tous; qui seul peut faire les affaires d'un peuple qui a besoin de communiquer avec lui-même, de se réunir, de s'associer, d'exiger des comptes, de critiquer, d'examiner, en un mot de diriger ses propres intérêts et de changer ses intendants quand ils ont mal agi.

GAMBETTA [1].

Le suffrage universel.

La souveraineté du peuple.

Le plus grand acte de la Révolution de 1848 fut d'établir le suffrage universel.

Et voyez comme ce qui est profondément juste est en même temps profondément politique; le suffrage universel,

[1]. *Léon-Michel Gambetta* (1838-1882): député de Paris, il protesta contre la légèreté avec laquelle on engagea la guerre de 1870; proclama au 4 septembre, avec ses collègues de l'opposition, la déchéance de l'Empire, dirigea le gouvernement provisoire en province et organisa la défense nationale, aussi bien comme ministre de l'intérieur que comme ministre de la guerre. Après la paix, il dirigea le parti républicain et déploya dans les assemblées un talent oratoire remarquable. Lorsqu'il mourut, à l'âge de quarante-quatre ans, la France lui fit des funérailles grandioses.

en donnant un bulletin à ceux qui souffrent, leur ôte fusil. En leur donnant la puissance, il leur donne le calme.

Le suffrage universel dit à tous, et je ne connais pas de plus admirable formule de la paix publique : Soyez tranquilles, vous êtes souverains.

Il ajoute : Vous souffrez? eh bien, n'aggravez pas les détresses publiques par la révolte. Vous souffrez? eh bien, vous allez travailler vous-mêmes, dès à présent, à la destruction de la misère par des hommes qui seront à vous, par des hommes en qui vous mettrez votre âme, et qui seront en quelque sorte votre main. Soyez tranquilles.

Puis, pour ceux qui seraient tentés d'être récalcitrants [1], il dit :

« Avez-vous voté? Oui. Vous avez épuisé votre droit, tout est dit. Quand le vote a parlé, la souveraineté a prononcé. Il n'appartient pas à quelques-uns de défaire ni de refaire l'œuvre de tous. Vous êtes citoyens, vous êtes libres, votre heure reviendra, sachez l'attendre. En attendant, travaillez, écrivez, parlez, discutez, éclairez-vous, éclairez les autres. Vous avez à vous aujourd'hui la liberté, demain la souveraineté : vous êtes forts !...

Il y a un jour dans l'année où le gagne-pain, le journalier, le manœuvre, l'homme qui traîne des fardeaux, l'homme qui casse des pierres au bord des routes, juge les représentants, le Sénat, les ministres, le président de la République. Il y a un jour dans l'année où le plus modeste citoyen prend part à la vie immense du pays tout entier, où la plus étroite poitrine se dilate à l'air vaste des affaires publiques; un jour où le plus faible sent en lui la grandeur de la souveraineté nationale, où le plus humble sent en lui l'âme de la patrie.

VICTOR HUGO [2].

Chanson de l'électeur pauvre.

Ils savent que je suis pauvre, et ils ont cru que je serais vil! Ils m'ont jugé d'après eux et d'après leurs semblables, qui n'ont pour dieu que l'ignoble veau d'or.

---

1. Qui seraient tentés de résister à la loi.
2. Voir p. 36, n. 1.

Ils m'ont offert de l'argent en échange de mon vote!

Honte aux hommes riches qui ont voulu acheter ma conscience! Mon vote n'est pas à moi, pour que j'en fasse une marchandise à mon profit!

Je dois mon vote à ma patrie!

Je donnerai mon vote, non pas au plus riche, mais au plus honnête et au plus digne! C'est le devoir de tout bon citoyen, entendez-vous, mes enfants!

Si j'avalais l'appât que ces vils corrupteurs avaient attaché à l'hameçon, comment oserais-je regarder mes fils en face? Comment leur dirai-je : « Mes enfants, voici le droit chemin! » tandis que jour et nuit la voix de ma conscience me reprocherait mon crime, oui, mes enfants, mon crime contre la patrie.

Traduit de l'anglais.

§ IV. — *LES P..TRIOTES*

Le grand Ferré.

Épisode de la guerre contre les Anglais [1].

Il y a un lieu assez fort [2] dans le petit village de Longueil, près de Compiègne. Les habitants, voyant qu'ils seraient en péril si l'ennemi s'en emparait, demandèrent la permission de le fortifier. Après l'avoir obtenue, ils y portèrent des vivres et des armes, prirent pour capitaine un d'entre eux, grand et bel homme, appelé Guillaume des Alouettes, et jurèrent de se défendre jusqu'à la mort. Dès que cela fut fait et connu, beaucoup accoururent des villages voisins, afin de s'y mettre en sûreté.

Le capitaine avait pour serviteur un autre paysan très grand, très vigoureux, et aussi brave qu'il était fort : c'était le grand Ferré. Malgré sa haute taille et sa force, le grand Ferré n'avait de lui-même que petite opinion, et le capitaine en faisait tout ce qu'il voulait.

1. Cet épisode se passa pendant la captivité du roi Jean le Bon.

2. *Un lieu assez fort* : un lieu naturellement facile à défendre contre des ennemis, c'est-à-dire situé sur une hauteur et d'abord difficile.

Les voilà donc là environ deux cents, tous laboureurs et habitués à gagner leur pauvre vie avec le travail des mains! Les Anglais qui occupaient un fort près de Creil [1], en apprenant ces préparatifs de défense, furent pleins de mépris pour de telles gens. « Allons chasser ces paysans, dirent-ils; le lieu est bon et fort, occupons-le. » Et il fut fait comme il avait été dit. Deux cents Anglais y marchèrent. On ne faisait pas bonne garde; les portes mêmes étaient ouvertes; ils entrèrent hardiment. Au bruit qu'ils firent, ceux du dedans, qui étaient dans les maisons, coururent aux fenêtres, et, voyant tant d'hommes bien armés, tombèrent en grand effroi. Le capitaine descendit toutefois avec quelques-uns des siens et se mit à frapper bravement sur les Anglais, mais, bientôt entouré, il fut blessé mortellement. A cette vue, les autres et le grand Ferré dirent : « Descendons et vendons chèrement notre vie, car il n'y a pas de miséricorde à attendre. » Ils se rassemblèrent, et, sortant soudainement par diverses portes, se précipitèrent à coups redoublés sur les Anglais, ils frappaient comme quand ils battent le grain sur l'aire. Les bras se levaient, puis s'abaissaient, et à chaque coup un Anglais tombait.

Quand le grand Ferré arriva près de son capitaine expirant, il fut pris d'une vive douleur et se rejeta avec furie sur l'ennemi. Comme il dépassait tous ses compagnons de la tête, on le voyait brandir sa hache, frapper, redoubler les coups, dont pas un ne manquait son homme. Les casques étaient brisés, les têtes fendues, les bras coupés. En peu de temps il fit place nette autour de lui, en tua dix-huit, en blessa bien plus. Ses compagnons, encouragés, faisaient merveille, si bien que les Anglais quittèrent la partie et se mirent à fuir. Les uns sautèrent dans le fossé plein d'eau et se noyèrent; les autres se pressèrent aux portes, mais les traits y pleuvaient drus et serrés. Le grand Ferré, arrivé au milieu de la rue où ils avaient planté leur étendard, tue le porte-enseigne, se saisit du drapeau et dit à un des siens d'aller le jeter dans le fossé. Celui-ci lui montre avec effroi la masse encore épaisse des Anglais : « Suis-moi, » lui dit-il; et, prenant sa grande hache à deux mains, il frappe à droite, il frappe à gauche, et se fait un

---

1. *Creil* : aujourd'hui dans le département de l'Oise.

chemin jusqu'au fossé, où l'autre jette dans la boue l'enseigne ennemie. Le grand Ferré se reposa alors un moment, mais retourna bientôt contre ce qui restait d'Anglais. Bien peu de ceux qui étaient venus pour faire ce coup purent s'échapper, grâce à Dieu et au grand Ferré, qui en tua, ce jour-là, plus de quarante.

Les Anglais furent bien confus et irrités de voir que tant de leurs braves hommes d'armes avaient péri par les mains de ces vilains. Le lendemain ils revinrent en plus grand nombre, mais les gens de Longueil ne les craignaient plus. Ils sortirent à leur rencontre, le grand Ferré marchant à leur tête. Quand ils le virent et qu'ils sentirent le poids de son bras et de sa hache de fer, ils auraient bien voulu n'être pas venus de ce côté-là. Ils ne s'en allèrent pas si vite que beaucoup ne fussent mortellement blessés, tués ou pris. Parmi ceux-ci se trouvèrent des hommes de haute naissance[1]. Si les gens de Longueil avaient consenti à les

« Voici les Anglais ! »

mettre à rançon, comme font les nobles entre eux, ils se fussent enrichis. Mais ils n'y voulurent pas entendre et les tuèrent, disant qu'ainsi ils ne leur feraient plus tort.

A ce dernier combat, la besogne était rude, et le grand Ferré s'y était fort échauffé. Il but de l'eau froide en quantité, et fut aussitôt pris par la fièvre. Il retourna alors à son village, rentra dans sa cabane et se mit au lit, mais en plaçant près de lui sa bonne hache, une hache de fer, si lourde qu'un homme de force ordinaire pouvait à peine, à deux mains, la soulever de terre.

1. Des nobles.

Quand les Anglais apprirent que le grand Ferré était malade, ils furent pleins de joie, et, pour ne pas lui donner le temps de se guérir, ils lui dépêchèrent douze soldats avec ordre de le tuer. Sa femme les vit venir de loin et lui cria : « Oh! mon pauvre Ferré, voici les Anglais, que vas-tu faire? » Lui, oublie son mal, se lève vivement, et, prenant sa lourde hache, sort dans la cour. Quand ils entrèrent : « Ah! brigands! vous venez pour me prendre au lit! Vous ne me tenez pas encore. » Il s'adossa au mur pour n'être pas entouré, et, jouant de la hache, les mit à male mort. Sur douze, il en tua cinq, le reste se sauva. Le grand Ferré retourna à son lit; mais il s'était échauffé à donner tant de coups; il but encore de l'eau froide; la fièvre redoubla, et peu de jours après, ayant reçu les sacrements, il trépassa. Le grand Ferré fut enterré au cimetière de son village : tous ses compagnons, tout le pays le pleurèrent, car, lui vivant, les Anglais n'auraient jamais osé en approcher.

D'après JEAN DE VENETTE, *continuateur de Nangis* [1].

Les Bourgeois de Calais.

Édouard III, roi d'Angleterre, ayant battu les Français à Crécy (1346), vint assiéger Calais, qui résista pendant onze mois au vainqueur. Enfin, épuisés par la famine et par les fatigues de cette lutte prolongée, les braves Calaisiens durent se rendre. Édouard, irrité de leur longue résistance, voulait d'abord les exterminer tous, mais, à la prière de ses chevaliers, il leur fit grâce de la vie, à condition que six des plus notables bourgeois vinssent en chemise et la hart au col pour être pendus, lui faire amende honorable en lui apportant les clefs de la ville. Jean de Vienne, gouverneur de Calais, ayant ouï les conditions du roi d'Angleterre, revient à Calais pour en faire part aux malheureux assiégés.

Messire Jean de Vienne rentra dans la ville, faisant aussitôt sonner les cloches pour appeler toute la population sur la place du Marché.

Ils accoururent tous, hommes, femmes et enfants, et messire Jean de Vienne leur récita les propres paroles

1. *Jean de Venette* : chroniqueur du xive siècle, dit le Continuateur de Nangis parce que sa chronique fait suite à celle de Guillaume de Nangis, qui date du xiiie siècle.

« Qu'on fasso venir lo bourreau! »

qu'on lui avait dites de la part du roi anglais; et les pria de s'entendre entre eux là-dessus et de répondre au plus tôt.

Il n'avait pas fini de parler que les cris et les pleurs éclatèrent autour de lui, si lamentables et si douloureux dans leur désespoir, par la faiblesse que trahissait la voix de tous ces affamés, que les cœurs les plus durs en eussent été touchés.

Messire Jean de Vienne pleurait avec le pauvre peuple de Calais qu'il défendait et protégeait depuis si longtemps, lorsque se leva messire Eustache de Saint-Pierre, le plus riche et l'un des plus honorés des bourgeois de Calais, qui dit : Seigneur, ce serait une grande pitié de laisser périr tant de gens qui sont ici par famine ou autrement lorsqu'on y peut porter remède. Je me remettrai volontiers, pieds nus et la corde au cou, à la volonté du roi d'Angleterre. »

Un nouveau cri s'éleva, cri d'admiration et de reconnaissance cette fois, et plusieurs hommes et femmes s'allèrent jeter aux pieds de messire Eustache pour le remercier.

Après lui se leva messire Jean d'Aire, aussi riche et considérable que son devancier, et qui avait dans sa maison deux filles qu'il aimait fort : « Je ferai compagnie à messire Eustache », dit-il.

Jacques et Pierre de Wissant étaient cousins germains, et tous deux parents de messire Eustache et de messire Jean. Ils s'avancèrent comme eux pour sauver le peuple de Calais. Deux autres riches bourgeois de la ville suivirent leur exemple. Tous les six mirent bas leurs habits sur la place du Marché, puis, se tournant vers le gouverneur : « Nous sommes prêts, » dirent-ils.

Messire Jean de Vienne pouvait à peine marcher, tant il était faible; il monta sur une petite haquenée [1] qui restait encore dans la ville, et prit le chemin de la porte, suivi des six bourgeois. Les hommes et les femmes les suivirent en pleurant et se tordant les mains.

Le gouverneur fit ouvrir la porte, puis il dit à messire Gautier de Mauny, envoyé du roi d'Angleterre, qui l'attendait : « Seigneur, comme capitaine de Calais, et par le consentement du pauvre peuple de la ville, je vous livre les six bourgeois les plus notables de fortune et de naissance qu'il y ait en la ville de Calais, et ils portent avec eux toutes

---

1. *Haquenée* : cheval de petite taille, docile et allant lentement.

les clefs de la ville et du château. Je vous prie, gentil sire, d'intercéder auprès du roi d'Angleterre en faveur de ces hommes afin qu'ils ne soient pas mis à mort. — Je ne sais ce que sera la volonté du roi mon seigneur, repartit messire Gautier, mais j'y aiderai de tout mon pouvoir. »

Parlant ainsi, il emmena les six bourgeois jusqu'à l'hôtel du roi d'Angleterre, qui sortit de la maison sur la place, avec la reine Philippa de Hainaut et ses barons.

Des seigneurs anglais, et surtout messire Gautier de Mauny, implorèrent, mais vainement, la grâce des six braves Calaisiens. Édouard demeura inflexible et dit : « Qu'on fasse venir le bourreau ! »

Alors la reine Philippa se jeta en pleurant aux pieds du roi son mari et dit · « Ah ! sire, je vous demande, au nom du fils de sainte Marie et pour l'amour de moi, d'avoir pitié des six hommes que voici. »

Le roi se taisait encore, regardant sa femme prosternée devant lui et qui pleurait. Il l'aimait fort et ne voulait pas la contrister ; aussi, lui tendant la main pour la relever : « Ah ! madame, dit-il, j'aimerais mieux que vous fussiez tout autre part qu'ici ; mais puisque vous me les demandez, je vous les donne, bien que ce soit à regret. Ils sont à vous : faites d'eux ce que vous voudrez. » La bonne dame se leva vivement et dit : « Sire, grand merci ! » Et elle emmena avec elle dans son hôtel les six bourgeois qui avaient vu la mort de si près et, les faisant habiller et dîner, elle les renvoya dans cette ville de Calais qu'ils avaient si bien défendue.

Mme de Witt [1], d'après Froissart [2].

Jeanne d'Arc.

L'histoire est telle :

Une enfant de douze ans, une toute jeune fille conçoit l'idée étrange, absurde si l'on veut, d'exécuter ce que les hommes ne peuvent plus faire, sauver son pays. Elle couve

---

1. *Mme de Witt* : écrivain contemporain, fille de l'historien Guizot, elle a publié, en français modernisé, les œuvres les plus connues de nos vieux chroniqueurs. On lui doit aussi des récits historiques.

2. *Froissart* (xive siècle), l'un de nos meilleurs chroniqueurs. Ses *Chroniques* se rapportent à la Guerre de Cent Ans.

cette idée pendant six ans sans la confier à personne. Elle attend qu'elle ait dix-huit ans, et alors, inébranlable, elle exécute son dessein, malgré les siens et malgré tout le monde.

Elle traverse la France ravagée et déserte, les routes infestées de brigands; elle arrive à la cour de Charles VII, se jette dans les guerres et dans les camps qu'elle n'a

Jeanne d'Arc au Sacre de Charles VII.

jamais vus, dans les combats. Rien ne l'étonne. Elle plonge, intrépide, au milieu des épées. Blessée toujours, désespérée jamais, elle rassure les vieux soldats, entraîne tout le peuple, qui devient soldat avec elle, et personne n'ose plus avoir peur de rien. Tout est sauvé! La pauvre fille, de son corps délicat et tendre, a émoussé le fer, brisé l'épée ennemie, couvert de son sein le sein de la France.

La récompense, la voici.

Livrée en trahison, outragée des barbares [1], tentée de ses

1. De ses geôliers anglais.

juges qui essayent de la prendre par ses paroles, elle résiste à tout, elle s'élève au-dessus de tous, prononce des paroles sublimes, qui feront pleurer éternellement.

Quand on lui demanda, à cette fille jeune et simple qui n'avait rien fait que coudre et filer pour sa mère, comment elle avait pris sur elle de se faire homme, de s'en aller parler aux soldats, de les mener, les commander, les forcer de combattre, elle ne dit qu'un mot : « la *pitié* qu'il y avait au royaume de France ».

Souvenons-nous toujours, Français, que la patrie, chez nous, est née du cœur d'une femme, de sa tendresse et de ses larmes, du sang qu'elle a donné pour nous.

MICHELET [1], Histoire de France [2].

Mort de Jeanne d'Arc.

Elle fut liée sous l'écriteau infâme, mitrée d'une mitre [3] où on lisait : « Hérétique, relapse, apostate, idolastre... [4] » Et le bourreau mit le feu.... Elle le vit d'en haut et poussa un cri.... Puis, comme le frère Martin Ladvenu, qui l'exhortait, ne faisait pas attention à la flamme, elle eut peur pour lui, s'oubliant elle-même, et elle le fit descendre....

Cependant la flamme montait... Au moment où elle la toucha, la malheureuse frémit, et demanda de l'eau bénite; de l'eau, c'était apparemment le cri de la frayeur. Mais, se relevant aussitôt, elle ne nomma plus que Dieu, que ses anges et ses saintes.

Elle leur rendit témoignage : « Oui, mes voix étaient de Dieu, mes voix ne m'ont pas trompée! »

Cette grande parole est attestée par le témoin obligé et juré de sa mort, par le dominicain qui monta avec elle sur le bûcher, qu'elle en fit descendre, mais qui d'en bas lui parlait, l'écoutait et lui tenait la croix [5].

Vingt ans après, les deux religieux, simples moines, voués à la pauvreté et n'ayant rien à gagner ni à craindre en ce monde, déposent ce qu'on vient de lire : « Nous l'en-

---

1. Voir p. 95, n. 1.
2. Marpon et Flammarion, éditeurs.
3. *Mitre* : sorte de coiffure haute et pointue.
4. *Hérétique* : qui soutient une doctrine contraire à la foi catholique; *relapse* : qui retombe dans l'hérésie après l'avoir reniée; *apostat* : qui renie sa religion; *idolâtre* : qui adore les idoles.
5. Ce dominicain était le frère Isambart de la Pierre.

tendions, disent-ils, dans le feu, invoquer ses saintes, son archange. Elle répétait le nom du Sauveur.... Enfin, laissant tomber sa tête, elle poussa un grand cri : « Jésus! » Dix mille hommes pleuraient...; quelques Anglais seuls riaient ou tâchaient de rire. Un d'eux, des plus furieux, avait juré de mettre un fagot au bûcher; elle expirait au moment où il le mit, il se trouva mal; ses camarades le menèrent à une taverne pour le faire boire et reprendre ses esprits; mais il ne pouvait se remettre : « J'ai vu, disait-il, hors de lui-même, j'ai vu de sa bouche, avec le dernier soupir, s'envoler une colombe.... »

D'autres avaient lu dans les flammes le mot qu'elle répétait : « Jésus! » Le bourreau alla le soir trouver frère Isambart; il était tout épouvanté. Il se confessa, mais il ne pouvait croire que Dieu lui pardonnât jamais.... Un secrétaire du roi d'Angleterre, disait tout haut en revenant : « Nous sommes perdus, nous avons brûlé une sainte. »

MICHELET.

La mort de Bayard.

On combattait depuis l'aube [1]; il pouvait être dix heures du matin. Bayard venait de rembarrer les Espagnols par une de ces charges furieuses qu'il renouvelait souvent; il rejoignait le gros de sa troupe, lorsqu'une pierre, lancée par une arquebuse [2], le frappa dans les reins et lui brisa l'épine dorsale. Il jeta ce cri : « Jésus! » puis ajouta : « Hélas! mon Dieu, je suis mort! »

Il prit son épée par la poignée, l'éleva en forme de croix, la baisa et prononça tout haut les paroles du Psalmiste : « Ayez pitié de moi, Seigneur, suivant votre grande miséricorde »

Il devint pâle comme perdant connaissance, et faillit tomber de cheval, mais il eut encore l'énergie de saisir l'arçon de sa selle, et demeura ainsi, jusqu'à ce que son maître d'hôtel, Jacques Joffrey, vint l'aider à descendre. « Appuyez-moi contre cet arbre, dit-il au jeune gentilhomme, et placez-moi de telle sorte que j'aie le visage tourné vers les ennemis. Jamais je ne leur ai montré le

1. C'était à Romagnano (Italie).
2. *Arquebuse* : ancienne arme à feu, antérieure au mousquet.

« Mes voix ne m'ont pas trompée! »

dos; je ne veux pas commencer en mourant, car c'est fait de moi. »

Voyant Joffrey fondre en larmes : « Jacques, mon ami, reprit-il doucement, laisse ton deuil; c'est le vouloir de Dieu de m'ôter de ce monde. Par sa grâce, j'y suis longuement demeuré et y ai reçu de biens et d'honneurs plus que je ne mérite. Je te prie, mon ami, qu'on ne m'enlève point de ce lieu; car, quand je me remue, je sens toutes les douleurs qu'il est possible de sentir, hors la mort, laquelle me prendra bientôt. »

Il se tourna vers le seigneur d'Alègre, l'entretint quelques instants et lui fit connaître ses dernières volontés.

En ce moment reparurent les Espagnols. Un capitaine voulait faire croiser la pique à cinq ou six de ses hommes et emporter le Bon Chevalier, pensant le sauver. Mais le blessé, connaissant bien son état, pria qu'on le laissât un peu penser à sa conscience; l'ôter d'où il était ne ferait qu'abréger sa vie.

Les Espagnols approchaient.

« Messeigneurs, dit-il, je vous en supplie, allez-vous-en; autrement, vous tomberiez entre les mains des ennemis, et cela ne me serait d'aucun profit; car c'est fait de moi. Adieu, mes bons seigneurs et amis, je vous recommande ma pauvre âme. Je vous en supplie en outre, monseigneur d'Alègre, de saluer pour moi le roi notre maître; dites-lui combien je regrette de n'avoir pu le servir plus longuement, et que j'en avais si bien le désir. Saluez aussi messeigneurs les princes du sang, tous messeigneurs mes compagnons, et généralement tous les gentilshommes du très honoré royaume de France, quand vous les verrez. »

D'Alègre s'éloigna en pleurant à chaudes larmes; il fallut un ordre formel de Bayard pour que ses serviteurs et hommes d'armes consentissent à se séparer de lui. Ils s'en allèrent rejoindre l'armée en marche, et là, avec tous les capitaines, gendarmes et gens de pied, ils exprimaient leur désespoir.

Les Espagnols eux-mêmes, soldats et gentilshommes, apprenant que Bayard était frappé à mort, témoignèrent une réelle affliction. Il les avait toujours traités avec humanité et courtoisie; toujours il s'était montré accommodant pour la rançon des prisonniers.

A peine le blessé était-il demeuré seul avec Jacques

Joffroy, qui ne voulut à aucun prix se retirer, que le marquis de Pescaire [1], accourant à cheval, reconnut le Bon Chevalier; il mit pied à terre et : « Plût à Dieu, dit-il, gentil seigneur de Bayard, qu'il m'en eût coûté de mon sang, et que, sans mourir, je ne dusse manger chair de deux ans, mais que je vous tinsse en bonne santé mon pri-

N'ayez point pitié de moi! »

sonnier! Car par le traitement que je vous ferais, vous apprendriez combien j'ai estimé la haute prouesse qui était en vous; depuis que j'ai connaissance des armes, je n'ai entendu parler de chevalier qui en toutes vertus ait approché de vous Je devrais être fort aise de vous voir comme je vous vois, sachant bien qu'en ses guerres, l'empereur mon maître [2] n'avait point de plus grand ni de plus rude ennemi. Cependant, quand je considère la grosse perte que fait aujourd'hui toute chevalerie, Dieu ne me soit jamais en aide s'il n'est vrai que je voudrais avoir donné la moitié de ce que je possède et qu'il en fût autrement! Mais, puisqu'à la mort il n'y a point de remède, je demande à Celui qui nous a tous créés à sa ressemblance de vouloir retirer votre âme auprès de lui! »

Il voulait faire transporter Bayard en quelque logis voi-

1. L'un des généraux ennemis.
2. Charles Quint, rival de François Ier.

sin. « Non, dit Bayard, laissez-moi sur le champ même où j'ai combattu, afin que je meure ici en homme de guerre et comme je l'ai toujours désiré. »

On lui offrit les soins des chirurgiens; il demanda un prêtre et se confessa à lui dévotement.

Ayant fait tendre un pavillon au-dessus du blessé, que l'on coucha sur un lit de camp, le généreux Espagnol le laissa sous la garde de deux de ses gentilshommes et se remit à la tête de ses cavaliers, disant : « La France ne sait pas tout ce qu'elle a perdu aujourd'hui en ce Bon Chevalier! »

A mesure que l'armée espagnole passait, courant à la poursuite des nôtres, « il n'y eut galant homme » qui ne s'arrêtât pour voir et saluer le glorieux moribond.

Charles de Bourbon [1] y vint comme les autres.

« Hé! capitaine Bayard, dit-il en s'approchant de son ancien frère d'armes, vous que j'ai toujours aimé pour votre grande prouesse et loyauté, que j'ai grand'pitié de vous voir en cet état!

— Ah! pour Dieu, monseigneur, n'ayez point pitié de moi, mais plutôt de vous-même, qui combattez contre votre foi et votre roi. Moi, c'est pour mon roi et ma foi que je meurs. »

Cependant la vie abandonnait Bayard. Recueilli en lui-même et déjà détaché de la terre, il adressait au ciel une fervente prière, qu'il acheva ainsi :

Seigneur, juge-moi selon ta grande miséricorde et non selon la rigueur de ta justice!... »

La voix expira sur ses lèvres : il était mort.

Ainsi trépassa le Chevalier sans peur et sans reproche, le 30 avril 1524, sur les six heures après midi. Il était âgé de quarante-huit ans.

Le Loyal Serviteur [2], Édition FEILLET [3].

Le vœu d'un grand ministre.

COLBERT

On raconte qu'un jour Colbert fut surpris par un de ses amis, rêvant profondément devant une fenêtre de son châ-

---

1. Le connétable français qui avait trahi sa patrie et servait l'empereur.
2. *Le Loyal Serviteur* : écuyer de Bayard, qui écrivit la vie de son maître.
3. Hachette, éditeur.

teau de Sceaux : il semblait absorbé dans la contemplation
des belles et vertes campagnes d'alentour. Quand il revint
à lui, son hôte lui demanda le sujet de ses méditations :
« En contemplant, répondit-il, ces campagnes fertiles qui
sont devant nos yeux, je me rappelais celles que j'ai vues
ailleurs : quel riche pays que la France! Si les ennemis du
roi le laissaient jouir de la paix, on pourrait en peu d'années procurer à ses peuples cette aisance que leur promet-
tait le grand Henri, son aïeul.... Je voudrais que mes projets eussent une fin heureuse, et que l'abondance régnât
dans le royaume, que tout le monde y fût content, et que,
sans emplois, sans dignités, éloigné de la cour et des
affaires, l'herbe crût dans ma cour! »

H. Martin [1], Histoire de France [2].

Les soldats de l'an II [3].

Contre tout l'Europe avec ses capitaines,
Avec ses fantassins couvrant au loin les plaines,
  Avec ses cavaliers,
Tout entière debout comme une hydre vivante [4],
Ils chantaient, ils allaient, l'âme sans épouvante
  Et les pieds sans souliers!

Au levant, au couchant, partout, au sud, au pôle,
Avec de vieux fusils sonnant sur leur épaule,
  Passant torrents et monts,
Sans repos, sans sommeil, coudes percés, sans vivres,
Ils allaient, fiers, joyeux, et soufflant dans des cuivres,
  Ainsi que des démons.

La liberté sublime emplissait leurs pensées.
Flottes prises d'assaut, frontières effacées
  Sous leur pas souverain,

---

1. *Henri Martin* : né à Saint-Quentin,
en 1810, mort en 1883; auteur d'une
Histoire de France, qui est l'une
des œuvres les plus consciencieuses
qu'ait produites l'érudition contemporaine.

2. Furne et Jouvet, éditeurs.

3. *L'an II* : du 22 septembre 1793 au
22 septembre 1794. Le poète chante
tous les soldats qui combattirent la
première coalition, de 1792 à 1797.

4. Le poète compare les puissances
coalisées contre la République française au serpent fabuleux dont les sept
têtes renaissaient quand on ne les coupait pas toutes à la fois.

O France, tous les jours c'était quelque prodige,
Chocs, rencontres, combats; et Joubert sur l'Adige,
　　　Et Marceau [1] sur le Rhin!

On battait l'avant-garde, on culbutait le centre;
Dans la pluie et la neige et de l'eau jusqu'au ventre,
　　　On allait! En avant!
Et l'un offrait la paix, et l'autre ouvrait ses portes,
Et les trônes, roulant comme des feuilles mortes,
　　　Se dispersaient au vent!

Oh! que vous étiez grands au milieu des mêlées,
Soldats! L'œil plein d'éclairs, faces échevelées
　　　Dans le noir tourbillon,
Ils rayonnaient, debout, ardents, dressant la tête;
Et comme les lions aspirent la tempête
　　　Quand souffle l'aquilon,

Eux, dans l'emportement de leurs luttes épiques,
Ivres, ils savouraient sous les bruits héroïques,
　　　Le fer heurtant le fer,
La Marseillaise [2] ailée et volant dans les balles,
Les tambours, les obus, les bombes, les cymbales,
　　　Et ton rire, ô Kléber!

La Révolution leur criait : — Volontaires,
Mourez pour délivrer tous les peuples, vos frères!
　　　Contents, ils disaient oui.
Allez, mes vieux soldats, mes généraux imberbes!
Et l'on voyait marcher ces va-nu-pieds superbes
　　　Sur le monde ébloui!

La tristesse et la peur leur étaient inconnues.
Ils eussent, sans nul doute, escaladé les nues,
　　　Si ces audacieux,
En retournant les yeux dans leur course olympique [3],
Avaient vu derrière eux la grande République
　　　Montrant du doigt les cieux!

V. Hugo [4], Les Châtiments.

---

1. *Joubert* et *Marceau*: deux des jeunes généraux de la Révolution, qui ont laissé de pures renommées.

2. *La Marseillaise*: admirable chant de guerre devenu l'hymne national de la France, composé à Strasbourg (1792) par un officier nommé Rouget de l'Isle et popularisé par les volontaires marseillais (d'où son nom de *Marseillaise*).

3. Dans leur course pour escalader l'Olympe, montagne dont le sommet nuageux était, selon la mythologie, le séjour de Jupiter et des autres dieux.

4. Voir p. 36, n. 1.

Un régiment héroïque.

C'était à la bataille d'Eylau [1], au moment où les débris du corps d'armée du maréchal Augereau, écrasés par une grêle de mitraille et de boulets, cherchaient à se réunir auprès du grand cimetière. Le 14e de ligne était resté seul sur un monticule, qu'il ne devait quitter que par ordre de l'Empereur. La neige ayant cessé momentanément, on aperçut cet intrépide régiment, qui, entouré par l'ennemi, agitait son aigle [2] en l'air pour prouver qu'il tenait toujours, et demandait du secours. L'Empereur, touché du magnanime dévouement de ces braves gens, résolut d'essayer de les sauver, en ordonnant au maréchal Augereau d'envoyer vers eux un officier chargé de leur dire de quitter le monticule, de former un petit carré et de se diriger vers nous, tandis qu'une brigade de cavalerie marcherait à leur rencontre pour seconder leurs efforts.

Envoyé vers le 14e, je pus le joindre sans avoir reçu la moindre égratignure.

Je le trouvai formé en carré sur le haut du monticule; mais comme les pentes du terrain étaient fort douces, la cavalerie ennemie avait pu exécuter plusieurs charges contre le régiment français, qui, les ayant vigoureusement repoussées, était entouré par un cercle de cadavres de chevaux et de dragons russes. Ceux-ci formaient une espèce de rempart, qui rendait désormais la position presque inaccessible à la cavalerie; car, malgré l'aide de nos fantassins, j'eus beaucoup de peine à passer par-dessus ce sanglant et affreux retranchement. J'étais enfin dans le carré! — Depuis la mort du colonel Savary, tué au passage de l'Ukra, le 14e était commandé par un chef de bataillon. Lorsque, au milieu d'une grêle de boulets, je transmis à ce militaire l'ordre de quitter sa position pour tâcher de rejoindre le corps d'armée, il me fit observer que l'artillerie ennemie, tirant depuis une demi-heure sur le 14e, lui avait fait éprouver de telles pertes que la poignée de soldats qui lui restait serait infailliblement exterminée si elle descen-

1. *Eylau* : ville de Prusse, près de Kœnigsberg, où Napoléon battit les Russes et les Prussiens, en 1807.

2. L'aigle impériale en cuivre doré qui surmontait la hampe des drapeaux.

dait en plaine; qu'il n'aurait d'ailleurs pas le temps de préparer l'exécution de ce mouvement, puisqu'une colonne d'infanterie russe, marchant sur lui, n'était plus qu'à cent pas de nous.

« Je ne vois aucun moyen de sauver le régiment, dit le chef de bataillon; retournez vers l'Empereur; faites-lui les adieux du 14e de ligne, qui a fidèlement exécuté ses ordres, et portez-lui l'aigle qu'il nous avait donnée et que nous ne pouvons plus défendre; il serait trop pénible, en mourant, de la voir tomber aux mains des ennemis! » Le commandant me remit alors son aigle, que les soldats, glorieux débris de cet intrépide régiment, saluèrent pour la dernière fois de cris de : « Vive l'Empereur!... », eux qui allaient mourir pour lui!...

Cependant la colonne d'infanterie russe que nous venions d'apercevoir abordait le monticule; c'étaient des grenadiers, dont les bonnets garnis de métal avaient la forme de mitres. Ces hommes, gorgés d'eau-de-vie, et en nombre infiniment supérieur, se jetèrent avec furie sur les faibles débris de l'infortuné 14e, dont les soldats ne vivaient, depuis quelques jours, que de pommes de terre et de neige fondue; encore, ce jour-là, n'avaient-ils pas eu le temps de préparer ce misérable repas! Néanmoins nos braves Français se défendirent vaillamment à la baïonnette, et, lorsque le carré eut été enfoncé, ils se groupèrent en plusieurs pelotons et soutinrent jusqu'à la mort ce combat disproportionné.

Général baron de Marbot [1], Mémoires [2].

Souvenirs d'un enfant

(L'INVASION DE 1814)

Un matin de cet hiver de 1814, j'eus le spectacle d'une

1. « *Eux qui allaient mourir pour lui* ». — Aux yeux de ces soldats Napoléon incarnait la patrie. Sous l'ancienne monarchie, on mourait « pour son roi », même quand ce roi était Louis XV. Le culte qu'un peuple accordait à la personne d'un souverain plus ou moins digne de cet attachement a pu inspirer bien des actes héroïques et qui ont contribué à la grandeur de la patrie. Il n'en constitue pas moins une déformation du patriotisme. Le vrai patriotisme, c'est la grande amitié réciproque des habitants d'un pays et leur amour commun pour ce pays lui-même.

2 Général *Marbot* (1782-1854) a laissé des *Mémoires* remarquables sur les campagnes du premier empire, auxquelles il a pris personnellement une part héroïque.

3. Plon, éditeur.

alerte. Les soldats faisaient tranquillement la soupe dans
le collège et je les regardais. A un coup de baguette de
tambour, suivi de ce cri : « L'ennemi ! » chaudrons, cuil-
lers, assiettes, couteaux volent pêle-mêle. Les fusils sont
pris aux faisceaux, les bretelles des sacs rattachées, les
rangs formés, les hommes lancés à la course au-devant de
l'ennemi, et tout cela en moins de temps que je n'en mets
pour l'écrire.

L'élan, l'ardeur de ces hommes à courir au danger, est
un des spectacles de ce temps qui sont le mieux restés
dans ma mémoire.

Je les suivis à toutes jambes, j'arrivai jusqu'à l'endroit de

« L'ennemi ! »

la route où était formé un petit peloton en avant-poste, avec
une vedette [1] à trente pas dans un champ, sur la gauche ;
j'entendis les paroles du lieutenant ; il s'adressa d'abord
à nous brusquement : « Enfants, retirez-vous ! », ensuite
à ses soldats : « Tant qu'il vous restera une cartouche,
vous n'avez rien à craindre ! » Il se fait un grand silence ;
une vingtaine de cavaliers autrichiens se montrent tout à

1. *Vedette* : sentinelle avancée.

coup, en face, au haut d'une butte, sur la route. Le lieutenant commande posément, d'une voix brève. Le petit peloton fait feu. Les cavaliers ennemis rispotent de leurs carabines, et, tournant bride, au grand trot, ils disparaissent.

Encore une fois, je crus tout sauvé et la France délivrée.
Nous allions criant victoire.

Hélas! notre illusion enfantine fut de courte durée. Quelques heures après nous voyions arriver une longue, inter-
minable file de cavaliers, couverts de manteaux blancs, qui
venaient prendre possession de notre village. La plupart
des femmes avaient fui. Ma mère était au-dessus de ces
terreurs vulgaires; elle était demeurée. Nous nous mîmes
tous deux à la fenêtre. A mesure que les cavaliers (c'étaient
des dragons) passèrent devant nous, je sentis un brise-
ment de cœur tel que je n'en avais jamais connu. Ma mère
pleurait, et Dieu sait que dans ces larmes il n'y avait
aucune crainte ni pour moi, ni pour elle, ni aucun retour
personnel, mais le deuil de la France, le sentiment profond
de sa chute, le pur et immortel culte de la gloire en face de
ces sabres nus qui ne menaçaient que la patrie. Voilà donc
à quoi avaient abouti tant de victoires, tant d'efforts pro-
digieux! qui eût dit que jamais on eût vu ce jour-là?

EDGAR QUINET [1], Histoire de mes idées[2].

Paris assiégé.

(1870.)

I

Nous sommes plusieurs ici qui avons été enfermés dans
Paris et qui avons assisté à toutes les phases de ce siège,
le plus extraordinaire qu'il y ait dans l'histoire. Ce peuple
a été admirable. Chaque jour la souffrance augmentait et
l'héroïsme croissait. La nuit, les rues étaient noires, pas un
délit. Moi qui parle, toutes les nuits, je traversais, seul et
presque d'un bout à l'autre, Paris ténébreux et désert; il y

1. *Edgar Quinet* (1803-1875): écrivain
français. Ses œuvres présentent une
grande diversité, tant au point de vue
de la forme que des sujets traités. Il
est un des créateurs de la philosophie
de l'histoire. Aux théories allemandes
fondant le droit sur la force, il oppose
les revendications de la conscience.

2. Hachette, éditeur.

avait là bien des souffrants et bien des affamés ; tout manquait, le feu et le pain ; eh bien, la sécurité était absolue.
Paris avait la bravoure du dehors et la vertu du dedans.
Deux millions d'hommes donnaient ce mémorable exemple.
Ceux qui l'ont vu, ne l'oublieront jamais. Les femmes étaient
aussi intrépides devant la famine que les hommes devant
la bataille. Oui, l'on souffrait, mais savez-vous comment ?
On souffrait avec joie, parce qu'on disait : Nous souffrons
pour la patrie.

Un investissement sauvage, le bombardement, toutes les
brutalités vandales [1], Paris a tout subi ; ces deux millions
d'hommes ont montré à quel point la patrie est une âme,
car ils ont été un seul cœur. Cinq mois d'un hiver polaire,
que ces peuples du Nord semblaient avoir amené avec eux,
ont passé sur la résistance des Parisiens sans les lasser,
et le jour où de faibles chefs militaires ont fait capituler
Paris, toute autre ville eût poussé un cri de joie. Paris a
poussé un cri de douleur. Un million de Vandales n'a pas
étonné Paris. Paris s'est dévoué pour tous ; il a été la ville
superbe du sacrifice, il a plus que sauvé la vie à la France,
il lui a sauvé l'honneur.

VICTOR HUGO [2].

II

Chacun se donne à tous et nul ne songe à soi.
J'ai payé quinze francs quatre œufs frais, non pour moi,
Mais pour mon petit Georges et ma petite Jeanne [3].
Nous mangeons du cheval, du rat, de l'ours, de l'âne,
On vit de rien, on vit de tout, on est content [4].
Sur nos tables sans nappe où la faim nous attend,
Une pomme de terre arrachée de sa crypte [5]
Est reine, et les oignons sont dieux comme en Égypte.
Nous manquons de charbon, mais notre pain est noir.
Plus de gaz, Paris dort sous un large éteignoir ;
A six heures du soir, ténèbres. Des tempêtes

1. *Les Vandales* étaient un peuple
de la Germanie, qui ravagea l'Europe
au v⁰ siècle. On donne leur nom à
celui qui hait les sciences et les arts,
qui détruit les monuments de la civilisation et a tous les instincts d'un
barbare.

2. *Victor Hugo* : voir p. 36, note 1.

3. *Georges et Jeanne Hugo* : les petits-enfants du poète.

4. On est content parce que l'on fait
son devoir.

5. *Arrachée de sa crypte* : de sa de-
meure souterraine.

De bombes font un bruit monstrueux sur nos têtes....
Moi, je suis là, joyeux de ne voir rien plier.
Je dis à tous d'aimer, de lutter, d'oublier,
De n'avoir d'ennemi que l'ennemi ; je crie :
Je ne sais plus mon nom, je m'appelle Patrie!...

VICTOR HUGO, L'Année terrible.

La fin d'un drapeau.

J'étais alors sous Metz [1].... Dans la soirée dont je parle, le 27 octobre 1870, j'avais été chargé de porter quelques ordres dont le sens ne me paraissait que trop clair.... Je devais en particulier arrêter dans sa marche un de nos régiments dont j'ai oublié le numéro. Je l'avais rejoint et arrêté en effet. J'allais repartir.... J'attendais seulement que mon cheval eût un peu soufflé.... Nous nous trouvions alors dans une plaine près d'un village appelé Colombey, je crois; les horribles tempêtes qui marquèrent ces jours sinistres s'étaient apaisées pour quelques heures; une lune tranquille se reflétait dans les flaques d'eau qui couvraient la campagne. Le régiment, en attendant de nouvelles instructions, gardait ses rangs, l'arme au pied. On avait allumé un grand feu de bivouac [2], autour duquel quelques officiers s'entretenaient à voix basse d'un air morne [3].... Des bruits de capitulation [4] couraient depuis la veille dans les camps.... Le colonel, qui était un homme déjà mûr, à moustaches grisonnantes, allait et venait solitairement, à quelque distance, en froissant dans sa main l'ordre que je lui avais apporté. Tout à coup il s'approche de moi et me saisit le bras.

« Capitaine, me dit-il, deux mots, je vous prie!... Vous venez du quartier général... vous devez en savoir plus long que moi... C'est la fin, n'est-ce pas?

— Mon colonel, on le dit, et je le crois.

— Vous le croyez?... Comment pouvez-vous croire une chose pareille? »

Il lâcha mon bras avec une sorte de violence, fit quelques

---

1. Sous les murs de Metz, alors assiégée par les Allemands; la ville capitula le 27 octobre 1870.

2. *Bivouac* : halte de nuit en campagne.

3. *Morne* : abattu, affligé.

4. *Capitulation* : reddition d'une place forte à l'ennemi.

pas, et revenant à moi brusquement, il me regarda dans les yeux :

« Prisonniers, alors !

— Mon colonel, je le crains. »

Il y eut encore un silence : il demeura quelque temps devant moi dans une attitude de réflexion profonde ; puis relevant la tête, il reprit avec une émotion extraordinaire dans la voix :

« Et les drapeaux ?

— Je ne sais pas, mon colonel.

— Ah ! vous ne savez pas ? »

Il me quitta de nouveau et marcha pendant cinq ou six minutes ; s'avançant alors vers le front de ses hommes, il dit d'un ton de commandement : « Le drapeau ! »

Le sous-officier qui portait le drapeau sortit du rang. Le colonel saisit la hampe [1] d'une main, et levant l'autre vers le groupe des tambours : « Ouvrez un ban ! » dit-il.

Les tambours battirent.

Le colonel s'était approché du feu, portant haut le drapeau : il posa la hampe sur le sol, promena un regard sur le cercle des officiers, et se découvrit : ils l'imitèrent tous aussitôt ; la troupe attentive gardait un silence de mort. Il eut alors un moment d'hésitation ; je voyais ses lèvres trembler ; ses yeux étaient attachés

Il fléchit un genou.

avec une expression d'angoisse sur le glorieux lambeau

1. *Hampe* : bois du drapeau.

de soie déchirée, triste image de la patrie. Enfin, il se décida : il fléchit un genou, et coucha lentement l'aigle [1] dans l'ardent foyer. — Une flamme plus vive jaillit soudain, et éclaira plus nettement les visages pâles des officiers. Quelques-uns pleuraient.

« Fermez le ban! » dit le colonel, et pour la seconde fois résonna la batterie lugubre des tambours détrempés par la pluie.

Il remit son képi, et vint vers moi :

« Capitaine, me dit-il de sa voix la plus dure, quand vous serez là-bas, ne vous faites aucun scrupule, — aucun — de raconter ce que vous avez vu!... Je vous salue.

— Mon colonel! lui dis-je, voulez-vous me permettre de vous embrasser? »

Il m'attira violemment sur sa poitrine, et me serrant à m'étouffer :

« Ah! mon pauvre enfant! murmura-t-il, mon pauvre enfant! »

Octave Feuillet [2], Journal d'une femme [3].

Le Turco.

C'était un enfant, dix-sept ans à peine.
De beaux cheveux blonds et de grands yeux bleus;
De joie et d'amour sa vie était pleine;
Il ne connaissait le mal ni la haine,
Bien aimé de tous, et partout heureux.
C'était un enfant, dix-sept ans à peine,
De beaux cheveux blonds et de grands yeux bleus,

Et l'enfant avait embrassé sa mère,
Et la mère avait béni son enfant;
L'écolier quittait les héros d'Homère [4],
Car on connaissait la défaite [5] amère
Et que l'ennemi marchait triomphant.

---

1. L'aigle. Sous l'empire, les étendards étaient surmontés d'une aigle (au lieu de notre fer de lance).

2. Octave Feuillet : romancier contemporain. Dans ses œuvres, il s'attache surtout à décrire la haute société et la vie de château.

3. Calmann-Lévy, éditeur.

4. Achille, Ajax, Ulysse, Agamemnon, etc. : personnages de l'Iliade et de l'Odyssée, poèmes attribués à Homère et étudiés par les écoliers dans les classes.

5. La défaite de 1870.

Et l'enfant avait embrassé sa mère,
Et la mère avait béni son enfant.

Elle prit au front son voile de veuve,
Et l'accompagna jusqu'au régiment.
L'enfant rayonnait sous sa veste neuve;
L'instant d'adieu fut l'instant de l'épreuve :
« Courage, mon fils ! — Courage, maman! »
Elle prit au front son voile de veuve,
Et l'accompagna jusqu'au régiment.

Mais lorsque l'armée eut gravi la pente :
« Mon Dieu ! disait-elle, ils m'ont pris mon cœur.
Tant qu'il est parti, mon âme est absente. »
Et l'enfant pensait : « Ma mère est vaillante.
Et je suis son fils, et je n'ai pas peur. »
Mais lorsque l'armée eut gravi la pente :
« Mon Dieu ! disait-elle, ils m'ont pris mon cœur. »

Le petit Turco se battait en brave;
Mais quand vint l'hiver, il toussait bien fort.
Et le médecin, voyant son œil cave [1],
Lui disait : « Partez, mon enfant, c'est grave! »
L'enfant répondait : « Non, non, pas encor! »
Le petit Turco se battait en brave;
Mais quand vint l'hiver, il toussait bien fort.

« Non, je ne veux pas quitter notre armée,
Tant que les Prussiens sont dans mon pays;
Je veux jusqu'au bout chasser ces bandits;
Je veux pouvoir dire à ma mère aimée :
Si je te reviens, c'est qu'ils sont partis.
Non, je ne veux pas quitter notre armée,
Tant que les Prussiens sont dans mon pays. »

Pendant quelques jours le sort nous fit fête,
Et les Allemands fuyaient devant nous.
Mais ils s'étaient fait un camp de retraite;
Devant ces fossés leur fuite s'arrête,
Et tous ces renards rentrent dans leurs trous.
Pendant quelques jours, le sort nous fit fête,
Et les Allemands fuyaient devant nous.

1. *Cave* : creux. *Cave* a pour substantif *cavité*.

Les remparts sont hauts, la plaine est immense,
Tout ce qui s'approche est bientôt détruit.
On fuit, on revient, l'assaut recommence,
Et le régiment des Turcos s'élance,
Et le régiment des Turcos périt....
Les remparts sont hauts, la plaine immense.
Tout ce qui s'approche est bientôt détruit.

L'enfant est tombé, frappé d'une balle,
Mais un vieux soldat l'a pris sur son dos.
Il ne connaît pas la fuite fatale;
La mort a déjà cerné son front pâle;
Ses yeux sans regards sont à demi clos.
L'enfant est tombé, frappé d'une balle,
Mais un vieux soldat l'a pris sur son dos.

Et le grand Arabe est là qui le garde,
Au bord d'une source, au fond d'un ravin.
Au loin le canon mugit et bombarde;
Levant doucement sa face hagarde [1],
Son regard mourant s'anime soudain.
Et le grand Arabe est là qui le garde,
Au bord d'une source, au fond d'un ravin.

« Où sont les Prussiens? Réponds, réponds vite?
Les avons-nous bien vaincus cette fois?
Sommes-nous en France, et sont-ils en fuite? »
Et l'enfant, voyant que l'Arabe hésite,
Reprit tristement de sa douce voix :
« Où sont les Prussiens? Ah! réponds-moi vite;
Dis, les avons-nous vaincus cette fois? »

Et le vieux Turco se prit à lui dire :
« Oui, petit Français, tu les as vaincus.
— Alors, je m'en vais, veux-tu me conduire?
O ma chère mère!... » Et, dans ce sourire,

1. *Hagarde* : altérée par l'inquiétude autant que par la souffrance

L'enfant s'endormit et ne parla plus.
Et le vieux Turco se prit à lui dire :
« Oui, petit Français, tu les as vaincus. »

    Paul Déroulède [1], *Chants du Soldat* [2].

Juliette Dodu.

Pendant la guerre de 1870, les Prussiens envoyèrent au prince Frédéric-Charles, l'un de leurs généraux, établi alors à Pithiviers, une dépêche pour lui indiquer la situation exacte d'un corps français qui marchait sur Gien. La directrice de la station télégraphique de Pithiviers, Mlle Juliette Dodu, avait été internée dans sa chambre par nos ennemis. Elle attacha un autre fil conducteur aux appareils de transmission, recueillit ainsi les télégrammes allemands, et les fit parvenir au général français dont les troupes étaient menacées. Dénoncée à l'ennemi, elle fut arrêtée et condamnée à mort. Pour toute excuse elle se contenta de dire : « Je suis Française et ma mère aussi. » L'armistice [3], signé à cette époque, lui sauva la vie.

    COMPAYRÉ [4].

Héroïsme de trois instituteurs.

Le 8 octobre 1870, tandis que les Prussiens marchaient sur Soissons, quelques gardes nationaux furent chargés de surveiller le passage de l'Aisne. Ils se portèrent au village de Pommiers, là où l'on supposait que l'ennemi établissait un pont.

A la tête des gardes nationaux était un homme jeune encore et de grand mérite, Jules Debordeaux, instituteur

---

1. M. *Paul Déroulède* : poète français, né à Paris en 1846. Ses poésies les plus populaires sont les *Chants du soldat*, les *Nouveaux chants du soldat*, les *Marches et Sonneries*. Elles ont été composées pour exciter le sentiment du patriotisme.

2. Calmann-Lévy, éditeur.

3. *Armistice* : suspension d'armes.

4. *Compayré* : voir p. 146, n. 1.

dans un village voisin, à Pasly. Après avoir échangé de nuit, à travers la rivière, quelques coups de fusil avec les Prussiens, Debordeaux, ne recevant pas un renfort que la garnison de Soissons n'avait pu lui envoyer, replia sa petite troupe et rentra dans sa commune.

Aucune défense n'était plus possible. Le maire de Pasly,

Son attitude fut héroïque.

résigné à la dure nécessité de pourvoir aux exigences et aux besoins des vainqueurs, attendit avec Debordeaux sur la place publique l'arrivée de l'ennemi.

Le premier officier prussien qui parut demanda l'instituteur. Debordeaux s'avança et l'officier le souffleta violemment. Cette infamie est de l'histoire.

« Donnez-moi la liste des gardes nationaux [1]? — Je ne l'ai pas. — Donnez-la, reprit de nouveau l'officier, ou vous serez fusillé. »

Fidèle au devoir, que deux misérables habitant Pommiers avaient trahi en le dénonçant aux Prussiens, Debordeaux refusa de donner les noms de ses camarades. En vain le maire, qui a publié lui-même ce triste récit, réclama-t-il pour lui, comme garde national régulier, les privilèges auxquels, dans tout pays civilisé, ont droit les troupes régulières, Jules Debordeaux, accablé de mauvais traite-

1. L'officier prussien demande évidemment leurs noms pour les faire saisir.

ments, refusant toujours de sauver sa vie au prix d'une lâcheté, fut fusillé le 10 avec deux jeunes gens de Pasly.

Le lendemain, 11, à Vaurexis, un autre instituteur, Louis Poulette, garde national, était également fusillé, sous les yeux de sa femme, comme accusé d'avoir pris part à la résistance.

Enfin, au Nord de ce même département de l'Aisne, à Vendières, près de Château-Thierry, encore un instituteur, Jules Leroy, payait aussi de sa vie, le 22 janvier 1870, sa courageuse fidélité au devoir. Aucune résistance n'avait pu être tentée dans sa commune. Quelques vieux fusils, hors de service, furent découverts dans le grenier de la mairie. Cela donna à l'ennemi l'idée de réclamer la liste des gardes nationaux. L'instituteur la refusa. Il subit les plus cruels traitements sans faiblir, et fut enfin condamné à mort. Transporté à Châlons, où l'évêque intercéda vainement pour lui, son attitude resta héroïque jusqu'au bout. Pendant qu'il se rendait au lieu du supplice : « Venez, disait-il aux spectateurs consternés, venez et souvenez-vous! »

Dans la cour de l'école normale de Laon, le conseil général de l'Aisne a fait placer une table de marbre qui consacre la mémoire de ces humbles, mais glorieux patriotes.

SARRAZIN.

Un champ de bataille.

(MORTS POUR LA PATRIE)

Les braves dorment bien dans cette immense plaine.
Pas de saules pleureurs, pas de mornes cyprès [1]....
Ce n'est qu'un terrain vague, où vient la marjolaine,
La bruyère et l'ajonc. — Mais là, cent ans après,
Filant à pas songeurs leurs quenouilles de laine,
Les filles du pays, d'un long regard pieux,
Salueront le champ calme où dorment les aïeux,
Et diront : « Par milliers, dans ce grand cimetière,
Pâtres et laboureurs, sans linceul et sans bière,
Tous frappés par devant [2], se couchèrent un soir...
Ils avaient accompli saintement leur devoir. »

ANDRÉ LEMOYNE [3], Poésies [4].

---

1. *Saules pleureurs et cyprès*: arbres que l'on plante souvent dans les cimetières.
2. En braves, face tournée vers l'ennemi.

3. *André Lemoyne* : poète contemporain.
4. Lemerre, éditeur.

6

CHAPITRE III

SOLIDARITÉ

L'enfant comprend plus facilement les devoirs du patriotisme que ceux de la solidarité sociale, parce que la Patrie est pour lui un être allégorique qui parle à son imagination par des symboles, des drapeaux, des chants, des cérémonies; tandis que l'humanité ne se présente à son esprit que comme une abstraction. Un homme qu'il n'a jamais vu lui est totalement indifférent.

Il s'agit de l'amener à se sentir rattaché à cet homme qu'il n'a jamais vu, par des liens étroits. Bienfaisance, solidarité par le travail, fraternité, assistance, bonté, sacrifice, politesse, sont faits d'amour et de raison. Or, l'enfant a peu de raison et ses affections mêmes sont étroites et exclusives : c'est de l'amour passionnel bien plutôt que de l'amitié, de la gentillesse plutôt que de la bonté, de la complaisance et non pas du dévouement.

On a donc choisi et classé les morceaux de ce chapitre de manière à conduire l'élève de ses affections pour les siens à une affection plus impersonnelle pour ses semblables, de ses sympathies de naissance et d'instinct à des sympathies de choix et d'intelligence. Ce résultat si désirable ne pourra être obtenu — est-il besoin de le dire? — que si le maître ajoute à chacun des morceaux lus les commentaires appropriés et les réflexions que lui suggérera le sujet.

Le bon gîte.

(DU SENTIMENT DE LA FAMILLE AU SENTIMENT DE LA SOLIDARITÉ[1])

Bonne vieille, que fais-tu là?
Il fait assez chaud sans cela,

1. La bonne vieille est charitable envers le soldat parce que son fils aussi est soldat. Elle cherche à se donner l'illusion que c'est lui qu'elle voit à ses côtés, que c'est lui qu'elle entoure de soins affectueux. Elle espère du moins que là où il est, l'absent trouvera, lui aussi, de braves gens pour le réconforter. Cette charité est encore de l'égoïsme inconscient.

Tu peux laisser tomber la flamme.
Ménage ton bois, pauvre femme.
Je suis séché, je n'ai plus froid.
Mais elle qui ne veut m'entendre,
Jette un fagot, range la cendre :
« Chauffe-toi, soldat, chauffe-toi. »

« Pourquoi tant me gâter...? »

Bonne vieille, je n'ai pas faim
Garde ton jambon et ton vin;
J'ai mangé la soupe à l'étape [1].
Veux-tu bien m'ôter cette nappe!
C'est trop bon et trop beau pour moi.
Mais elle, qui n'en veut rien faire,
Taille mon pain, remplit mon verre :
« Refais-toi, soldat, refais-toi. »

Bonne vieille, pour qui ces draps?
Par ma foi, tu n'y penses pas!

[1]. Lieu de repos pour les soldats, entre deux marches.

Et ton étable? et cette paille
Où l'on fait son lit à sa taille?
Je dormirai-là comme un roi.
Mais elle, qui n'en veut démordre,
Place les draps, met tout en ordre :
« Couche-toi, soldat, couche-toi! »

— Le jour vient, le départ aussi. —
Allons! adieu.... Mais qu'est ceci?
Mon sac est plus lourd que la veille....
Ah! bonne hôtesse! ah! chère vieille....
Pourquoi tant me gâter, pourquoi?
Et la bonne vieille de dire,
Moitié larme, moitié sourire :
« J'ai mon gars, soldat comme toi! »

PAUL DÉROULÈDE [1], *Nouveaux Chants du Soldat* [2].

L'échange des services.

Voici un homme appartenant à une classe modeste de la
société, un menuisier de village, par exemple; observons
tous les services qu'il rend à la société, et tous ceux qu'il
en reçoit; nous ne tarderons pas à être frappé de l'énorme
disproportion [3] apparente.

Cet homme passe sa journée à raboter des planches, à
fabriquer des tables et des armoires; il se plaint de sa
condition, et cependant, que reçoit-il de cette société en
échange de son travail?

D'abord, tous les jours en se levant, il s'habille, et il n'a
fait aucune des nombreuses pièces de son costume. Or,
pour que tous ces vêtements, tout simples qu'ils sont,
soient à sa disposition, il faut qu'une énorme quantité de
quantité de travail ait été accomplie. Il faut que des Américains aient produit du coton; des Indiens, de l'indigo;
des Français, de la laine et du lin; des Brésiliens, du cuir;
que tous ces matériaux aient été transportés en des villes
diverses; qu'ils aient été ouvrés, filés, tissés, teints, etc.
Pour que le pain qu'il mange lui arrive tous les matins, il
faut que les terres aient été défrichées, fumées, labourées,
ensemencées; il faut qu'une certaine sécurité ait régné au

1. Voir p. 78, n. 2.
2. Calmann-Lévy, éditeur.
3. *Disproportion* : inégalité.

milieu d'une innombrable multitude ; il faut que le froment ait été récolté, broyé, pétri et préparé ; il faut que le fer, l'acier, le bois, la pierre aient été convertis par le travail en instruments de travail ; que certains hommes se soient emparés de la force des animaux, d'autres, du poids d'une chute d'eau, etc...; toutes choses dont chacune, prise isolément, suppose une masse incalculable de travail mise en jeu.

F. BASTIAT [1].

Les trois voyageurs.

(CE QUE CHACUN NE PEUT PAS, TOUS LE PEUVENT

Un homme voyageait dans la montagne, et il arriva en un lieu où un gros rocher, ayant roulé sur le chemin, le remplissait tout entier, et hors du chemin il n'y avait point d'autre issue [2], ni à gauche ni à droite.

Or, cet homme, voyant qu'il ne pouvait continuer son voyage à cause du rocher, essaya de le mouvoir pour se faire un passage : il se fatigua beaucoup à ce travail, et tous ses efforts furent vains.

Ce que voyant, il s'assit plein de tristesse et dit : « Que sera-ce de moi lorsque la nuit viendra et me surprendra dans cette solitude,

Ensemble ils poussèrent le rocher.

sans nourriture, sans abri, sans aucune défense, à l'heure où les bêtes féroces sortent pour chercher leur proie ? »

1. *Frédéric Bastiat* (1801-1850) : économiste, l'un des principaux fondateurs de la doctrine économique du libre-échange. Citons parmi les écrits de Bastiat, *Sophismes économiques* (contre le système prohibitif) ; *Capital et Rente* (contre le prêt sans intérêt) ; *Harmonies économiques*, etc.

2. *Issue* : passage.

Et, comme il était absorbé dans cette pensée, un autre voyageur survint, et celui-ci, ayant fait ce qu'avait fait le premier et s'étant trouvé impuissant à remuer le rocher, s'assit en silence et baissa la tête.

Et, après celui-ci, il en vint plusieurs autres, et aucun ne put mouvoir le rocher, et leur crainte à tous était grande.

Enfin, l'un d'eux dit aux autres :

« Mes frères, ce qu'aucun de nous n'a pu faire seul, qui sait si nous ne le ferons pas tous ensemble? »

Ils se levèrent, et tous ensemble ils poussèrent le rocher, et le rocher céda, et ils poursuivirent leur route en paix.

D'après LAMENNAIS [1].

Le petit ramoneur.

(C'EST POUR TOI QU'IL EST NOIR)

« Est-il assez laid, papa, ce petit ramoneur! Je n'aime pas à voir des figures si noires; on dirait un nègre ou un diable. Sans doute qu'il est méchant, n'est-ce pas, papa?

— Ne parle pas ainsi, ma petite fille. Sans le savoir, tu te montres ingrate. Car, si le petit ramoneur est noir..., *c'est pour toi.*

— Pour moi? Qu'est-ce que tu veux dire, papa? Je ne comprends pas.

— Je vais te l'expliquer.... Par ces temps froids, il y a des feux dans toutes les maisons. Des milliers de foyers brûlent pour nous réchauffer et pour faire cuire nos aliments. Les cheminées se remplissent de suie et s'encrassent. Au bout de quelque temps, le ramonage devient indispensable. S'il n'y avait pas de ramoneurs, qui est-ce qui ramonerait? Papa, maman, ou toi peut-être. Or, chacun de nous, à cet ouvrage, se noircirait infailliblement. Tu vois d'ici la mine que nous ferions. Je ne pense pas que tu aurais beaucoup de goût pour ce travail. Sois donc heureuse que le petit ramoneur s'en charge, et sois reconnaissante, car, je le répète..., *c'est pour toi qu'il est noir.*

---

1. *Lamennais* (1782-1854) : prêtre et écrivain français. Ses principaux ouvrages, *Essai sur l'Indifférence en ma*tière de religion et *Paroles d'un croyant*, le rendirent célèbre.

— Je n'avais pas pensé à cela, cher papa.

— Tu y penseras à l'avenir, ma fille. Et, puisque nous en sommes à ce sujet, écoute encore C'est pour toi que le meunier est blanc; c'est pour toi que le boucher est rouge; pour toi que le laboureur est brûlé par le soleil, tanné par le vent et la pluie; c'est pour toi que le cordonnier a l'échine[1] ronde, que le maçon a les mains calleuses, que le médecin s'expose aux contagions[2], que le mécanicien est debout sur sa locomotive, et que le soldat se bat à la frontière : quand ces hommes meurent à leur poste, c'est pour toi. Tout homme qui remplit une fonction utile, la remplit pour les autres. Chacun est, dans son travail, le serviteur et le représentant de ses semblables. Et plus ce travail est dur, humble, mal rétribué, plus il faut l'honorer.

— Je te le promets, mon petit papa, je ne dirai plus jamais que le ramoneur est laid, ni les maçons, ni les charbonniers.

— Cela ne suffit pas, chère enfant. Plus tu grandiras, plus tu t'apercevras combien d'hommes et de femmes travaillent pour toi, des mains ou de la pensée. Le travail, c'est la vie du monde. Quand tu auras compris cela, tu ne te contenteras pas de respecter les travailleurs. Il faudra que tu les imites. Tu te rendras utile à ton tour. A ton tour, tu auras pour les autres des peines à porter, des efforts à faire. Et quand tu seras fatiguée, usée dans le labeur honnête et bon qui est le devoir de chacun de nous, tu penseras souvent au petit ramoneur. Chaque labeur humain laisse des traces, sur les mains, sur le front, sur le cœur. Quand on a bien fait son devoir, on est en général couvert de rides, de cicatrices, de poussière et quelquefois de sang. Cela n'est, le plus souvent, pas joli à voir, ma fille ; mais rien au monde n'est plus vénérable. Je souhaite pour toi une seule chose, la voici :

De même que tout à l'heure, dans ton ignorance d'enfant, tu as dit : Oh! qu'il est laid, ce ramoneur, puisses-tu, un jour, éclairée par la vie, t'écrier en face de tous les travailleurs que leur œuvre a marqués, tordus, meurtris : Oh! combien ils sont beaux!

Il n'y a de laids que les méchants et les inutiles. Ceux-là,

1. *Échine* : épine dorsale.
2. *Contagion* : communication d'une maladie par le contact.

par exemple, plus ils brillent et se parent, plus ils sont répugnants.

C. WAGNER [1], Le long du chemin [2].

Le petit laboureur.

Lorsque laboure mon père,
J'aime à marcher près de lui;
J'aime à bien voir dans la terre,
Entrer le coutre [3] qui luit.

Mon père tient la charrue.

Elle résiste; il la perce;
Il la fend de long en long,
Le versoir [4] qui la renverse
Laisse après lui le sillon.

Elle est tiède et parfumée;
J'y vois des germes herbeux;
Il en sort une fumée,
Comme du museau des bœufs.

1. Voir p. 39, note 1.
2. Fischbacher, éditeur.
3. Fer tranchant placé à l'avant de la charrue pour fendre la terre.

4. Pièce de la charrue, en forme de lame élargie et courbe, pour verser sur le côté la terre soulevée.

Mes bœufs patients que j'aime,
Front bas, vont d'un pas égal :
C'est dur, mais ils vont quand même;
Ils se donnent bien du mal!

Ils se donnent de la peine
Pour creuser droit et profond;
L'homme les aide, les mène;
Mais il savent ce qu'ils font!

Ils savent que l'on travaille
Pour semer avoine et blé,
Et qu'ils n'auront de la paille,
Que s'ils ont bien travaillé.

Mon père tient la charrue,
Haussant ou baissant les bras,
Et l'alouette accourue
Vient becqueter dans nos pas.

Puis, contente de la graine,
Du petit ver qu'il lui faut,
Elle monte, à perdre haleine,
Chanter au ciel, tout là-haut.

La plaine, aujourd'hui déserte,
— Labourons! ensemençons! —
Dans quelques jours sera verte,
Et couleur d'or aux moissons!

JEAN AICARD [1], Chanson de l'Enfant [2].

Les bienfaits des morts.

Le boulanger, pendant qu'il pétrit sa pâte, a besoin d'un vigneron qui lui récolte du vin, d'un tailleur qui lui couse des habits, d'une blanchisseuse qui lui repasse des chemises. Ces services divers s'échangent par réciprocité entre les hommes vivants; mais la vie humaine, en pays civilisé, réclame des services d'une autre nature dont la source remonte bien au delà de notre naissance, et qu'on pourrait

1. *Jean Aicard* : poète contemporain. Ses principaux ouvrages sont: *Poèmes* de Provence, Chanson de l'enfant, Lamartine, etc.
2. Fischbacher, éditeur.

appeler bienfaits des morts. Si vous réfléchissez seulement deux minutes, vous penserez qu'au moment de notre naissance, il y avait ici-bas des maisons construites, des meubles, des outils, des terrains défrichés, des métaux travaillés, des approvisionnements de tous genres, en un mot, des richesses produites par le travail, et que les auteurs de ces biens étaient presque toujours morts avant qu'il fût question de vous. On peut dire, sans exagération, que la plus grande partie des richesses existantes est un bienfait des morts.

E. ABOUT [1].

Comment nous pouvons témoigner notre reconnaissance à nos aïeux.

Nous vivons dans une société qui possède déjà une foule énorme de biens accumulés siècle à siècle. D'innombrables milliers de générations ont, depuis que le monde est monde, travaillé sans relâche à nous préparer une terre assainie, cultivée, parée de tous les dons d'une civilisation plus riche et plus douce.

Eh bien! je me sens solidaire de toutes les générations qui m'ont précédé dans la vie et qui ont travaillé pour moi. Je ne puis rien pour leur témoigner ma reconnaissance et m'acquitter envers elles; rien que faire pour les hommes qui m'entourent, et ceux qui viendront après moi, ce qu'elles ont fait pour moi : donner ma part de travail, ajouter mon petit grain, faire en un mot le peu de bien dont je suis capable.

Notre premier devoir, c'est le travail; notre second, c'est la bonté.

Il faut être bon; plus je vieillis, plus je sens la nécessité du précepte. Il n'y a de joie véritable qu'à être bon, il n'y a même de grandeur morale qu'à cela.

Nous devons être bons pour les autres parce qu'on a été, si peu que ce soit, bon pour nous. C'est une pure conséquence de l'idée de solidarité.

FRANCISQUE SARCEY [2].

---

1. *Edmond About* (1828-1885) : écrivain français. Journaliste brillant, il écrivit aussi de nombreux romans dont la plupart eurent un vif succès. — Hachette, éditeur.

2. Voir p. 10, n. 1.

Guerre et humanité [1].

« ... J'eus la satisfaction de conserver la vie à un homme [2]. C'était un Autrichien. Il y avait un corps étendu à côté de notre feu. Je l'observai. Il n'était que blessé à la jambe; mais, accablé de fatigue et de faim, il respirait à peine. Je

Nous le portons à l'ambulance.

le fis revenir avec quelques gouttes d'eau-de-vie. Tous nos gens étaient endormis. J'allai leur proposer de m'aider à transporter ce malheureux à l'ambulance. Accablés eux-mêmes de fatigue, ils me refusèrent. Un deux me proposa de l'achever. Cette idée me révolta. Excédé aussi de fatigue et de faim, je ne sais où j'allai chercher ce que je leur dis; je m'échauffai, je leur parlai avec indignation, avec colère, je leur reprochai leur dureté. Enfin deux d'entre eux se levèrent et vinrent m'aider à emporter le blessé. Nous fîmes un brancard avec une planche et deux carabines. Un troisième chasseur à cheval, entraîné par notre exemple, se joignit à nous; nous soulevons notre homme, et, à travers

1. Cet épisode se passa le 25 septembre 1799, en Italie, pendant la guerre engagée contre le Directoire par la *Deuxième coalition*.

2. C'est un soldat qui parle.

les marais, dans l'eau et dans la vase jusqu'aux genoux, nous le portons à l'ambulance, éloignée d'une demi-lieue. Chemin faisant mes compagnons se plaignirent souvent du fardeau et délibérèrent de me laisser seul avec mon blessé m'en tirer comme je pourrais ; et moi de leur crier : « Courage ! » et de leur débiter, en termes de soldat, les meilleures sentences des philosophes sur la pitié qu'on doit aux vaincus et sur le désir que nous aurions qu'en pareil cas on en fît autant pour nous. Les hommes ne sont pas mauvais au fond, car la corvée était rude, et cependant mes pauvres camarades se laissèrent persuader. Enfin nous arrivons et nous mettons le malheureux en un lieu où il pouvait avoir du secours : je le recommande moi-même, et je m'en retourne avec mes trois chasseurs, plus joyeux cent fois, l'âme plus satisfaite que si je sortais du plus beau bal ou du plus excellent concert. J'arrive, je m'étends sur mon manteau devant le feu, et je dors paisiblement jusqu'au jour. »

MAURICE DUPIN [1], *Lettre à sa mère.*

Les pauvres et les malades.

En rentrant de nos promenades à la campagne, notre mère nous faisait presque toujours passer devant les pauvres maisons des malades ou des indigents du village. Elle s'approchait de leurs lits, elle leur donnait quelques conseils et quelques remèdes. Elle faisait de la médecine son étude assidue pour l'appliquer aux indigents. Elle avait, des vrais médecins, le génie instinctif, le coup d'œil prompt, la main heureuse.

Nous l'aidions dans ses visites quotidiennes. L'un de nous portait la charpie et l'huile aromatique pour les blessés ; l'autre, les bandes de linge pour les compresses. Nous apprenions ainsi à n'avoir aucune de ces répugnances qui rendent plus tard l'homme faible devant la maladie, inutile à ceux qui souffrent, timide devant la mort.

Elle ne nous écartait pas des plus affreux spectacles de la misère, de la douleur et même de l'agonie. Je l'ai vue souvent debout, assise ou à genoux au chevet de ces gra-

---

1. *Maurice Dupin* : père du grand romancier George Sand.

bats [1] des chaumières, ou dans les étables où les paysans couchent quand ils sont vieux et cassés, essuyer de ses mains la sueur froide des pauvres mourants, les retourner sous leurs couvertures; leur réciter les prières du dernier moment, et attendre patiemment des heures que leur âme eût passé à Dieu au son de sa douce voix.

Elle faisait de nous aussi les ministres [2] de ses aumônes. Nous étions sans cesse occupés, moi surtout comme le plus grand, à porter au loin, dans les maisons isolées de la montagne, tantôt un peu de pain blanc, tantôt une bouteille de vin vieux et des morceaux de sucre, tantôt un peu de bouillon fortifiant pour les vieillards épuisés faute de nourriture.

Ces petits messages étaient même pour nous des plaisirs et des récompenses. Les paysans nous connaissaient à deux ou trois lieues à la ronde. Ils ne nous voyaient jamais passer sans nous appeler par nos noms d'enfants, qui leur étaient familiers.

Nous étions, pour tout le canton, *les fils de la dame*, les envoyés de bonnes nouvelles, les anges de secours pour toutes les misères abandonnées des gens de la campagne. Là où nous entrions, entrait une providence, une espérance, une consolation, un rayon de joie et de charité.

LAMARTINE [3].

Différence entre l'aumône et la charité.

I

Un jour, je me trouvai à une fête de village, dans un château aux environs de Paris. Après dîner, la compagnie alla se promener à la foire et s'amusa à jeter aux paysans des pièces de monnaie pour le plaisir de les voir se battre en les ramassant. Pour moi, suivant mon humeur solitaire, j'allai me promener tout seul de mon côté.

J'aperçus une petite fille qui vendait des pommes sur un éventaire [4] qu'elle portait devant elle. Elle avait beau

---

1. *Grabat* : lit misérable.
2. *Ministre* (d'un mot latin qui signifie *serviteur*) : celui qui exécute les volontés d'un autre.

3. *Lamartine* : voir p. 24, n. 4.
4. *Éventaire* : sorte de plateau d'osier sur lequel la marchandise est étalée.

vanter sa marchandise, elle ne trouvait plus de chalands [1] :
« Combien, toutes vos pommes? » lui dis-je. « Toutes mes
pommes? » reprit-elle. Et la voilà occupée à calculer en
elle-même. « Six sous, monsieur, dit-elle. — Je les prends
pour ce prix, à condition que vous irez les distribuer à ces

« Allez les distribuer. »

petits Savoyards que vous voyez là-bas. » Ce qu'elle fit
aussitôt.

Ces enfants furent au comble de la joie de se voir régaler,
ainsi que la petite fille de s'être défaite de sa marchandise.
Tout le monde fut content et personne ne se trouva humilié.

J.-J. ROUSSEAU [2].

II

La semaine dernière je rencontre un pauvre qui vient à
moi. Je regarde dans ma bourse, elle était vide. Mortifié

1. *Chalands* : acheteurs.
2. *J.-J. Rousseau* (1712-1778) : l'un des plus grands écrivains du XVIIIe siècle : l'amour de la nature lui a inspiré les pages les plus éloquentes de ses nombreux ouvrages. Citons parmi ceux-ci : le *Discours sur l'origine et les fondements de l'inégalité parmi les hommes,* le *Contrat social, Émile ou de l'éducation, Julie ou la Nouvelle Héloïse, les Rêveries d'un promeneur solitaire,* etc. Rousseau fut l'un des précurseurs de la Révolution et son influence sur les écrivains et les penseurs de cette époque fut considérable.

d'avoir trompé son attente, je le salue et lui fais des excuses. Ce malheureux se confond en remercîments; il était tout surpris d'être encore traité comme un homme. Cela m'a frappé.

MICHELET [1], Mon Journal.

Fraternité, pratique.

J'ai établi depuis quelque temps dans ma maison de Guernesey [2] une petite institution de fraternité pratique, que je voudrais accroître et surtout propager [3]. Cela est si

Les enfants dînent ensemble.

peu de chose que je puis en parler. C'est un repas hebdomadaire d'enfants indigents. Toutes les semaines, des mères

1. *Michelet* (1798-1874) : grand historien français. Il connut dans sa jeunesse l'adversité et la misère (voir le morceau de la page 206); il fut ouvrier typographe: par son travail acharné il acquit une vaste instruction et devint professeur à l'École Normale Supérieure. Son œuvre principale est *l'Histoire de France.* Il écrivit aussi *la Montagne, la Mer, la Femme, l'Amour, l'Oiseau, l'Insecte,* ouvrages dans lesquels il montre un vif sentiment de la nature et une sympathie enthousiaste pour tout ce qui vit et tout ce qui est. Dans son œuvre historique, Michelet s'identifie avec les époques disparues, les fait revivre, les aime et nous les fait aimer. Il entend leurs plaintes, ressent leurs passions, partage leurs espérances. Il fait vraiment de l'histoire une résurrection.

2. *Guernesey*: île anglaise au N.-O. de la France. Victor Hugo y était en exil.

3. *Propager* : reproduire ailleurs.

pauvres amènent leurs enfants dîner chez moi. J'en ai eu huit d'abord, puis quinze; j'en ai maintenant vingt-deux. Les enfants dînent ensemble : ils sont tous confondus [1], catholiques, protestants, Anglais, Français, Irlandais, sans distinction de religion ou de nation. Je les invite à la joie et au rire, et je leur dis : Soyez libres....

Ma femme, ma fille, ma belle-sœur, mes fils, mes domestiques et moi aussi, nous les servons. Ils mangent de la viande et boivent du vin, deux grandes nécessités pour l'enfance. Après quoi, ils jouent, puis vont à l'école....

J'abrège, mais il me semble que j'en ai dit assez pour faire comprendre que cette idée, l'introduction des familles pauvres dans les familles moins pauvres, introduction à niveau et de plain-pied, fécondée par des hommes meilleurs que moi, par le cœur des femmes surtout, peut n'être pas mauvaise. Je la crois pratique et propre à de bons fruits; et c'est pourquoi j'en parle, afin que ceux qui pourront et voudront l'imitent.

Ceci n'est pas de l'aumône, c'est de la fraternité. Cette pénétration des familles indigentes dans les nôtres nous profite comme à eux; elle ébauche la solidarité; elle met en action et en mouvement, et fait marcher, pour ainsi dire devant nous, la sainte formule démocratique : Liberté, Égalité, Fraternité....

VICTOR HUGO [2].

Le Bon Samaritain:

Un docteur de la Loi [3] dit à Jésus :
« Il est écrit dans la loi :
— Tu aimeras ton prochain comme toi-même. »...
« Mais, qui est mon prochain? »
Alors Jésus, prenant la parole, lui dit :
« Un homme descendait de Jérusalem [4] à Jéricho et il tomba aux mains des brigands, qui, l'ayant dépouillé et accablé de coups, s'en allèrent, le laissant à demi mort.

1. *Confondus* : mêlés.
2. *Victor Hugo* : voir p. 36.
3. *Docteur de la loi* : celui qui enseigne et interprète la loi des Juifs, c'est-à-dire la loi de Moïse.
4. *Jérusalem et Jéricho* : V. de Palestine.

« Par occurence, un prêtre descendait sur la même route et, le voyant, il passa outre.

« Un Samaritain [1] en voyage passe près de lui, et l'ayant vu, il fut ému de compassion, et, s'étant approché, il lui banda ses plaies, y versa de l'huile et du vin, le plaça sur sa propre monture, le conduisit dans une auberge, et prit

Il lui banda ses plaies.

soin de lui. Le lendemain, en s'en allant, il tira deux deniers, les donna à l'aubergiste, et lui dit :

« Prends soin de cet homme, et tout ce que tu dépen-
« seras, je te le rendrai à mon retour. »

« Lequel donc des trois te semble avoir été le prochain de l'homme qui était tombé aux mains des brigands? »

L'autre dit :

« C'est celui qui a usé envers lui de miséricorde [2]. »

Jésus lui dit :

« Va, et fais de même. »

Troisième Évangile.

Une mauvaise action.

Je ne suis pas content de moi; j'ai fait une mauvaise action.

Un de ces jours de décembre, j'étais sorti par les pre-

1. *Samaritain* : habitant de Samarie, qui fut la capitale de l'ancien royaume d'Israël.

2. *Miséricorde* : sentiment de pitié pour les autres, qui nous porte à soulager leurs misères.

miers froids ; le vent était coupant comme un acier, le pavé sec et sonore [1]. Les passants fuyaient plutôt qu'ils ne marchaient.

Ennemi du froid, je m'étais prudemment précautionné contre ses atteintes. J'avais un paletot et un pardessus ; ma bouche et mes oreilles étaient closes [2] par un vaste cache-nez : mes mains étaient plongées dans des gants fourrés.

Au coin de la rue Laval et de la rue Frochot [3], une femme, appuyée contre le mur et tenant un enfant dans ses bras, tendit vers moi la main en murmurant :

« Monsieur, la charité, je vous prie ! »

Je passai sans répondre, rapidement, me contentant de penser que j'étais pressé, qu'il était tard, et que je ne pouvais pas m'arrêter, ôter mes gants, déboutonner mon paletot, chercher mon porte-monnaie, au risque d'attraper l'onglée [4], après tous les soins que je m'étais donnés pour me maintenir dans un état de douce chaleur.

Et, comme pour appuyer [5] ce raisonnement, je jugeai à propos de doubler le pas.

Mais la pauvre femme m'avait suivi ; je la retrouvai à côté de moi, tendant encore la main et murmurant :

« La charité, je vous prie, monsieur.... »

Quelque prompt que fût mon regard, j'eus le temps de remarquer l'extrême abattement de sa physionomie.

Je jetai un coup d'œil furtif [6] sur l'enfant. Je dois le dire, j'eus un moment d'hésitation.

Et pourtant je passai....

J'essayai de me persuader que j'avais peut-être affaire à une intrigante, à une mendiante de profession, comme il y en a beaucoup.

Je n'étais pas au bout de la rue de Laval, que tout ce qu'il y a en moi d'honnête, de juste, de généreux se révoltait.

« Ah ! misérable que je suis ! » m'écriai-je soudain.

Et je revins en hâte sur mes pas.

Je ne pouvais concevoir comment j'avais pu pousser à un tel point l'indifférence et la cruauté.

Mais, lorsque j'arrivai à l'angle de la rue Laval et de la rue Frochot, je ne vis plus la pauvre femme.

---

1. *Sonore* : sonnait sous le pied, parce qu'il était durci par la gelée.
2. *Closes* : fermées.
3. Rues de Paris.

4. *Onglée* : douleur causée par le froid à la racine des ongles.
5. *Appuyer* : soutenir.
6. *Furtif* : dérobé.

« Elle ne peut pas être bien loin », me dis-je.

Je m'informai à un commissionnaire qui stationnait près de là :

« Avez-vous vu tout à l'heure une mendiante avec son enfant? »

Il l'avait vue, mais il ne savait pas de quel côté elle avait pris.

« Je veux la retrouver! je la retrouverai! » répétais-je avec agitation.

Je remontai la rue Frochot qui aboutit au boulevard extérieur.

Personne..., plus personne!

« O mon Dieu, pensais-je, où sera-t-elle allée? Qu'est-ce qu'elle est devenue? Elle avait l'air exténué [1], elle se soutenait à peine, sa voix tremblait; et j'ai pu me détourner de cette voix! Son insistance n'était pas habituelle. Oui, il faut que je la retrouve. Et cet enfant..., ce petit

Je passai sans répondre.

être entortillé de haillons [2], ce jeune corps déjà en lutte avec la souffrance, bleu de froid, endormi dans ses pleurs, dans la faim peut-être!... Pour l'exposer à un temps si rigoureux et en faire une enseigne de pitié [3], il fallait qu'elle n'eût plus de logement, qu'elle eût épuisé toutes ses ressources, qu'elle eût tout vendu, qu'il ne lui restât que ce qu'elle a sur le corps.

« Et j'ai fermé les yeux! et j'ai fermé mes oreilles! Oh! lâche et méchant!... »

J'étais désespéré.

J'allai du boulevard extérieur à la rue Frochot. Je ne sais pas ce que j'aurais donné pour retrouver cette infortunée.

1. *Exténué* : affaibli à l'extrême.
2. *Haillons* : vêtements en lambeaux.

 Enseigne de pitié : un spectacle destiné à provoquer la pitié des passants.

En me suppliant comme elle faisait, elle avait mis en moi son dernier espoir, sa dernière chance de salut. Sans doute, à bout de force et de courage, elle s'était dit : « Allons, implorons encore celui-là, et puis après, plus d'autres ! »

Mes pas et mes démarches restèrent sans résultat.

Je ne continuai pas ma route.

Je rentrai chez moi, sombre, la tête baissée. Je ne sentais plus le froid ni le vent. Je ne pensais qu'à la malheureuse femme et à son enfant.

Je ne suis pas content de moi. J'ai fait une mauvaise action.

C. Monselet [1], Scènes de la vie cruelle.

Remords.

Un colonel anglais établi aux Indes [2] avait pour économe [3] un musulman [4]. Cet homme passait pour fort honnête, et il avait une gravité qui imposait.

L'Anglais, insoucieux, faisait rarement ses comptes. Un jour, après dîner, il se met à les faire. A cette heure un peu trouble [5], il a beau calculer, il trouve toujours un déficit, quelque chose de moins que ne comptait son musulman. Il se fâche, et recompte encore ; toujours même différence. L'autre, imperturbablement, soutient qu'il n'y a pas erreur, qu'il a très bien compté, que le maître se trompe. Alors l'Anglais, exaspéré, l'appelle fourbe, menteur, voleur, etc. Enfin il le frappe au visage. L'autre recule, tire le poignard que portent souvent les musulmans, et dit : « Je ne vous tuerai pas ; car j'ai mangé votre pain. » Il se frappe lui-même, et d'une main si sûre, qu'il en meurt à l'instant. D'après les croyances indiennes, celui qui a causé un pareil accident, et qui se trouve ainsi maudit par un mourant, n'a plus de repos en ce monde. Le pis, c'est que le mort avait raison, il était innocent. Le malheureux

---

1. *Monselet* : romancier contemporain et auteur d'un grand nombre d'études de critique littéraire dans des journaux et des revues.

2. Dans l'Hindoustan soumis à la domination anglaise.

3. *Économe* : celui qui administre une maison au point de vue matériel.

4. *Musulman* : disciple de Mahomet.

5. *Un peu trouble* : lorsque commence le travail de la digestion, surtout après un repas un peu copieux arrosé de bons vins, l'esprit est moins vif et moins sûr qu'à l'ordinaire.

Anglais, redevenu à froid tout d'un coup, se met à refaire le calcul, et voit que c'est lui qui a tort. Dès lors, plus de repos; la chose le poursuit et ne le lâche plus; il la traîne jusqu'à la mort [1].

MICHELET, *Histoire du XIXe siècle* [2].

Jean-Baptiste Lebacheley.

Tout dans cette histoire est extraordinaire. Jean-Baptiste Lebacheley est un ancien militaire, tailleur de son état. Il a été concierge pendant vingt ans et, pendant tout ce temps, il a donné l'exemple d'une probité, d'un désintéressement, d'une charité, d'un dévouement, d'une délicatesse rares partout, même dans l'emploi qu'il exerce. Un jour, le propriétaire de l'immeuble tombe malade et meurt sans qu'on ait eu le temps de prévenir sa famille. Lebacheley, qui l'avait seul assisté dans sa courte maladie, avertit le commissaire de police et lui remet les clefs d'un secrétaire qu'il savait contenir vingt-cinq mille francs. Voilà pour la probité. Les héritiers arrivent de province, recueillent la succession et lui donnent quinze francs. Voilà pour le désintéressement.

Dans une mansarde de la même maison, une pauvre femme vivait avec sa petite fille. Quand je dis qu'elle vivait, elle se mourait. Elle était phtisique et hors d'état de travailler. Lebacheley et sa digne femme prirent soin de cette malheureuse famille. Pendant deux ans et demi, ils travaillèrent nuit et jour pour prolonger la vie de la mère et, quand elle mourut, ils adoptèrent l'enfant. Voilà pour la charité. Ajoutons qu'ils avaient, sou par sou, amassé la somme nécessaire pour payer le médecin. Voilà pour la délicatesse. Mais le médecin, un brave cœur, lui aussi, refusa d'être payé.

Rapport sur les prix Montyon [3].

1. Insister sur cette idée : on ne peut pas toujours réparer le mal que l'on a fait.

2. Marpon et Flammarion, éditeurs.

3. Baron *de Montyon* : philanthrope français qui a fondé des prix de toutes sortes, que l'Institut décerne tous les ans.

Bonté de Lamartine.

Un pauvre jeune poète que je connaissais, nommé Armand Lebailly, mourait de phtisie[1] à l'hôpital Saint-Louis, à Paris; j'y entraîne Lamartine[2], certain que sa visite ferait plus de bien au moribond que dix visites de médecin. Nous arrivons, nous montons à la salle Sainte-Catherine; en entrant j'aperçois au bout de la salle le pauvre misérable, assis près du poêle, les deux bras étendus sur

« Prenez mon bras, » dit-il.

une table, la tête entre les bras et le visage enseveli sous ses longs cheveux en désordre. Au bruit de nos pas, il relève un peu le front; à peine a-t-il reconnu mon compagnon, que la stupéfaction, la joie, l'orgueil, l'attendrissement éclatent sur sa figure. Tout tremblant, il se lève, vient à nous et n'a que la force de prendre la main que lui tendait le grand poète, et de la baiser. La conversation fut de la part de Lamartine un mélange charmant de bonté de père et de bonté de poète. Il parla à Lebailly de ses vers, il lui en répéta même quelques-uns; une sœur de charité

1. *Phtisie pulmonaire* : destruction progressive des poumons.
2. Voir p. 24, note 1.

n'aurait pas si bien fait. Après un quart d'heure il se leva, et, voyant que le malade voulait nous accompagner jusqu'à la porte : « Prenez mon bras, lui dit-il, et appuyez-vous sur moi. » Nous traversâmes ainsi cette longue salle entre deux rangées de malades, les uns debout au pied de leur lit, les autres assis, les autres levés sur leur séant, tous se découvrant à notre passage. Ce grand nom avait mis tout l'hôpital en rumeur. Lebailly jetait à droite et à gauche des regards étincelants qui semblaient dire : « C'est mon ami, je lui donne le bras. » Il pleurait, il riait, il ne souffrait plus. Une fois dans sa voiture, Lamartine, après un moment de silence, me dit : « Ce pauvre jeune homme est bien malade, mais il n'est pas à la veille de mourir. De longs soins lui seront encore utiles ; joignez cela à ce que vous lui donnez. » Il me tendit un billet de cinq cents francs. Trois jours après, quelle fut ma stupéfaction en apprenant que lui-même était poursuivi pour une somme de quatre mille francs qu'il ne pouvait pas payer. Il avait oublié qu'il devait, en voyant qu'un autre souffrait

LEGOUVÉ [1].

Politesse et charité.

Un petit garçon de cinq ans rencontre un jour un pauvre, très vieux et très infirme. Sa mère donne un sou à l'enfant, qui le porte

Il ôte son chapeau...

au pauvre vieux, mais en le lui remettant, il ôte d'abord devant lui son petit chapeau et le salue. Quel enseigne-

<hr>

[1]. M. *Ernest Legouvé*, de l'Académie française, est né en 1807. Il a donné au théâtre, seul ou en collaboration, des comédies et des drames qui ont réussi. Il a composé aussi de courts récits en vers et des romans. Citons *Les pères et les enfants au XIXe siècle*, *l'Art de la Lecture*, *l'Histoire morale des femmes*.

ment! Comme ce petit enfant qui se découvre devant la pauvreté et qui ajoute l'aumône du cœur à l'aumône·de la main, nous montre tout à coup la politesse sous une forme nouvelle. Grâce à lui, nous avons le droit de compléter la phrase de Vauvenargues en disant : « La politesse est comme les grandes pensées : elle vient du cœur! »

E. LEGOUVÉ, *Nos filles et nos fils* [1].

Impolitesse.

Catinat [2] se promenait un jour, seul, à pied, très simplement, dans ses terres. Un jeune Parisien s'en allait chassant sans plus de façon sur le domaine du maréchal. Rencontrant ce bonhomme [3] qu'il ne connaissait pas et qui paraissait le regarder avec quelque étonnement, il va résolument à lui, et, gardant son chapeau sur sa tête, pendant que le bonhomme se découvre civilement :

« Eh bien, s'écria-t-il, je ne sais pas à qui est cette terre, mais tu peux dire au seigneur, si tu le connais, que j'ai pris la permission d'y chasser. »

Des paysans qui étaient à quelque distance et qui l'entendaient, riaient aux éclats. Le chasseur,

« Je ne sais à qui est cette terre »

se dirigeant ensuite vers eux, leur demanda de quoi ils s'égayaient ainsi :

1. Hetzel, éditeur.
2. *Catinat* : maréchal de France sous le règne de Louis XIV.
3. *Bonhomme* : vieillard simplement vêtu. Ce mot n'avait pas alors le sens légèrement ridicule que nous y attachons aujourd'hui.

« Eh, pardienne! dit l'un d'eux, de la façon insolente dont vous parlez à M. de Catinat. »

Effrayé, le jeune homme courut sur les pas du maréchal et s'excusa très humblement, donnant pour raison qu'il n'avait pas l'honneur de le connaître.

« Mon Dieu! repartit le maréchal, je ne vois pas qu'il soit nécessaire de connaître quelqu'un pour lui ôter son chapeau quand on lui adresse la parole. »

MULLER [1].

Sachons souffrir pour soulager les autres.

Dans la dernière semaine du blocus, le chloroforme commençait à s'épuiser. Nous en devenions avares et nous

Il se tamponna son mouchoir dans sa bouche.

cherchions à réserver le peu qui nous en restait pour les opérations graves.

On m'amène un homme, un grenadier de la garde. Il avait eu la main droite fracassée par un éclat d'obus. Il

1. *Eugène Muller* : écrivain contemporain, auteur de nouvelles, contes et romans. Citons de lui quelques livres d'éducation et de lecture pour la jeunesse : *Récits enfantins*, *Petit traité de politesse française*, les *Femmes d'après les auteurs français*, la *Jeunesse des hommes célèbres*, le *Marchand de nouveautés*. — Hetzel, éditeur.

fallait lui désarticuler et lui enlever le petit doigt. L'opération ne présentait ni difficulté ni danger, mais elle devait être très douloureuse et assez longue.

Je dis au grenadier :

« Il faut que je vous enlève le petit doigt.

— C'est bien, me répondit-il tranquillement, faites.

— Est-ce que vous voulez que je vous endorme?

— Ce sera dur, l'opération?

— Oui, vous souffrirez, mais il n'y a aucun danger.

— Cela ne fait rien, si ce doit être très douloureux, j'aimerais autant....

— C'est que nous n'avons plus beaucoup de chloroforme.

— Le chloroforme, c'est ce qui sert à endormir?

— Oui.

— Ah! bien! je comprends.... Vous voulez garder votre chloroforme pour quelque chose de plus sérieux que mon petit doigt, pour la jambe ou pour la cuisse d'un camarade?

— Oui, c'est cela....

— Eh bien, vous avez raison. Ne m'endormez pas, mais faites vite, faites vite. »

Et il se tamponna son mouchoir dans la bouche, entre les dents, je fis l'opération. Il était horriblement pâle. L'eau lui coulait du front à grosses gouttes; mais pas un mouvement, pas une plainte, pas un cri.

Quand ce fut fini, je le félicitai de son courage.

« Oh! me répondit-il, il faut bien que les pauvres gens s'entr'aident. »

Ludovic Halévy [1], Récits de l'invasion [2].

La vieille pauvresse.

Dans la bise [3] glaciale de décembre, un abri est dressé. On y offre aux malheureux une soupe chaude. Une très vieille femme, qui a longtemps attendu son tour, est enfin assise et servie. Avant qu'elle ait touché à sa portion, elle remarque qu'un ouvrier jeune et robuste, placé à côté d'elle, a déjà consommé la sienne avec une avidité qui

---

1. Voir p. 6, n. 2.
2. Calmann-Lévy, éditeur.
3. *Bise* : vent d'hiver.

trahit un être affamé. Aussitôt elle pousse sa part du côté de l'ouvrier et lui dit : « Je ne me sens pas d'appétit, voulez-vous manger cela? » L'ouvrier accepte.... Mais quelqu'un a tout remarqué. A la sortie, il prend à part la vieille femme et lui dit : « Vous n'avez donc pas faim? — Oh! si, répondit-elle en rougissant, mais je suis vieille et sais la supporter, et ce pauvre jeune homme avait plus besoin que moi. »

WAGNER [1].

Un jeune brave.

Broussais [2] n'avait pas encore terminé ses études lorsque la Révolution éclata. Sa famille en embrassa la cause, qui

Les chouans tirèrent sur lui.

enflamma de ses ardeurs l'âme du bouillant écolier. Aussi, en 1792, les Prussiens s'étant avancés jusqu'à Verdun et le cri d'alarme qui appelait les hommes de bonne et patriotique volonté à la défense de la Révolution menacée ayant retenti de Paris jusqu'au fond des provinces, Broussais, qui avait alors vingt ans et qui étudiait en philosophie, s'enrôla dans une compagnie franche formée à Dinan. Parti comme soldat, il se serait promptement distingué dans cette car-

1. Voir p. 39, n. 1.
2. *Broussais* (1772-1838) : célèbre médecin français.

rière où le commandement et la gloire allaient appartenir aux braves, aux intelligents, aux ambitieux. Rien de cela ne lui manquait pour arriver bientôt au premier rang.

Dans une de ces fréquentes rencontres auxquelles il assista contre les chouans [1], il eut occasion de montrer à la fois sa force et son courage généreux. La compagnie franche de Dinan fut surprise et battue. Dans la fuite, un des compagnons de Broussais, atteint d'un coup de feu, tomba à côté de lui. Broussais, au risque d'être pris lui-même, s'arrêta, chargea sur ses épaules son compagnon blessé et continua sa retraite, un peu ralentie par son dangereux fardeau. Les chouans tirèrent sur lui ; il reçut une balle dans son chapeau et parvint à leur échapper. Arrivé en lieu de sûreté, il déposa son camarade, mais il le trouva mort. Il n'avait sauvé qu'un cadavre. Son dévouement n'en avait pas moins été fort beau, car de telles actions s'estiment d'après le sentiment qui les inspire et le danger qu'il faut braver pour les accomplir.

MIGNET [2].

Dévouement d'un enfant.

Le jeune Joseph Serres habite Gimont, dans le Gers. Il a douze ans à peine. Un jour, le 2 mai de l'année 1839, il entend un grand bruit. Deux enfants, de quatre ans chacun, se promenaient ensemble sur la place publique. Ils montent sur le puits de la ville, y jouent, se précipitent au fond. Tout le monde accourt. Mais que fera-t-on ? On délibère [3], on se lamente. « Nous avions perdu tout sang-froid », disent naïvement les habitants. Le jeune Serre a conservé le sien. Il demande une échelle. Elle est trop courte ; on la tiendra. Il descend ; elle était trop courte en effet. Mais l'un des deux enfants est debout, tend les mains, aide à sa propre délivrance. En se penchant, Serres peut le saisir ; il remonte péniblement, mais ne faiblit pas, ne se décourage pas, et le rend à sa mère. Et le second ! Il n'a point reparu. Il est

---

1. *Chouans* : nom des Vendéens révoltés en 1793 contre la République.

2. *Mignet* (1796-1884) : historien, collaborateur de Thiers, académicien, auteur d'une *Histoire de la Révolution française*, qui contribua fortement à ramener en France le goût des études historiques.

3. *Délibérer* : examiner en commun avant de prendre une résolution.

sous l'eau, Serres redescend, sans que, de tous ces hommes, aucun se soit avisé du moins d'avoir une échelle moins périlleuse pour l'intrépide enfant. Cependant il va, il se baisse, il n'arrive point jusqu'à l'eau. Que fera-t-il ? Il se suspend, il se tient du pied au dernier échelon ; puis, il plonge, il cherche avec effort. On tremble pour tous les deux. Un moment, on ne sent plus rien : on le croit perdu. Cependant il a senti le petit malheureux, il l'a saisi sans connaissance, mort peut-être. N'importe, il le rendra à la lumière. Comment s'y prend-il Il ne le sait plus lui-même. Dans les actions généreuses on a, quand il le faut, une force surhumaine. Enfin, il reparaît avec son fardeau. Tous deux sont sauvés, car l'autre enfant peut, à la longue, être rappelé à la vie.

DE SALVANDY [1], *Rapport sur les prix de vertu.*

Le père Joseph.

En 1870, quand éclata la guerre franco-allemande, le P. Joseph, un prêtre des environs de Belfort, qui s'était déjà signalé par sa charité dans une petite paroisse, demanda du service comme aumônier dans nos armées, et se fit envoyer aux avant-postes [2] d'Alsace. Enfermé bientôt dans Strasbourg, il passa ses jours et ses nuits aux remparts, parmi nos soldats, et gagna, sous le feu de l'ennemi, la croix de la Légion d'honneur. Quand Strasbourg eut capitulé, les Prussiens le trouvèrent aux ambulances et l'arrêtèrent ; leur général, cependant, lui offrit la liberté, qu'il refusa pour s'en aller en captivité au milieu des prisonniers les plus humbles. Soupçonné d'espionnage [3] par nos ennemis, que surprenait un dévouement pareil, il fut d'abord cantonné à Rastadt, surveillé de près et malmené, jusqu'au moment où l'archevêque de Fribourg, le reconnaissant pour un pur apôtre, le couvrit de sa protection.

« Voulez-vous aller à la mort ? lui écrivit un jour ce même archevêque. La fièvre typhoïde sévit à Ulm ; déjà deux mille

1. *De Salvandy* (1795-1856) : écrivain et homme politique, membre de l'Académie française, fut ministre de l'instruction publique.
2. *Avant-poste* : poste avancé le plus près de l'ennemi.

3. *Espion* : celui qui se glisse parmi les troupes ennemies pour observer leurs mouvements et en informer ses compatriotes.

de vos compatriotes en sont atteints, et pas un prêtre français n'est avec eux. » Quelques heures après, il était à Ulm. Il y resta neuf mois, nuit et jour au chevet des mourants, sans vouloir ni repos ni sommeil. Entre temps, il écrivait à ses amis de France, leur demandant de l'argent, des vêtements chauds, des secours de toute sorte, pour ceux qu'épargnait la contagion, mais que tourmentaient le froid et la misère. A son appel, les dons arrivaient comme par miracle, et il distribua durant cet hiver sinistre plus de 300,000 francs! L'admiration alors s'imposa à nos ennemis, qui le voyaient de près à l'œuvre, et ils lui offrirent la croix de l'Aigle-Noir. Mais, de même qu'il avait naguère refusé la liberté, il déclina l'honneur, demandant comme seule grâce que l'impératrice Augusta [1] voulût bien lui accorder une audience, et, une fois admis devant la souveraine, il sut obtenir d'elle ce qui avait été refusé jusqu'à ce jour aux autres sollicitations françaises : le rapatriement immédiat de tous les prisonniers épargnés par la maladie. Plus de vingt trains chargés de jeunes soldats prirent la route de nos frontières dévastées, et des centaines d'enfants de France furent ainsi sauvés par ce prêtre.

Pierre Loti [2], Rapport sur les prix de vertu.

L'incendie [3].

En face de nous était une maison tout en feu ; les flammes avaient brisé les fenêtres et sortaient en tourbillons. Tout à coup, au premier étage, on entendit des cris déchirants; une figure blanche passa comme une ombre; une voix de femme appela au secours. Aussitôt Green [4], appliquant une échelle le long du mur, monta et disparut au milieu de la fumée.

« Par ici les enfants, par ici ! » criait Rose [5], tout occupé de noyer l'incendie. Je soulevais à force de bras le lourd tuyau; mais je ne pouvais détacher mes yeux de la fenêtre où Green était entré; le cœur me battait, l'inquiétude m'étouffait.

---

1. *Impératrice Augusta* : femme de l'empereur Guillaume Ier.
2. Voir p. 27, n. 1.
3. Cet incendie a lieu dans une ville d'Amérique et est raconté par un Français.
4. Le lieutenant des pompiers.
5. Sergent des pompiers.

Soudain Green reparut, une femme dans les bras, et descendit au milieu des hourras de la foule.

A peine à terre, la femme se dressa :

« Mon enfant, criait-elle, où est mon enfant? où est ma fille? »

Elle tremblait de tous ses membres, elle pleurait, elle levait ses bras vers la fenêtre en feu, elle voulait se jeter dans cette four-naise. En vain, on essayait de la rete-nir, elle s'échappait de nos mains, cou-rait à la maison, et, repoussée par la flamme, reculait en jetant des cris ter-ribles et en s'arra-chant les cheveux. Chacun se regar-dait; la flamme grondait comme l'o-rage, le toit embrasé allait s'écrouler, l'enfant était perdu. A ce moment, je ne sais ce qui me passa dans l'âme : la vue de cette pauvre mère, l'exemple de Green, l'idée que j'étais Fra....ais, que sais-je? ce fut une ivresse qui me monta à la tête. Je cou-rus à ...celle, j'étais en haut avant de savoir ce que je faisais.

Green disparut dans la fumée.

Rose voulut m'arrêter :

« Je suis père! m'écriai-je, je ne laisserai pas mourir cet enfant! »

Une fois dans la chambre, j'eus peur; la flamme sifflait autour de moi, les boiseries, les glaces éclataient; c'était un bruit sinistre. Etouffé par la chaleur, aveuglé par la fumée, j'appelai : point d'écho. J'étais au désespoir, quand une langue de flamme rouge, perçant la nuit, me montra en face de moi une porte fermée. Briser la serrure d'un coup de hache, entrer dans la chambre, courir au berceau où pleurait un enfant, m'emparer de ce trésor, ce fut l'affaire d'un instant; quelle joie! mais elle fut courte. Entouré de fumée, presque asphyxié [1], je ne savais plus où j'étais; le cœur me battait, la tête me tournait, j'étais perdu!

« Par ici, docteur! criait la voix de Rose; avancez, mais en reculant, attention! »

Le conseil était sage, j'étais à peine retourné qu'un vigoureux jet d'eau, dirigé par l'habile main du sergent, m'inonda de la tête aux pieds, au risque de me renverser. Grâce à cette diversion qui, pour un instant arrêtait la flamme et dissipait la fumée, je vis la fenêtre, j'y courus, et, enjambant l'échelle, je me laissai glisser à terre, noir et fumant comme un tison noyé. Un instant après, le toit s'abîmait avec un fracas épouvantable.

Dire la joie de la pauvre mère serait chose inutile; le plus heureux, c'était moi; j'avais sauvé un enfant et soutenu l'honneur du nom français. Ma folie m'avait bien coûté quelque chose; j'avais tout un côté de cheveux roussi, une joue éraillée, et le bras gauche brûlé du poignet au coude; qu'était-ce que cela auprès de ce que j'avais gagné?

E. LABOULAYE [2], *Paris en Amérique* [3].

Le capitaine du « Normandy ».

Dans la nuit du 17 mars 1870, le capitaine Harvey faisait son trajet habituel de Southampton à Guernesey. Une brume couvrait la mer. Le capitaine était debout sur la passerelle du steamer [4], et manœuvrait avec précaution, à cause de la nuit et du brouillard. Les passagers dormaient.

Le *Normandy* était un très grand navire, le plus beau peut-être des bateaux-poste de la Manche, 600 tonneaux,

1. *Asphyxié* : privé de respiration, faute d'air.

2. *Édouard Laboulaye* : publiciste et jurisconsulte contemporain, a publié deux ouvrages satiriques qui eurent un vif succès : *Paris en Amérique* et le *Prince Caniche*.

3. Charpentier, éditeur.

4. Prononcez *stimeur*; bateau à vapeur.

220 pieds [1] anglais de long, 25 de large; il était « jeune », comme disent les marins, il n'avait pas sept ans.

Le brouillard s'épaississait, on était sorti de la rivière de Southampton, on était en pleine mer, à environ 15 milles au delà des Aiguilles. Il était quatre heures du matin.

L'obscurité était absolue, une sorte de plafond bas enveloppait le steamer; on distinguait à peine la pointe des mâts.

Tout à coup dans la brume une noirceur surgit, fantôme et montagne, un promontoire d'ombre courant dans l'écume et trouant les ténèbres. C'était la *Mary*, grand steamer à hélice, venant d'Odessa, avec un chargement de 500 tonnes de blé; vitesse énorme, poids immense. La *Mary* courait droit sur le *Normandy*.

Nul moyen d'éviter l'abordage, tant ces spectres de navires dans le brouillard se dressent vite.

Avant qu'on ait achevé de les voir, on est mort.

La *Mary*, lancée à toute vapeur, prit le *Normandy* par le travers et l'éventra.

Du choc, elle-même, avariée, s'arrêta.

Il y avait sur le *Normandy* vingt-huit hommes d'équipage, une femme de service et trente et un passagers, dont douze femmes.

La secousse fut effroyable. En un instant, tous furent sur le pont, hommes, femmes, enfants, demi-nus, courant, criant, pleurant. L'eau entrait, furieuse.

Le navire n'avait pas de cloisons étanches [2], les ceintures de sauvetage manquaient.

Le capitaine Harvey, droit sur la passerelle de commandement, cria : « Silence tous, et attention! Les canots à la mer. Les femmes d'abord, les passagers ensuite, l'équipage après. Il y a soixante personnes à sauver. »

On était soixante et un, mais il s'oubliait.

On détacha les embarcations. Tous s'y précipitaient.

Cette hâte pouvait faire chavirer [3] les canots.

Ockleford, le lieutenant, et les trois contremaîtres, continrent cette foule éperdue d'horreur [4]. Dormir, et tout à coup, et tout de suite, mourir, c'est affreux.

---

1. Le pied anglais vaut 30 centimètres.

2. *Étanche* : ce qui retient les liquides. *Cloisons étanches* : compartiments ménagés dans la coque d'un navire pour le rendre insubmersible.

3. *Chavirer* : tourner sens dessus dessous.

4. *Éperdue d'horreur* : égarée par l'effroi.

Cependant, au-dessus des cris et des bruits, on entendait la voix grave du capitaine, et ce bref dialogue s'échangeait dans les ténèbres :

« Mécanicien Locks? — Capitaine? — Comment est le fourneau? — Noyé. — Le feu? — Éteint. — La machine? — Morte. »

Le capitaine cria : « Lieutenant Ockleford? » Le lieutenant répondit : « Présent. » Le capitaine reprit : « Combien avons-nous de minutes? — Vingt. — Cela suffit, dit le capitaine. Que chacun s'embarque à son tour.

« Lieutenant Ockleford, avez-vous vos pistolets? — Oui,

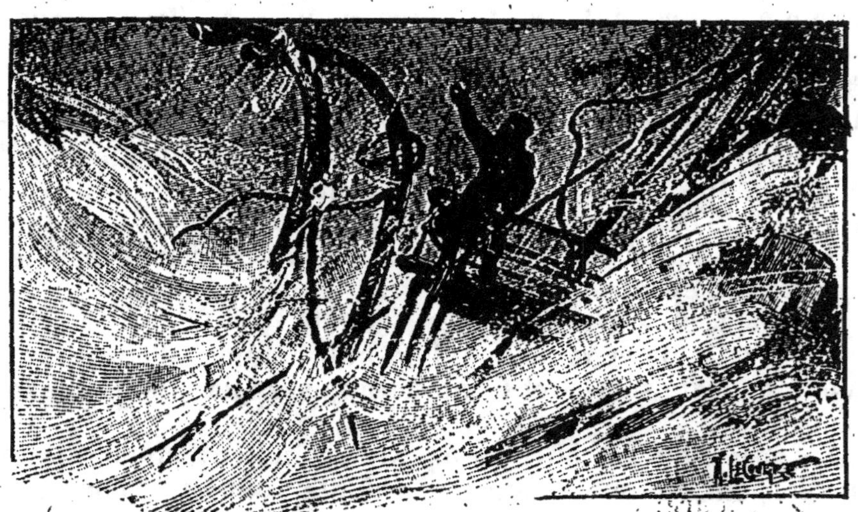

Le capitaine entra dans l'abîme.

capitaine. — Brûlez la cervelle à tout homme qui voudrait passer avant une femme. »

Tous se turent. Personne ne résista, cette foule sentant au-dessus d'elle cette grande âme.

La *Mary*, de son côté, avait mis ses embarcations à la mer, et venait au secours de ce naufrage qu'elle avait fait.

Le sauvetage s'opéra avec ordre et presque sans lutte. Il y avait, comme toujours, de tristes égoïsmes; il y eut aussi de pathétiques dévouements[1].

Harvey, impassible à son poste de capitaine, commandait, dominait, dirigeait, s'occupait de tout et de tous, et

1. Il y eut des gens qui ne pensèrent qu'à sauver leur personne et d'autres au contraire qui se sacrifièrent eux-mêmes pour sauver les autres.

semblait donner des ordres à la catastrophe. On eût dit que le naufrage lui obéissait.

A un certain moment il cria : « Sauvez Clément ! »

Clément, c'était le mousse, un enfant.

Le navire décroissait lentement dans l'eau profonde. On hâtait le plus possible le va-et-vient des embarcations entre le *Normandy* et la *Mary*.

« Faites vite ! » criait le capitaine.

A la vingtième minute le steamer sombra.

L'avant plongea d'abord, puis l'arrière.

Le capitaine Harvey, debout sur la passerelle, ne fit pas un geste, ne dit pas un mot, et entra immobile dans l'abîme. On vit, à travers la brume sinistre, cette statue noire s'enfoncer dans la mer.

Ainsi finit le capitaine Harvey.

Pas un marin de la Manche ne l'égalait.

Après s'être imposé toute sa vie le devoir d'être un homme, il usa en mourant du droit d'être un héros.

Victor Hugo [1], Pendant l'exil.

1. *Victor Hugo* : voir p. 36, n. 1.

CHAPITRE IV

DEVOIRS ENVERS LES ANIMAUX

NOTE POUR LES MAÎTRES

Moins encore que ses obligations envers ses semblables, l'enfant sent les liens qui l'unissent à toute la nature vivante. Il est trop individualiste pour être naturellement bon. Il ne se rend pas compte de l'atrocité des traitements qu'il inflige parfois à de êtres faibles et souffrants, parce qu'il ne saisit entre eux et lui aucune analogie; il les considère comme de simples jouets, comme des choses.

I importe de faire remarquer à l'enfant que les bêtes ont des sentiments : amitié, fidélité, tendresse, générosité, désir, désespoir. Leur colère n'est généralement que de la défiance. Elles sont simples et redoutent notre malice. Mais, rassurées sur nos intentions à leur égard, elles se confient à nous avec une aimable naïveté.

Ce n'est pas seulement par bonté que nous devons protéger les animaux : c'est par justice. Chaque jour nous en tuons pour notre subsistance. Chaque jour aussi nous imposons pour notre service de rudes travaux à bon nombre d'entre eux. Après nous être nourris de leur sang et de leur travail, il est odieux à nous de les torturer encore par simple amusement.

Un moineau héroïque.

Je revenais de la chasse et je marchais le long d'une allée de mon jardin. Mon chien Trésor courait devant moi. Tout à coup, il raccourcit son pas et se mit à marcher avec précaution, comme s'il flairait [1] du gibier devant lui.

1. *Flair* : odorat subtil du chien.

Je regardai le long de l'allée; et je vis un jeune moineau, le jaune au bec, le duvet sur la tête. Il était tombé de son nid (le vent balançait avec force les bouleaux de l'allée) et se tenait tout coi [1], écartant piteusement ses petites ailes emplumées.

Trésor s'approchait de lui, tous les muscles tendus, quand, tout à coup, s'arrachant d'un arbre voisin, un

Le moineau sacrifiait sa vie.

vieux moineau à poitrine noire tomba comme une pierre, juste devant la gueule du chien, et, tout hérissé, éperdu, pantelant [2] avec un piaillement plaintif, il sauta par deux fois dans la direction de cette gueule ouverte et armée de dents crochues. Il s'était précipité pour sauver son enfant, il voulait lui servir de rempart.

Mais tout son petit corps frémissait de terreur, son cri était rauque [3] et sauvage; il se mourait, il sacrifiait sa vie.

Quel énorme monstre le chien devait paraître à ses yeux! Et pourtant, il n'avait pas pu rester sur sa branche, si haute et si sûre; une force plus puissante que sa volonté l'en avait précipité. Trésor s'arrêta, recula. Je me hâtai d'appeler mon chien tout confus, et je m'éloignai plein d'une sorte de saint respect. Oui, ne riez pas, c'était bien

1. *Coi* : sans bouger.　　　3. *Rauque* : sa voix était comme en-
2. *Pantelant* : palpitant.　　rouée par la terreur.

du respect que j'éprouvais devant ce petit oiseau héroïque, devant l'élan de son amour.

Yvan Tourgueneff [1], *Récits d'un chasseur* [2].

Désespoir d'un oiseau.

Le jour s'était levé, un jour clair et bleu; le soleil apparaissait au fond de la vallée et nous songions à repartir, quand deux oiseaux, le col droit et les ailes tendues, glissèrent brusquement sur nos têtes. Je tirai. Un d'eux tomba presque à mes pieds. C'était une sarcelle au ventre d'argent. Alors, dans l'espace au-dessus de moi, une voix, une voix d'oiseau cria. Ce fut une plainte courte, répétée, déchirante; et la bête, la petite bête épargnée se mit à tourner dans le bleu du ciel au-dessus de nous en regardant sa compagne morte que je tenais entre mes mains.

Mon compagnon Karl, à genoux, le fusil à l'épaule, l'œil ardent, la guettait, attendant qu'elle fût assez proche.

« Tu as tué la femelle, dit-il, le mâle ne s'en ira pas. »

Certes, il ne s'en allait point; il tournoyait toujours, et pleurait autour de nous. Jamais gémissement de souffrance ne me déchira le cœur comme l'appel désolé, comme le reproche lamentable de ce pauvre animal perdu dans l'espace.

Parfois, il s'enfuyait sous la menace du fusil qui suivait son vol; il semblait prêt à continuer sa route, tout seul à travers le ciel. Mais ne s'y pouvant décider, il revenait bientôt pour chercher sa femelle.

« Laisse-la par terre, me dit Karl, il approchera tout à l'heure. »

Il approchait, en effet, insouciant du danger, affolé par son amour de bête, pour l'autre bête que j'avais tuée.

Karl tira; ce fut comme si on avait coupé la corde qui tenait suspendu l'oiseau. Je vis une chose noire qui tombait; j'entendis dans les roseaux le bruit d'une chute. Et mon chien me le rapporta.

1. *Yvan Tourgueneff* : romancier russe (1818-1883). Il composa des poésies, surtout sur des sujets nationaux. Exilé de son pays, il vécut à Paris. Ses drames, ses comédies, ses romans nous ont initiés aux mœurs russes.

2. Hetzel, éditeur.

Je les mis, froids déjà, dans le carnier... et je repartis, ce jour-là, pour Paris.

MAUPASSANT [1], *Le Horla* [2].

Le premier vol de l'hirondelle.

Voulez-vous voir deux choses étonnamment analogues [3]? Regardez d'une part la femme au premier pas de l'enfant, et, d'autre part, l'hirondelle au premier vol du petit.

C'est la même inquiétude, les mêmes encouragements, les exemples et les avis : « Rassure-toi..., rien n'est plus facile. » En réalité, les deux mères frémissent intérieurement.

Les leçons sont curieuses. La mère se lève sur ses ailes; il regarde attentivement, et se soulève un peu aussi. Puis, vous la voyez voleter; il regarde, agite ses ailes... Tout cela va bien encore, cela se fait dans le nid.... La difficulté commence pour se hasarder d'en sortir. Elle l'appelle et lui montre quelque petit gibier tentant; elle lui promet récompense, elle essaye de l'attirer par l'appât d'un moucheron.

Le petit hésite encore. Mettez-vous à sa place. Il ne s'agit point ici de faire un pas dans une chambre, entre la mère et la nourrice, pour tomber sur des coussins: Cette hirondelle d'église, qui professe au haut de sa tour sa première leçon de vol, a peine à enhardir son fils, à s'enhardir peut-être elle-même à ce moment décisif. Tous deux, j'en suis sûr, du regard plus d'une fois mesurent l'abîme et regardent le pavé. Pour moi, je le déclare, le spectacle est grand, émouvant.... Tremblant, le petit part, soutenu du paternel souffle du ciel [4], des cris rassurants de sa mère : tout est fini.... Désormais, il volera indifférent par les vents et les orages....

MICHELET [5], *L'oiseau* [6].

L'Oiseau en cage.

Voilà sur ma fenêtre un oiseau qui vient visiter le mien. Il a peur, il s'en va et le pauvre prisonnier s'attriste, s'agite comme pour s'échapper. Je ferais comme lui si j'étais à sa

---

1. Voir p. 183, n. 1.
2. Ollendorff, éditeur.
3. *Analogues* : ressemblantes.

4. D'un vent doux.
5. Voir p. 95, n. 1.
6. Flammarion, éditeur.

place, et cependant je le retiens. Vais-je lui ouvrir? Il irait voler, chanter, faire son nid; il serait heureux; mais je ne l'aurais plus, et je l'aime et je veux l'avoir. Je le garde. Pauvre petit linot, tu seras toujours prisonnier; je jouis de toi aux dépens de ta liberté, je te plains et je te garde.

Voilà comment le plaisir l'emporte sur la justice.

EUGÉNIE DE GUÉRIN [1].

La mort d'un bouvreuil.

L'aube sur l'herbe tendre avait semé ses perles,
Et je courais les prés à la piste des merles,

Il mourut à mes pieds.

Écolier en vacance; et l'air frais du matin,
L'espoir de rapporter un glorieux butin,
Le bonheur d'être loin des livres et des thèmes,
Enivraient mes quinze ans tout enivrés d'eux-mêmes.

1. Voir p. 19, n. 2.

Tel j'allais par les prés. Or un joyeux bouvreuil,
Son poitrail rouge au vent, son bec ouvert, et l'œil
En feu, jetait au ciel sa chanson matinale,
Hélas! qu'interrompit soudain l'arme brutale.
Quand le plomb l'atteignit tout sautillant et vif,
De son gosier saignant un petit cri plaintif
Sortit, quelque duvet vola de sa poitrine;
Puis, fermant ses yeux clairs, quittant la branche fine,
Dans les joncs et les buis de son meurtre souillés,
Lui, si content de vivre, il mourut à mes pieds!
Ah! d'un bon mouvement qui passe sur notre âme
Pourquoi rougir? la honte est au railleur qui blâme.
Oui, sur ce chanteur mort pour mon plaisir d'enfant,
Mon cœur, à moi chanteur [1], s'attendrit bien souvent.
Frère ailé, sur ton corps je versai quelques larmes.
Pensif, et m'accusant, je déposai mes armes.
Ton sang n'est point perdu. Nul ne m'a vu depuis
Rougir l'herbe des prés et profaner les buis.
J'eus pitié des oiseaux, et j'ai pitié des hommes [2].
Pauvret, tu m'as fait doux au dur siècle où nous sommes.

BRIZEUX [3].

Mes amies les abeilles.

J'avais une autre petite famille au bout du jardin :
c'étaient des abeilles. Je ne manquais guère d'aller leur
rendre visite; je m'intéressais beaucoup à leur ouvrage;
je m'amusais infiniment à les voir revenir de la picorée [4],
leurs petites cuisses quelquefois si chargées qu'elles
avaient peine à marcher. Les premiers jours, la curiosité
me rendit indiscret, et elles me piquèrent deux ou trois
fois; mais ensuite nous fîmes si bien connaissance, que,
quelque près que je vinsse, elles me laissaient faire; et
quelques pleines que fussent les ruches prêtes à jeter leur
essaim, j'en étais quelquefois entouré, j'en avais sur les
mains, sur le visage, sans qu'aucune me piquât jamais.

1. Le poète est un chanteur aussi.
2. Le bon sentiment devient plus général et plus élevé.
3. *Brizeux* (1806-1858) : poète, né à Lorient, a chanté surtout sa terre natale, la Bretagne, et ses compatriotes les Bretons. Auteur de *Marie, les Bretons, les Ternaires, Histoires poétiques*.
4. *Picorée* : terme propre pour désigner la pâture des abeilles.

Tous les animaux se défient de l'homme et n'ont pas tort; mais sont-ils sûrs une fois qu'on ne leur veut pas nuire, leur confiance devient si grande, qu'il faut être plus que barbare pour en abuser.

J.-J. ROUSSEAU[1].

Le chat de la vieille femme.

Je vis un jour, sous une porte cochère, une bonne femme qu'entourait un cercle de badauds[2].

Elle était assise par terre contre la muraille; elle avait sur ses genoux le corps pantelant[3] d'un chat et elle san-

La bonne femme pleurait toujours.

glotait. On me raconta le drame. Le matou était tombé du troisième étage, sain et sauf, paraît-il, mais un peu étourdi de la culbute; un mauvais gamin en avait profité pour le saisir et le jeter sous les roues d'une voiture qui passait. La bonne femme pleurait toujours; autour d'elle, les uns riaient, les autres essayaient de la consoler; enfin, levant vers un des assistants sa figure ridée, toute ruisselante : « Je sais bien que ce n'était qu'un chat; dit-elle; mais c'était

1. Voir p. 91, n. 2.
2. *Badaud* : niais qui perd son temps à regarder tout ce qu'il rencontre.

3. *Pantelant* : palpitant encore avant d'avoir l'immobilité de la mort.

ma petite fille qui l'avait élevé, elle est morte aussi, à qui pourrai-je désormais parler d'elle?

G. DE CHERVILLE[1], *Les bêtes en robe de chambre*[2].

Le chien Noiraud.

(UN BON GUIDE)

L'auteur, voyageant en Suisse, a manqué le train qu'il devait prendre et se voit obligé de passer trois grandes heures dans un petit village peu intéressant du canton de Vaud. Pour employer ce temps aussi agréablement que possible, il va chez un guide, avec l'intention de se faire conduire *au Chaudron*, une curiosité du pays. La femme du guide le reçoit, et, ici, nous laissons la parole à l'auteur.

« Mon mari ne peut pas sortir, monsieur. Seulement, ne vous inquiétez pas, il y a quelqu'un pour le remplacer..., il y a notre chien.

— Comment! votre chien?

— Oui, Noiraud...; il vous conduira très bien..., aussi bien que mon mari...; il a l'habitude....

— L'habitude?

— Certainement; depuis des années et des années, le père Simon l'emmène avec lui...; alors il a appris à connaître les endroits...; il a bien souvent conduit des voyageurs et nous en avons toujours eu des compliments. Pour ce qui est de l'intelligence, il en a autant que vous et moi. Il ne lui manque que la parole..., mais ça n'est pas nécessaire, la parole...; si c'était pour montrer un monument, oui, parce qu'alors il faut savoir faire des récits et dire des dates historiques, mais ici, il n'y a que des beautés de la nature. Prenez Noiraud. Et puis, ça vous coûtera moins cher..., c'est trois francs, mon mari; Noiraud, ça n'est que trente sous, et il vous en fera voir pour trente sous, autant que mon mari pour trois francs...; je l'appelle, pas vrai?

— Oui, appelez-le.

— Noiraud! Noiraud! »

Il arriva. C'était un petit chien noir, à longs poils frisés

1 Marquis *de Cherville* : écrivain contemporain, a surtout décrit la *vie à la Campagne*.
2. Firmin-Didot, éditeur.

et ébouriffés. Il ne payait pas de mine, mais il avait cependant dans toute sa personne un certain air de gravité, de décision, d'importance Son premier regard fut pour moi; un regard qui disait clairement : C'est un voyageur. Il veut aller voir le Chaudron.

J'en avais, pour ce jour-là, assez d'un train manqué, et je tenais à ne pas avoir une seconde fois pareille mésaventure. J'expliquai à cette brave femme que je n'avais que trois heures pour ma promenade au Chaudron.

« Oh! je sais bien, me dit-elle, vous voulez prendre le train de quatre heures. Ne craignez rien, Noiraud vous ramènera à temps...; allons, Noiraud, en route, mon garçon, en route au Chaudron! »

Noiraud vint se planter en face de moi et, du regard, me montrant la porte, il me dit, aussi nettement qu'il était permis à un chien de le faire :

« Allons, venez, vous!... »

Je le suivis docilement. Nous partîmes tous les deux, lui devant, moi derrière. Nous traversâmes ainsi tout le village.... Des enfants qui gaminaient dans la rue reconnurent mon guide.

« Hé, Noiraud! Bonjour, Noiraud! »

Ils voulaient jouer avec le chien; mais il tourna la tête de l'air d'un chien qui n'a pas le temps de s'amuser, d'un chien qui est en train de faire son devoir et de gagner trente sous. Un des enfants s'écria :

« Laissez-le donc! Il conduit le m'sieu au Chaudron... Bonjour, m'sieu! »

Et tous de rire, en répétant :

« Bonjour, m'sieu! »

Je souriais, mais gauchement, j'en suis sûr. Je me sentais embarrassé, un peu humilié, même. J'étais, en somme, dominé par cet animal. Il était, pour le moment, mon maître. Il savait où il allait, et moi, je ne le savais pas. J'avais hâte de sortir du village et de me trouver seul avec Noiraud, en face de ces beautés de la nature qu'il avait mission de me faire admirer.

Ces beautés de la nature furent, pour commencer, une affreuse route poudreuse et brûlante, sous un soleil de plomb. Le chien marchait d'un pas alerte et je me fatiguais à le suivre. J'essayai de modérer son allure : « Noiraud! allons, Noiraud..., mon garçon, pas si vite! » Noiraud fai-

sait la sourde oreille, poursuivait, sans vouloir m'entendre, son petit bonhomme de chemin, et fut pris brusquement d'un véritable accès de colère quand je voulus m'asseoir au coin d'un champ, sous un arbre qui donnait une ombre grêle. Il aboyait d'une petite voix rageuse, me jetait des regards irrités.... Évidemment, ce que je fai-
sais était contraire à la règle.... On n'avait pas la coutume de s'arrêter là.... Je me levai pour reprendre ma route. Noiraud se calma tout aussitôt et se remit à trottiner gaiement devant moi. Je l'avais com-
pris. Il était content.

Quelques minutes après, nous entrions dans un délicieux che-
min, tout fleuri, tout ombreux, tout parfumé, tout plein de fraîcheur et du murmure des sources....Noiraud, tout aussitôt, se glissa sous bois, prit le galop et disparut dans le petit sentier....Je n'avais pas

« Allons, Noiraud, en route ! »

fait une centaine de pas que je le trouvai qui m'attendait, la tête haute et l'œil brillant, dans une sorte de salle de verdure égayée par la chanson d'une mignonnette cascade. Il y avait là un vieux banc rustique, et le regard de Noiraud allait avec agitation de mes yeux à ce banc et de ce banc à mes yeux. Je commençais à comprendre le langage de Noiraud.

« A la bonne heure, me disait-il, voilà une place pour s'arrêter... Il fait bon ici..., il fait frais.... Allons, assieds-
toi..., tu peux t'asseoir, je te le permets. »

Et je m'arrêtai, et je m'assis, et j'allumai un cigare. Je fis presque le mouvement d'en offrir un à Noiraud. Il fumait peut-être.... Mais il s'était déjà couché et assoupi à mes pieds.... Il était habitué à faire à cette place une petite halte et une petite sieste [1].

Il ne dormit guère qu'une dizaine de minutes. J'étais, d'ailleurs, parfaitement tranquille; Noiraud commençait à m'inspirer une confiance absolue. J'étais résolu à lui obéir aveuglément. Il se leva, s'étira, me jeta ce petit regard de côté qui signifiait : « En route, mon ami, en route! » Et nous voilà tous deux cheminant sous bois, mais d'une allure plus lente; évidemment Noiraud goûtait le charme, le silence et la douceur du lieu....

Le chemin devient très montueux, très accidenté, très dur.... Je n'avance plus que lentement, avec des précautions infinies. Noiraud, lui, saute lestement de roche en roche, mais il ne m'abandonne pas.... Il m'attend. Enfin je commence à entendre comme un bouillonnement; Noiraud se met à japper joyeusement.

« Courage, me dit-il, courage. Nous arrivons.... Tu vas voir le Chaudron. »

C'est, en effet, le Chaudron. Une source assez modeste, d'une hauteur également modeste, tombe dans une grande roche légèrement creusée. Je ne me consolerais pas d'avoir fait cette laborieuse ascension pour voir cette très médiocre merveille, si je n'avais eu pour compagnon de route ce brave Noiraud, qui est, lui, bien autrement intéressant et bien autrement merveilleux que le Chaudron.

Tous deux, satisfaits l'un de l'autre, respirant à pleins poumons l'air vif et léger de la montagne, nous passons, à trois ou quatre cents mètres d'altitude, une demi-heure délicieuse. Puis, Noiraud commence à donner quelques signes d'impatience et d'agitation. Je lis maintenant dans ses yeux à livre ouvert. Il faut partir.... Je me lève, et pendant que je m'en vais à droite, vers le chemin qui nous a conduits sur la montagne, je vois mon Noiraud qui va se planter à gauche à l'entrée d'un autre chemin. Il attache sur moi un regard sérieux, sévère. Que de progrès j'ai faits depuis deux heures, et comme la silencieuse éloquence de Noiraud m'est devenue familière!

« Quelle opinion as-tu de moi? me dit Noiraud.... Crois-tu que je vais te faire faire deux fois la même route? Non pas,

____

1. *Sieste* : sommeil auquel on se livre dans les pays chauds après le repas de midi.

vraiment!... Nous allons redescendre par un autre chemin. »

Nous redescendons par cet autre chemin. Mon guide me laisse tout le loisir d'admirer un très remarquable point de vue et, quand nous nous séparons à la gare, voici comment je traduis en bon français le dernier regard de Noiraud :

« Nous sommes en avance de vingt minutes. Ce n'est pas moi qui t'aurais fait manquer le train ! »

Ludovic Halévy [1]

Viande de boucherie.

Au milieu de l'océan Indien, un soir triste où le vent commençait à gémir.

Deux pauvres bœufs nous restaient, de douze que nous avions pris à Singapoor pour les manger en route. On les avait ménagés, ces derniers, parce que la traversée se prolongeait, contrariée par la mousson mauvaise.

Deux pauvres bœufs étiolés [2], amaigris, pitoyables, la peau déjà usée sur les saillies des os par les frottements du roulis [3]. Depuis bien des jours ils naviguaient ainsi misérablement, tournant le dos à leur pâturage de là-bas où personne ne les ramènerait plus jamais, attachés court, par les cornes, à côté l'un de l'autre et baissant la tête avec résignation chaque fois qu'une lame [4] venait inonder leur corps d'une nouvelle douche si froide; l'œil morne, ils ruminaient ensemble un mauvais foin mouillé de sel, bêtes condamnées, rayées par avance sans rémission du nombre des bêtes vivantes, mais devant encore souffrir longuement avant d'être tuées; souffrir du froid, des secousses, de la mouillure, de l'engourdissement, de la peur....

Ils ruminaient avec des lenteurs de malades, leurs gros yeux atones restant fixés sur ces sinistres lointains de la mer. Un à un, leurs compagnons avaient été abattus sur ces planches à côté d'eux; depuis deux semaines environ, ils vivaient donc plus rapprochés par leur solitude, s'ap-

---

1. *Ludovic Halévy* : voir p. 6, n 2.
2. *Étiolés* : voir p. 5, note 1.
3. *Roulis* : mouvement d'un vaisseau qui incline alternativement à droite et à gauche.
4. *Lame* : masse d'eau de mer que le vent soulève.

puyant l'un sur l'autre au roulis, se frottant les cornes, par amitié.

Et voici que le personnage chargé du service des vivres (celui que nous appelons à bord le maître commis) monta vers moi sur la passerelle, pour me dire dans les termes consacrés : « Cap'taine, on va tuer un bœuf. »

Un cercle de matelots se forma autour de la boucle où l'on devait l'attacher pour l'exécution, — et, des deux qui restaient, on alla chercher le plus infirme, un qui était déjà

Il se mit à lui frotter le museau.

presque mourant et qui se laissa emmener sans résistance.

Alors, l'autre tourna lentement la tête, pour le suivre de son œil mélancolique, et, voyant qu'on le conduisait vers ce même coin de malheur où tous les précédents étaient tombés, *il comprit*; une lueur se fit dans son pauvre front déprimé de bête ruminante et il poussa un beuglement de détresse.... Oh! le cri de ce bœuf, c'est un des sons les plus lugubres qui m'aient jamais fait frémir, en même temps que c'est une des choses les plus mystérieuses que j'aie jamais entendues.... Il y avait là-dedans du lourd reproche contre nous tous, les hommes, et puis aussi une sorte de navrante résignation; je ne sais quoi de contenu, d'étouffé, comme s'il avait profondément senti combien son gémissement était inutile et son appel écouté de personne. Avec la conscience d'un universel abandon, il avait l'air de dire : Ah! oui..., voici l'heure inévitable arrivée, pour celui qui était mon dernier frère, qui était venu avec moi de là-bas, de la patrie où l'on courait dans les herbages. Et mon tour sera bientôt, et pas un être au monde n'aura pitié, pas plus de moi que de lui,... »

En effet, il n'avait plus aucun secours à attendre de personne, car même moi qui avais si bien senti la détresse suprême de son cri, je restai raide et impassible à ma place en détournant les yeux.... A cause du désespoir d'une bête, n'est-ce pas, on ne va pas changer la direction d'un navire et empêcher trois cents hommes de manger leur ration de viande fraîche ! On passerait pour un fou, si seulement on y arrêtait une minute sa pensée.

Cependant un petit gabier[1] — qui peut-être, lui aussi, était seul au monde et n'avait jamais trouvé de pitié — avait entendu son appel, entendu au fond de l'âme comme moi. Il s'approcha de lui, et, tout doucement, il se mit à lui frotter le museau.

La bête lui rendit bien sa caresse en le regardant avec de bons yeux et en lui léchant la main. Mais c'était fini, l'éclair d'intelligence qui avait passé sous son crâne bas et fermé venait de s'éteindre. Il s'était remis à ruminer tranquillement, le pauvre bœuf; sa courte intelligence n'allait pas plus loin ; il ne pensait plus à rien ; il ne se souvenait plus.

Pierre Loti[2], Le livre de la pitié et de la mort[3].

Le vieux cheval.

Chez nous vivait un très vieil homme, Pimen Timophéitch. Il avait quatre-vingts ans. Il demeurait sans rien faire chez son petit-fils. Son dos était tout voûté, il s'aidait d'un bâton pour marcher et traînait péniblement ses pieds. Il n'avait plus une seule dent, son visage était ridé, sa lèvre inférieure pendait; quand il parlait, on ne pouvait comprendre ce qu'il disait.

Nous étions quatre frères, et tous quatre nous aimions monter à cheval. Mais nous n'avions pas de monture assez douce pour nous : on ne nous laissait qu'un vieux cheval,

---

1. *Gabier*: matelot chargé du soin de la mâture.

2. Voir p. 27, n. 1.

3. Calmann-Lévy, éditeur.

appelé Voronok. Un jour, notre maman nous permit une promenade, et nous courûmes tous à l'écurie avec notre précepteur. Le cocher nous sella Voronok, et l'aîné monta le premier. Longtemps il chevaucha; il alla jusqu'à l'aire, fit le tour du jardin; quand il fut près de nous, nous lui criâmes :

« Eh bien! galope, maintenant! »

Il se mit à frapper sa bête des pieds et de la cravache et Voronok passa au galop devant nous.

Après l'aîné, le cadet. Lui aussi il chevaucha longtemps; lui aussi, à coups de cravache, mit au galop Voronok et dévala du coteau à fond de train. Il voulait poursuivre, mais le troisième frère le supplia de descendre.

Le troisième, comme les autres, alla jusqu'a l'aire, fit le tour du jardin, traversa le village et dévala au galop du coteau vers l'écurie. Lorsqu'il fut près de nous, Voronok souffla bruyamment; son cou et ses épaules étaient couverts de sueur.

Quand mon tour arriva, je voulus étonner mes frères et leur montrer mon adresse à monter à cheval. Je me mis à lancer Voronok au grand galop, mais celui-ci ne voulait point s'éloigner de l'écurie. Et, malgré mes coups, il se refusa à courir; il avait peur et se retournait à tout moment.

Je m'emportai contre lui et le frappai à toute volée de la cravache et des talons. J'essayai de l'atteindre aux endroits les plus sensibles, je cassai la cravache et, du manche brisé, je me mis à lui cogner la tête. Mais Voronok ne voulait toujours pas galoper. Alors je me tournai vers le précepteur et le priai de me donner une cravache un peu plus forte, il me répondit :

« C'est assez chevauché monsieur, descendez. Quoi! martyriser ce cheval! » J'en eus de l'humeur :

« Comment, ripostai-je; je n'ai pas chevauché du tout! Vous verrez comme je vais galoper. Donnez-moi, je vous prie, une cravache un peu plus forte. Je saurai bien l'échauffer. »

Alors le précepteur, hochant la tête, dit :

« Ah! monsieur, vous n'avez pas de pitié. Pourquoi l'échauffer? Il a vingt ans. Ce cheval est accablé de fatigue, il respire à peine; il est si vieux!... C'est comme Pimen Timophéitch. Monteriez-vous sur Pimen, et le lanceriezvous au grand galop à coups de cravache? Est-ce que vous n'auriez pas de pitié? »

Je me souvins de Pimen et j'obéis au précepteur. Je descendis du cheval, et quand je le vis les flancs en nage, respirant péniblement de ses narines et remuant sa courte queue pelée, je compris ce qu'il avait dû souffrir. Moi qui

J'embrassai son cou mouillé de sueur.

le croyais aussi joyeux que moi!... J'avais tant de pitié pour Voronok que je lui embrassai son cou tout mouillé de sueur en lui demandant pardon de l'avoir battu.

J'ai bien grandi depuis lors, mais j'ai pitié des chevaux, et, quand j'en vois martyriser, toujours je me souviens de Voronok et de Pimen Timophéitch.

Léon Tolstoï [1], Pour les Enfants [2].

Le roulier et son cheval.

Le pesant chariot porte une énorme pierre;
Le limonier [3], suant du col à la croupière [4],

1. Voir p. 1, n. 1.
2. Savine, éditeur.
3. *Limonier* : cheval placé entre les limons ou brancards de la charrette,

et qui peine plus que ceux placés en flèche.
4. *Croupière* : longe de cuir qui passe sous la queue du cheval attelé.

Tire, et le roulier fouette, et le pavé glissant
Monte, et le cheval triste a le poitrail en sang.
Il tire, traîne, geint, tire encore et s'arrête ;
Le fouet noir[1] tourbillonne au-dessus de sa tête ;
L'animal éperdu ne peut plus faire un pas ;
Il sent l'ombre sur lui peser ; il ne sait pas,
Sous le bloc qui l'écrase et le fouet qui l'assomme,
Ce que lui veut la pierre et ce que lui veut l'homme.

Il frappe avec le manche.

Et ce roulier n'est plus qu'un orage de coups
Tombant sur ce forçat qui traîne des licous,
Qui souffre et ne connaît ni repos ni dimanche.
Si la corde se casse, il frappe avec le manche,
Et, si le fouet se casse, il frappe avec le pied ;
Et le cheval tremblant, hagard, estropié,
Baisse son cou lugubre et sa tête égarée ;
On entend, sous les coups de la botte ferrée,
Sonner le ventre nu du pauvre être muet !
Il râle ; tout à l'heure encore il remuait ;
Mais il ne bouge plus et sa force est finie ;
Et les coups furieux pleuvent ; son agonie
Tente un dernier effort ; son pied fait un écart,
Il tombe, et le voilà brisé sous le brancard.

V. Hugo[2].

1. *Noir* : couleur de deuil, et, par extension, signe de tristesse et de douleur.
2. Voir p. 36, n. 1.

Histoire d'un âne.

Le givre[1] argentait les arbres des Champs-Élysées, à Paris.... C'était avenue de Montaigne, vers neuf heures du matin.... La bise[2] était rude au pauvre monde. On passait vite sur l'avenue, les femmes se voilant la figure, les hommes baissant la tête.... On n'eût pas mis un chien à la porte.

Je passais comme tout le monde. Une chiffonnière pâle et affamée, conduisait par la bride un pauvre petit âne qui avait l'air d'avoir cent ans, et qui traînait une pauvre petite charrette toute pleine des immondices[3] du quartier : chiffons, bouteilles cassées, journaux lus, bouquets dédaignés, casseroles trouées, ferrailles, croûtes de pain, en un mot, les mille riens qui sont la fortune des chiffonniers. La femme avait fait bonne récolte depuis minuit ; mais l'âne était à bout de forces.

... Il s'était arrêté court, comme s'il eût résolu de ne plus faire un pas ; ses jambes flageolaient[4] et menaçaient ruine ; il penchait la tête avec mélancolie[5], en âne recueilli qui pressent sa dernière heure.

Ce spectacle me navra, je m'arrêtai court comme lui. Un chiffonnier eût battu l'âne pour le ranimer, tout en l'injuriant, la chiffonnière regardait la pauvre bête d'un air compatissant, vrai regard de mère ou de sœur.

L'âne aussi la regarda ; et son œil disait : « C'est fini ! je suis au bout ; pour toi, j'ai passé toutes les nuits sans me plaindre jamais, parce que j'ai compris que ta misère était plus grande encore que la mienne ; tu as été bonne pour moi, tu ne m'as refusé ni le foin ni les caresses ; tu m'as donné la moitié de ton lit sur la paille.... Mais je meurs à la peine. »

La femme regardait toujours l'âne ; elle lui parla doucement :

« Allons, allons, mon cher Pierrot, ne vas-tu pas me laisser là ? »

---

1. *Givre* : cristaux de glace qui se forment sur les objets par un grand froid.
2. *Bise* : vent du Nord.
3. *Immondices* : ordures.
4. *Flageolaient* : tremblaient et se dérobaient de fatigue.
5. *Mélancolie* : tristesse.

Elle fit deux pas vers la petite voiture et déchargea le panier de verres cassés. « Allons! dit-elle encore, comme s'il eût compris; cette fois, tu peux marcher, Pierrot! »

Et elle se mit à la roue, mais l'âne ne broncha pas; il savait qu'il n'aurait pas la force d'aller jusqu'à Saint-Ouen, sa dernière patrie, sa dernière station dans la misère.

J'allais parler à la chiffonnière et à son âne; quand elle courut au prochain cabaret. L'animal la suivit des yeux avec une vague inquiétude. Il semblait qu'il eût peur de mourir sans sa maîtresse.

La chiffonnière revint bientôt, portant d'une main un morceau de pain, et de l'autre un morceau de sucre.

L'âne souleva la lèvre et tenta d'avancer les dents, de vrais touches de vieux clavecin[1]; mais, quoique ce fût l'heure du déjeuner, il laissa tomber le pain; il n'avait pas plus de force dans la bouche que dans les jambes.

La chiffonnière lui donna le sucre; il le prit comme pour lui faire plaisir, mais il le laissa tomber à côté du pain.

« Ah! mon Dieu, mon Dieu, quel malheur! » dit la chiffonnière.

Elle ne pensait plus du tout à ramener à la maison son bien; elle ne pensait qu'à son ami Pierrot. Elle jugea qu'il était perdu; deux grosses larmes perlèrent à ses yeux, elle ouvrit les bras, elle prit la tête de l'âne et l'embrassa comme un enfant. Cet embrassement fut un miracle, qui se traduisit d'abord par un cri du cœur : l'âne se mit à braire comme en ses meilleurs jours.

J'avais peur que ce ne fût le chant du cygne[2]. Mais Pierrot revenait à lui. Je m'étais retenu jusque-là, ému par le spectacle, mais alors je m'approchai et je tendis la main à la femme :

« C'est bien, madame, ce que vous avez fait là. — Ah! monsieur, dit-elle en pleurant, si vous saviez comme j'aime la bête! Figurez-vous que je l'ai sauvée de l'abattoir il y a sept ans de cela; dans ce temps-là je n'avais qu'une hotte; c'est avec mon crochet que j'ai élevé sept enfants. Il y en a quatre qui sont morts à la mamelle. Cet âne-là m'a souvent consolée.

« Aussi, je ne l'ai jamais battu, n'est-ce pas, Pierrot! »

---

1. *Clavecin* : ancien piano. Ce mot vient de *clavier*, dérivé, à son tour, de *clef*.

2. Selon une légende, le cygne ferait entendre, au moment de mourir, un chant mélodieux.

Le pauvre petit âne avait l'air d'être de la conversation; il dressait à demi ses oreilles et opinait du bonnet.

Un de mes amis passait, qui me demanda ce que je faisais là.

« Mon cher, je me fais un nouvel ami. »

Et je flattais l'âne de la main.

« Il a peut-être beaucoup d'esprit, me dit le nouveau venu, mais il n'est pas beau.

— Eh bien! moi, je le trouve superbe. Je voudrais bien

L'âne repartit.

vous voir à sa place. Croyez-moi, vous venez de faire comme moi une bonne rencontre. Voulez-vous être de moitié dans ma charité?

— De tout mon cœur.

— Eh bien! achetons cet âne pour lui donner ses Invalides [1]; il sera soigné par cette brave femme. »

La chiffonnière nous regardait d'un air sévère, craignant qu'on se moquât d'elle. Mais quand elle vit briller cinq louis, elle sourit doucement.

« Combien vous a coûté Pierrot?

— Dix francs.

— Eh bien! vous retournerez à l'abattoir, vous achèterez un autre âne et vous nourrirez celui-ci. »

1. Les Invalides sont un hospice militaire, fondé par Napoléon Ier, pour les soldats estropiés à la guerre.

Je donnai ma carte à la chiffonnière et je dis adieu à l'âne en lui caressant le museau.

Le miracle était opéré; l'âne, regaillardi, repartit presque gaîment. La chiffonnière se mit à la queue de la voiture pour aider son ami Pierrot.

Mais hélas! elle est venue le soir chez moi tout en larmes.

J'ai compris tout de suite.

« Oh! monsieur, il est défunt!

— Pauvre Pierrot!

— Quand vous l'avez vu, il mourait à regret, voilà pourquoi il a repris ses dernières forces pour arriver jusqu'à chez nous. Mais, quand il a vu notre baraque, il est tombé à genoux. J'ai voulu le relever, mais cette fois c'était bien fini. Mes enfants sont accourus. Tout le monde lui parlait et le caressait; il regardait d'un œil si désolé que c'était à fendre le cœur. Voyez-vous, il y en a dans le monde qui ne valent pas un pauvre âne comme Pierrot. Quand on pense qu'il a voulu mourir dans sa maison après avoir fait son travail de tous les jours! Oui, monsieur, il est mort à la porte....

— C'est le soldat qui achève de mourir après avoir brûlé sa dernière cartouche. »

La chiffonnière ouvrit la main où je vis luire les cinq louis du matin.

« Voilà vos cent francs, monsieur. »

J'avoue que je ne sais qui je dois le plus admirer, de Pierrot ou de la chiffonnière : l'âne qui accomplit son devoir, ou la femme d'une délicatesse si scrupuleuse dans sa misère.

Arsène Houssaye[1], Contes de toutes les couleurs[2].

La loi Grammont.

LOI DU 2 JUILLET 1850, DITE LOI GRAMMONT

Seront punis d'une amende de cinq à quinze francs, et pourront l'être d'un à cinq jours de prison, ceux qui auront

1. *Arsène Houssaye* : écrivain contemporain, romancier, auteur dramatique, poète, critique. Il fut administrateur de la Comédie-Française.

2. Flammarion, éditeur.

exercé publiquement et abusivement des mauvais traitements envers les animaux domestiques.

La peine de la prison sera toujours appliquée en cas de récidive.

PRINCIPAUX ACTES TOMBANT SOUS L'APPLICATION DE LA LOI GRAMMONT

Les coups violents répétés et manifestement abusifs.

Les blessures faites volontairement.

Le chargement ou le travail excessif.

La privation abusive d'air, de lumière ou de mouvement.

Les tentatives brutales pour faire relever les animaux tombés accidentellement ou ceux qui se sont abattus sous les fardeaux, sans prendre cette précaution, pourtant si simple, de les dételer ou de les décharger. Le fait de les abandonner, à moins de cas fortuit ou de force majeure, sans secours sur la voie publique.

Toute action qui a pour résultat de causer aux animaux des souffrances, des douleurs ou tourments, pour obtenir d'eux des efforts visiblement au-dessus de leurs forces.

L'entassement ou le mode vicieux de placement ou de suspension des veaux, moutons, volailles et autres animaux destinés au commerce et à l'alimentation publique, soit dans les voitures qui les transportent, soit dans les abattoirs, halles et marchés, toutes les fois qu'il en résulte des souffrances pour ces animaux.

Tous les jeux qui ont pour effet de causer une mutilation ou d'amener la mort des animaux.

Les procédés barbares qui prolongent l'agonie des animaux destinés à l'alimentation.

En un mot, selon la définition de la Cour de cassation :

« Tous mauvais traitements, qu'ils résultent, soit d'actes directs de violence ou de brutalité, soit de tous actes volontaires de la part des coupables *quand tous ces actes ont pour résultats d'occasionner* aux animaux des souffrances que la nécessité ne justifie pas. (Voir Arrêts de cassation, 22 août 1857 et 13 août 1858.)

Société protectrice des animaux[1].

RÉCOMPENSES DÉCERNÉES AUX AMIS DES ANIMAUX

La Société protectrice des animaux décerne chaque année des récompenses : aux propagateurs de son œuvre ; aux inventeurs d'appareils propres à soulager les animaux ; aux agents de la force publique signalés par leurs chefs comme ayant fait respecter les lois et les règlements qui répriment les actes de cruauté et les mauvais traitements envers les animaux ; aux agents de l'agriculture, bergers, serviteurs de ferme, palefreniers, conducteurs d'animaux ; aux cochers, aux garçons bouchers, aux maréchaux ferrants ; enfin à toute personne qui a fait preuve, à un haut degré, par de bons traitements ou des soins intelligents et soutenus, de compassion envers les animaux.

RÉPRESSION DES MAUVAIS TRAITEMENTS INFLIGÉS AUX ANIMAUX

Toute personne a le droit d'intervenir personnellement pour faire cesser des sévices exercés sur les animaux, lorsqu'elle en est témoin ou seulement informée. Si elle est membre de la Société protectrice des animaux, la présentation de sa carte-quittance lui facilite les moyens de requérir, dans le cas d'infraction à la loi du 2 juillet 1850 (loi Grammont) les agents de l'autorité, lesquels ont seuls le pouvoir de dresser des procès-verbaux.

A cet effet on peut :

1° Inviter un agent de l'autorité à dresser procès-verbal, s'il s'en trouve un sur les lieux ;

2° Signaler le fait, par écrit, à M. le Préfet de police[2] ; par écrit ou en personne, au commissaire de police du quartier.

Dans les localités où il n'y a pas de commissaire de police, il faut informer le maire ou ses adjoints, ou bien,

---

1. Reconnue d'utilité publique par décret en date du 22 décembre 1860. Le siège de la Société est à Paris, rue de Grenelle, 84. Elle comptait en 1891 4000 membres. La cotisation est de 10 francs par an ; elle est réduite à 5 francs pour les instituteurs, les institutrices, les écoles et les ministres de cultes reconnus.

2. Les lettres adressées à M. le Préfet de police jouissent de la franchise.

à leur défaut, soit le procureur de la République ou ses auxiliaires, soit le juge d'instruction, soit le juge de paix. On peut aussi informer le garde champêtre ou la gendarmerie.

Outre la dénonciation pour fait d'infraction à la loi Grammont émanant d'un témoin, tout propriétaire d'un animal blessé ou tué par un tiers pourra se constituer partie civile contre le délinquant, c'est-à-dire demander des dommages-intérêts pour le tort qui lui a été causé.

PRIX SPÉCIAUX INSTITUÉS PAR LA SOCIÉTÉ PROTECTRICE DES ANIMAUX POUR LES ENFANTS DES ÉCOLES

Indépendamment d'un livret de caisse d'épargne de 25 francs décerné chaque année à un élève d'une école communale en France, la Société donne, tous les ans, un prix consistant en un livre, à l'élève de *chacune des écoles affiliées à l'œuvre*, désigné par le suffrage de ses condisciples comme digne de cette récompense. Le programme des conditions à remplir est distribué au secrétariat de la Société.

LA PROTECTION DES OISEAUX UTILES

Les oiseaux, sans la guerre persistante qui leur est faite, pourraient seuls détruire les myriades d'insectes qui dévorent nos plantes et nos fruits, nos semences et nos récoltes de tous genres.

C'est au moment où les insectes exercent leurs plus grands ravages que les petits oiseaux reviennent dans nos contrées. Ils sont les meilleurs gardiens de nos champs, de nos vignes, de nos bois. Leur arrivée devrait être appréciée comme un bienfait; on les traite, au contraire, comme s'ils étaient le fléau de l'agriculture. L'enlèvement des nids, au printemps, détruit des milliers de ces intéressants et utiles auxiliaires.

Nous voyons, contrairement à ce qui se pratique en France, que l'Australie fait venir, à grands frais, de l'Europe, des oiseaux insectivores, destinés à protéger ses végétaux. Il en est de même aux États-Unis; à Philadelphie, des centaines de moineaux, venus de nos contrées, ont été lâchés pour détruire les chenilles qui dévastaient les jardins publics.

Chez nous, ce sont les enfants qui font la guerre la plus cruelle aux oiseaux. Il est temps qu'ils comprennent que c'est un triste plaisir, une action mauvaise et nuisible, que de faire périr les petits oiseaux gardiens de nos blés et de nos fruits, hôtes charmants de nos bois, dont ils sont la gaieté et la vie.

Il existe en France des sociétés de petits protecteurs des nids, déjà nombreuses, mais encore insuffisantes pour éviter le mal. Les jeunes membres de ces associations, dues à l'initiative des instituteurs, s'engagent à ne pas détruire les nids et à les protéger contre leurs camarades moins compatissants ou moins éclairés.

Sur 347 nids recueillis et surveillés par les membres d'une de ces sociétés, 318 couvées ont parfaitement réussi. Il est facile de calculer approximativement le nombre d'oiseaux qui en sont nés, le nombre d'insectes qu'ont mangés ces oiseaux, et l'immense quantité de produits agricoles qu'auraient détérioré ces mêmes insectes, s'ils eussent continué à vivre. Enfin, si l'on étend ce calcul à toute la surface cultivée de la France, l'on arrive à un chiffre qui correspond à une perte de plusieurs millions de francs.

LETTRE D'UN INSPECTEUR D'ACADÉMIE
AU PRÉSIDENT DE LA SOCIÉTÉ PROTECTRICE DES ANIMAUX

Lille, le 10 décembre 1890.

« Monsieur le Président,

« Continuant avec suite mon œuvre de propagande en faveur de la protection des animaux et oiseaux utiles, j'ai l'honneur, suivant l'usage, de vous faire connaître la situation de nos sociétés protectrices *scolaires* en fin d'année 1890.

« Le nombre de ces sociétés s'élève à 561. C'est dire que presque toutes les écoles du département du Nord qui peuvent en avoir en sont pourvues.

« Soumises au même règlement, surveillées et contrôlées avec soin, elles fonctionnent à peu près toutes d'une manière profitable. Elles obtiennent des résultats matériels et moraux. Maîtres et élèves rivalisent d'ardeur. L'institution est en bonne voie.

L'Inspecteur d'Académie, Directeur départemental
de l'Enseignement primaire du Nord,
BRUNEL.

CHEVAUX TOMBÉS SUR LA VOIE PUBLIQUE
PRÉCAUTIONS A PRENDRE POUR LES RELEVER

Il ne faut jamais tenter de faire relever un cheval à grands coups de fouet.

Premier soin à prendre dans tous les cas : appuyer les deux mains sur la tête de l'animal; sans cela, après l'avoir relevée, il la laisse retomber avec force sur le sol.

Sans abandonner la tête, il faut s'empresser d'enlever les harnais, en commençant par ceux qui attachent l'animal au véhicule, c'est-à-dire les traits de la dossière; il faut bien se garder de jamais enlever la bride.

Le cheval une fois débarrassé de ses harnais, il est prudent de dégager les limons, toutes les fois qu'on le peut, soit en reculant la voiture, soit en la soulevant, soit en déplaçant l'animal que l'on fait glisser sur le sol en tirant sur la tête, sur la crinière ou sur la queue.

Ces précautions prises, et après s'être assuré que les pieds sont bien placés, on excite doucement le cheval à se relever, en le maintenant autant que possible et en le soulevant par la bride.

Si le pavé est difficile, un bon procédé consiste à placer sous les pieds du cheval la couverture de laine dont toute voiture est munie.

Extrait du prospectus de la *Société protectrice des animaux*.

CHAPITRE V

DEVOIRS DES ÉCOLIERS

NOTE POUR LES MAÎTRES

La loi elle-même oblige tous les jeunes Français à travailler pendant plusieurs années à leur propre culture. L'école publique leur fournit gratuitement et obligatoirement les moyens de s'instruire et de s'améliorer. Là s'apprend la solidarité entre membres de familles différentes. Ce qui sera toujours la supériorité de l'éducation publique sur l'éducation privée[1], c'est que la première, sans préjudice pour les relations de famille, place l'enfant au sein de rapports plus complexes et plus larges. Les sentiments de camaraderie sont l'apprentissage des devoirs pleinement humains. Hors de classe aussi bien qu'en classe s'exerce le rôle du maître. La discipline, interprétée et appliquée avec intelligence, disons mieux, avec cœur, révèle aux enfants, sous une forme appropriée à leur âge, les devoirs les plus hauts qui régissent les rapports des hommes entre eux.

Surveiller les amusements des enfants, organiser leurs jeux, y prendre part au besoin, conquérir sur chaque caractère un ascendant moral par la parole et surtout par l'exemple, ce n'est pas un surcroît à la besogne principale de l'instituteur : c'en est le point essentiel, c'est ce qui en fait la dignité, car c'est par là que l'instituteur peut devenir un créateur d'âmes.

Un écolier en 1789.

Tous les matins, au petit jour, le père m'éveillait. Les frères et sœurs dormaient encore ; je m'habillais sans faire

---

1. Voir, sur l'avantage de l'éducation en commun, la fable de Florian, *le Linot*, p. 210 ; — sur l'amour de l'étude, *l'Enfance du poète Sedaine*, p. 205.

de bruit, et je sortais avec mon petit sac, les pieds dans mes sabots, le gros bonnet de roulier sur les oreilles, et ma bûche[1] sous le bras. Il faisait froid à l'entrée de l'hiver : je fermais bien la porte et je partais, soufflant dans mes doigts.

J'arrivais presque toujours avant les autres ; j'entrais dans la salle encore vide, je posais ma bûche et mes sabots à côté du poêle pour les sécher. Tout est encore là sous mes yeux : les poutres blanchies à la chaux, les bancs à la file, le grand tableau noir contre le mur, entre les deux fenêtres ; tout au fond la chaire de M. Christophe, notre maître, sur une petite estrade. Chacun devait balayer à son tour ; mais je commençais, en attendant les autres.

C'est de ce temps que je commence à vivre. Celui qui ne sait rien et qui n'a pas le moyen de s'instruire passe sur la terre comme un pauvre cheval de labour.

Avant 89, le fils du cordonnier restait cordonnier, le fils du bûcheron restait bûcheron, on ne sortait pas de sa classe ; mais aujourd'hui on peut s'élever par son courage et son bon sens ; il ne faut désespérer de rien ; le fils d'un simple paysan, pourvu qu'il ait du talent et de la conduite, peut arriver à gouverner la France[2].

ERCKMANN-CHATRIAN [3].

Une école en Bretagne il y a cinquante ans.

Il n'y avait pas de cheminée dans la classe. Le maître prétendait qu'on n'y souffrait jamais du froid, parce qu'elle était extrêmement petite et qu'on y était fort entassé. « Je suis pourtant obligé quelquefois, ajoutait-il, de permettre une petite sauterie d'un quart d'heure. » Comme il fallait descendre deux marches pour entrer dans l'école, et qu'on n'y voyait aucune trace de plancher ni même de pavage, je tremblais que la petite sauterie ne devint passablement périlleuse à la suite des grandes pluies qui ne sont pas rares dans ce pays. Quant au mobilier, il était des plus sommaires : six bancs en sapin, une table sur laquelle huit

1. *Ma bûche* : chaque écolier apportait une bûche pour chauffer la classe.
2. Plusieurs des présidents de la République française (Grévy, Faure, Loubet) furent ou sont de modeste origine.
3. Voir p. 47, n. 1.

personnes pouvaient écrire à la fois, et, pour le maître, une chaise de paille. Pas une carte, ni un tableau noir sur les murs. D'ailleurs, qu'en aurait-on fait? C'est à peine, avec cette unique et étroite fenêtre, si on pouvait lire dans le livre qu'on tenait à la main.

Quoique je fus habitué à ces intérieurs bretons, toujours plongés dans une demi-obscurité, je ne m'étais pas attendu à un si complet dénûment [1]. Une seule chose me réconciliait avec le spectacle que j'avais sous les yeux : c'était l'air de contentement du maître et la bonne humeur des élèves.

J. SIMON [2].

Ce qu'est l'école aujourd'hui.

Georges n'était pas, de beaucoup s'en fallait, un écolier parfait. Il trouvait le chemin long pour arriver à l'école. Il s'impatientait pour les petites punitions que le maître lui infligeait. Enfin, il s'irritait sans cesse des difficultés de l'étude.

« Eh quoi! lui dit le maître, vous vous plaignez parce que vous avez deux ou trois kilomètres à faire chaque matin? Qu'auriez-vous dit, si vous étiez né cinquante ans plus tôt, alors qu'il n'y avait qu'une école par quinze ou vingt villages, et que, pour se rendre en classe, l'enfant faisait chaque jour plusieurs lieues, presque un voyage! Et pour arriver à quelle école? Une misérable échoppe [3] le plus souvent, qui, après le départ des écoliers, servait de cuisine à l'instituteur ou de cabaret aux oisifs du village.

Aujourd'hui, votre salle d'école est propre et bien tenue : vous y avez de l'air, de l'espace, de la lumière. Les murs n'y sont pas sans doute recouverts de brillantes tapisseries; mais, ce qui vaut mieux, vous y voyez suspendues de

1. *Dénûment* : état d'une personne qui manque du nécessaire.

2. *Jules Simon* : né en 1814 d'une famille pauvre, devint professeur à l'École normale supérieure, puis à la Sorbonne. Son rôle politique fut très considérable. Elu député, il devint membre du gouvernement de la Défense nationale en 1870. Il fut ensuite sénateur et ministre. Quelques-uns de ses ouvrages, *le Devoir*, *l'Ouvrière* et surtout *la Religion naturelle* eurent un succès éclatant. Mais c'est surtout comme orateur qu'il montra un talent vraiment supérieur.

3. *Échoppe* : boutique en planches adossée à un mur.

tous côtés des cartes murales, et vous instruisez vos mémoires tout en y promenant vos yeux.

Vous vous plaignez parce que je vous adresse parfois des remontrances, parce que je vous inflige quelques punitions légères, comme de vous retenir un peu plus longtemps en classe? Comme tout cela eût paru doux aux écoliers d'autrefois. On ne se contentait pas alors de quelques paroles sévères, ou de quelques retenues. On avait recours aux châtiments corporels : les verges, les férules [1] étaient en honneur, et l'on fouettait les écoliers, comme les anciens fouettaient leurs esclaves. Autrefois dans les écoles primaires, on enseignait tout au plus à lire et à écrire, et à lire en latin, c'est-à-dire dans une langue inintelligible [2] pour tous les enfants et inutile pour la plupart des hommes. *Déchiffrer les vieux manuscrits* était la suprême science de l'instituteur.

Aujourd'hui, on ne vous enseigne que des choses utiles et nécessaires : l'arithmétique, qui vous permettra de régler vous-mêmes vos comptes, et qui sait? de vous enrichir peut-être; l'histoire et la géographie, surtout l'histoire de France, qui vous apprend où vous vivez, quelle place votre pays occupe dans le monde. On vous enseigne la morale, pour que vous soyez de braves gens; on vous exerce à la gymnastique, pour que vous vous portiez bien et que vos corps soient robustes.

Comment pourriez-vous dédaigner des études et des exercices dont vous retirerez de si grands fruits, qui dès à présent développent votre intelligence et votre force physique, qui plus tard accroîtront votre bien-être, votre bonheur et votre vertu? »

Georges écoutait attentivement et paraissait convaincu. Mais une chose le troublait toujours. Pourquoi donc, pensait-il, est-il si pénible d'acquérir des connaissances qui nous sont nécessaires et qui nous seront un jour si utiles?

« Demandez à votre frère aîné, reprit le maître, s'il ne prend pas lui aussi beaucoup de peine pour semer son blé en automne, pour le récolter en été? Mais aussi quelle joie n'est pas la sienne quand, la moisson finie, il empile ses

---

1. *Férule* : règle de bois ou de fer, dont on frappait sur la main de l'écolier coupable, un nombre de coups proportionné à la faute.

2. *Inintelligible* : incompréhensible.

sacs de blé qu'il va ensuite échanger contre de beaux écus
à la foire voisine ! De même, vous vous réjouirez plus tard,
quand, devenus des hommes, vous recueillerez les fruits
de votre travail d'écolier. Il est toujours pénible de semer,
mais il est doux de récolter. »

COMPAYRÉ[1].

L'avantage de la science.

Entre deux bourgeois d'une ville
S'émut[2] jadis un différend :
L'un était pauvre, mais habile ;
L'autre riche, mais ignorant.
Celui-ci sur son concurrent
Voulait emporter l'avantage,
Prétendait que tout homme sage
Était tenu de l'honorer.
C'était tout homme sot : car pourquoi révérer
Des biens dépourvus de mérite ?
La raison m'en semble petite.
« Mon ami, disait-il souvent
Au savant,
Vous vous croyez considérable ;
Mais, dites-moi, tenez-vous table ?
Que sert à vos pareils de lire incessamment ?
Ils sont toujours logés à la troisième chambre[3],
Vêtus au mois de juin comme au mois de décembre,
Ayant pour tout laquais leur ombre seulement.
La république a bien affaire
De gens qui ne dépensent rien !
Je ne sais d'homme nécessaire
Que celui dont le luxe épand beaucoup de bien.
Nous en usons[4], Dieu sait ! Notre plaisir occupe
L'artisan, le vendeur, celui qui fait la jupe,
Et celle qui la porte, et vous, qui dédiez
A messieurs les gens de finance

---

1. *M. G. Compayré* : recteur de l'Académie de Lyon, philosophe et péda-
gogue contemporain.

2. *S'émut* : s'agita.

3. *A la troisième chambre* : au troisième étage.

4. *Nous en usons* : du luxe.

De méchants livres bien payés. »
Ces mots remplis d'impertinence
Eurent le sort qu'ils méritaient.
L'homme lettré se tut; il avait trop à dire.
La guerre le vengea bien mieux qu'une satire.
Mars [1] détruisit le lieu que nos gens habitaient :
     L'un et l'autre quitta sa ville.
     L'ignorant resta sans asile;
     Il reçut partout des mépris :
L'autre reçut partout quelque faveur nouvelle.
     Cela décida leur querelle.
Laissez dire les sots : le savoir a son prix.

LA FONTAINE [2].

Lettre d'une mère à son fils.

(QUI NE SAIT RIEN NE PEUT RIEN)

Cette nuit, Maurice, j'ai fait un triste rêve. J'étais dans une chambre froide, j'étais vieille, j'avais dépensé tout mon argent pour faire de toi un homme, j'étais pauvre; et toi, tout triste, tout pâle, tu disais : « Mais, maman, nous allons être riches. Je vais gagner de l'argent. Je serai médecin. — Mais tu ne sais rien, t'ai-je répondu. — Je serai peintre! — Tu ne sais rien! — Je serai chimiste! — Tu ne sais rien!... » Et tu me citais toutes les professions et je te répondais toujours : « Tu ne sais rien! » Alors, tu t'es mis à pleurer en disant : « Pourquoi est-ce que je ne sais rien? » Je t'ai dit : « Parce que, quand tu étais petit garçon, tu ne pensais jamais à ta mère, tu jouais en disant « Demain, je travaillerai. » Et maintenant, tu ne sais rien et je pleure de chagrin et je mourrai de honte.

SARAH-BERNHARDT [3].

---

1. *Mars* : Dieu de la guerre dans la mythologie romaine.

2. *Jean de La Fontaine* (1621-1695) : le plus grand des fabulistes de tous les temps et de tous les pays, et l'un des plus grands poètes de la France. Ses douze livres de *Fables* ont popularisé son nom et lui assurent une gloire immortelle.

3. *Sarah Bernhardt* : célèbre actrice contemporaine.

Carnot.

(RECONNAISSANCE ENVERS SON VIEUX MAÎTRE)

Carnot est un des hommes qui ont fait le plus d'honneur à la Révolution française. Officier éminent, il mit au service

Le grand Carnot.

de la France un courage à toute épreuve et les ressources d'un admirable génie militaire.

Carnot était né dans un bourg de la Côte-d'Or. Parvenu aux honneurs, il n'oublia jamais sa petite ville natale. Un jour, il s'arracha à ses importants travaux pour revoir les lieux où s'était écoulée son enfance. Il prit le chemin qui menait à la maison d'école. Là il eut le bonheur de retrouver son vieux maître, blanchi par les années, qui enseignait encore les petits enfants. Il se jeta à son cou, et, le montrant à ceux qui l'entouraient : « Voilà, dit-il, après mes parents, l'homme à qui je dois le plus; voilà mon second père. C'est de lui que j'ai appris à connaître et à aimer la France. »

LEBAIGUE [1].

Nécessité de l'attention.

(BOSSUET AU DAUPHIN, FILS DE LOUIS XIV)

Ne croyez pas, monseigneur, qu'on vous reprenne si sévèrement, pendant vos études, pour avoir simplement violé les règles de la grammaire en composant. Il est sans

1. *Lebaigue* : professeur contemporain, auteur de livres classiques.

doute honteux à un prince, qui doit avoir de l'ordre en tout, de tomber en de telles fautes ; mais nous regardons plus haut [1] quand nous en sommes si fâchés : car nous ne blâmons pas tant la faute elle-même que le défaut d'attention, qui en est la cause. Ce défaut d'attention vous fait maintenant confondre l'ordre des paroles ; mais si vous laissez vieillir et fortifier cette mauvaise habitude, quand vous viendrez à manier [2], non plus les paroles, mais les choses mêmes, vous en troublerez tout l'ordre. Vous parlez maintenant contre les lois de la grammaire : alors vous mépriserez les préceptes de la raison. Maintenant vous placez mal les paroles ; alors vous placerez mal les choses ; vous récompenserez au lieu de punir ; vous punirez quand il faudra récompenser : enfin, vous ferez tout sans ordre, si vous ne vous accoutumez dès votre enfance à tenir votre esprit attentif, et à penser sérieusement en vous-même à ce que vous avez à faire.

Bossuet [3].

Un écolier modèle.

Je voyais, dans une classe au-dessus de la mienne, un écolier sage et laborieux, et je me disais à moi-même que le seul bon exemple à suivre était le sien. Dans ce rare jeune homme, toutes les qualités de l'esprit et du cœur semblaient s'être accordées pour le rendre accompli [4]. Je le voyais arriver au collège ayant toujours à ses côtés quelques-uns de ses condisciples, qui étaient fiers de l'accompagner. Je l'admirais, j'avais du plaisir à le voir, et, toutes les fois que je l'avais vu, je m'en allais mécontent de moi-même. Ce n'était pas qu'à force de travail je ne fusse dis-

1. *Nous regardons plus haut* : nous obéissons à des motifs plus élevés.
2. *Manier* : guider, tenir en *main*.
3. *Bossuet* (1627-1704) : Très jeune il eut dans la prédication un succès retentissant. Chargé de l'éducation du dauphin, il devint ensuite évêque de Meaux. A la tête du clergé de France, il formula la déclaration des libertés de l'Eglise gallicane. Bossuet composa pour son royal élève un grand nombre de livres, parmi lesquels le *Discours* sur *l'histoire universelle*. Son ouvrage capital est un livre de polémique religieuse, *Histoire des variations des Eglises protestantes*. Mais l'œuvre de sa vie est ailleurs, elle est dans ses *Sermons*. Les *Oraisons funèbres* que Bossuet a prononcées sont aussi des sermons, à propos d'un deuil, et dont le style est plus châtié, mais aussi moins libre et moins hardi.
4. *Accompli* : parfait, doué de toutes les qualités convenables à son âge.

tingué dans ma classe, mais j'avais deux ou trois émules; Amalvy n'en avait aucun. Je n'avais point acquis dans mes compositions cette persistance de succès qui nous étonnait dans les siennes, et j'avais encore moins cette mémoire facile et sûre dont Amalvy était doué. Il était plus âgé que moi; c'était ma seule consolation, et mon ambition était de l'égaler lorsque je serais à son âge. En démêlant autant qu'il m'est possible ce qui se passait dans mon âme, je puis dire avec vérité que dans ce sentiment d'émulation [1] ne se glissa jamais le malin vouloir de l'envie, je ne m'affligeais pas qu'il y eût au monde un Amalvy; mais j'aurais demandé au ciel qu'il y en eût deux, et que je fusse le second.

MARMONTEL [2].

Le dernier de la classe.

Avez-vous pensé quelquefois à ce pauvre petit enfant qui se trouve, par un concours de circonstances dont il n'est peut-être pas toujours responsable, le dernier de la classe?

Voici ce que je voudrais lui dire :

Oui, mon enfant, tu es le dernier, mais il dépend de toi cependant d'avoir, à ta manière et à ton rang, autant de mérite que n'importe lequel de tes camarades. Tu peux même en avoir davantage, si tu te donnes plus de peine qu'eux. Tout en restant, s'il le faut, le dernier par le succès, tu peux devenir le premier par l'effort; tu es le dernier cette semaine avec une note très basse, sois encore le dernier la semaine prochaine avec une note un peu plus élevée, et tu auras marché.

Marche ainsi de semaine en semaine, et tu seras aimé et honoré de tes maîtres autant qu'un autre, petit dernier! Courage! En apprenant ainsi à te corriger, à travailler, à t'observer, à te faire violence, tu acquiers de jour en jour de la force et de la valeur; tu as fait aujourd'hui un petit

---

1. *Émulation* : sentiment louable qui porte les bons élèves à rivaliser d'ardeur pour le bien.

2. *Marmontel* (1723-1799) : homme de lettres, directeur du « Mercure ». Académicien, il collabora à l'*Encyclopédie*. Ni ses tragédies, ni ses épîtres, ni son roman *les Incas* n'auraient transmis son nom jusqu'à nous, mais ses *Mémoires d'un père pour servir à l'éducation de ses enfants*, présentent quelque intérêt touchant l'histoire littéraire du temps, et quelques-uns de ses *Contes moraux* sont restés classiques.

progrès, tu en feras demain un autre; continue ainsi, et peut-être, dans la vie, arriveras-tu plus haut que ceux qui sont aujourd'hui les premiers.

F. Buisson [1].

Un souffre-douleur.

Les deux premiers jours se passèrent sans encombre. Le troisième, mes malheurs commencèrent. Mon air candide [2],

Je fus leur jouet.

qui annonçait un nouveau venu, fut bien vite remarqué par mes camarades. J'étais gauche, et l'on conclut que j'étais sot. M. Andrieux me dit de lire mon thème [3], me voilà tout

1. *Ferdinand Buisson* : né en 1841. Agrégé de philosophie, ses rapports sur l'enseignement primaire à l'étranger et en France, le désignèrent au choix de Jules Ferry lorsque le gouvernement de la République voulut assurer le succès de l'Éducation laïque et obligatoire. Nommé directeur de l'enseignement primaire au ministère de l'Instruction publique, il s'efforça d'acclimater en France les méthodes pédagogiques qu'il avait vues fonctionner en Suisse et en Amérique, au cours de ses missions, en les adaptant à notre génie national; il fut l'apôtre de ces méthodes qui font agir et vivre l'esprit de l'enfant et qui, sans charger la mémoire, exercent les sens et la raison et stimulent la conscience morale.

2. *Candide* : qui a l'ingénuité d'une âme innocente.

3. *Thème* : texte qu'un écolier doit traduire de la langue qu'il sait dans celle qu'on veut lui apprendre.

déconcerté. Je commence d'une voix si tremblante, si tremblante qu'un rire universel s'élève de tous les coins. Ce rire cruel augmenta mon trouble et rendit ma lecture plus ridicule : à la fin de chaque phrase ma voix tombait; impossible de la soutenir. Avec cela, ma parole était claire, ma prononciation distincte : je n'étais que mieux entendu de tous ceux qui se moquaient de moi. Une classe est l'endroit le plus commode pour être bafoué [1]. L'un vous fait son compliment, l'autre jette votre livre ou votre cahier par terre; souvent on se rit de vous à poings fermés. M. Andrieux eut pitié de moi et ne me laissa pas achever. Dès ce moment, je fus leur jouet. On ne me battit point : quoique moins habitué à donner et à recevoir des coups de poing que les pensionnaires, et d'ailleurs moins fort qu'un grand nombre de mes adversaires, je les aurais repoussés. Mais à l'entrée, à la sortie de la classe, on m'entourait comme une curiosité. Ceux de derrière poussaient les autres, et j'avais peine à écarter cette foule hostile qui ne m'interrogeait que pour rire de mes réponses, quelles qu'elles fussent. J'étais justement au milieu d'eux comme un hibou en plein jour, tout effarouché.... Pendant la classe, c'était un autre tourment. Trop faible pour avoir de bonnes places, j'étais toujours à côté des mauvais sujets, et, comme ils n'écoutaient jamais le professeur, ils me persécutaient d'autant plus pour se désennuyer. Seul entre tous, et craignant toujours d'être vu par M. Andrieux, je ne leur rendais guère ce qu'ils me faisaient.

MICHELET [2], Ma Jeunesse.

Aux enfants qui vont quitter l'école.

Enfants, vous allez entrer dans la vie; des mille routes qu'elle ouvre à l'activité humaine, chacun de vous en prendra une.

La carrière des uns sera brillante, celle des autres obscure et cachée : la condition et la fortune de vos parents en décideront en grande partie.

---

1. *Bafoué* : raillé avec cruauté, ridiculisé.

2. *Michelet*, voir p. 95, n. 1.

Que ceux qui auront la plus modeste part n'en murmurent point. Ce qui ne dépend point de nous ne saurait être un véritable bien, et, du reste, la patrie vit du concours et du travail de tous ses enfants. Dans la mécanique de la société, il n'y a point de rouage inutile.

Entre le ministre qui gouverne l'État et l'artisan qui contribue à sa prospérité par le travail de ses mains, il n'y a qu'une différence, c'est que la fonction de l'un est plus importante que celle de l'autre; mais à les bien remplir, le mérite est le même.

Que chacun de vous, enfants, se contente donc de la part qui lui sera échue. Quelle que soit sa carrière, elle lui donnera des devoirs à remplir, du bien à faire. Ce sera sa tâche; qu'il la remplisse avec courage et énergie, honnêtement et fidèlement, et il aura fait dans sa position tout ce qu'il est donné à l'homme de faire.

JOUFFROY [1].

1. *Jouffroy*. (1796-1842) : élève de l'École normale supérieure, il enseigna avec grand succès la philosophie. Il fut membre de l'Académie des Sciences morales, puis député. Une mort prématurée interrompit d'importants travaux qu'il avait entrepris. Ceux qu'il a fait paraître, notamment ses *Mélanges* et son *Cours d'Esthétique*, révèlent une grande élévation de pensée et un rare talent d'analyse. Son style clair, élégant fait encore lire ses œuvres avec agrément.

CHAPITRE VI

LES HABITUDES MORALES

I. — *HYGIÈNE ET TEMPÉRANCE*

Les fêtes de gymnastique.

Il est beau de voir un jeune homme assouplir ses muscles, s'exercer à la lutte, à la course, à tous les efforts, à toutes les peines dont le corps est capable. Il est plus beau encore de voir ce jeune homme travailler ainsi avec une arrière-pensée, avec un désir au cœur, poursuivant toujours un autre but auquel il pense tout bas. Et quand c'est tout un peuple qui se livre patiemment à cette œuvre, quand c'est la jeunesse qui, d'un bout à l'autre du territoire, alors qu'aucune loi ne l'y oblige, s'applique à ce rude apprentissage qui trempe le corps et l'âme, ah! le spectacle est bien plus beau, bien plus grand encore.

Savez-vous à quel temps et à quel souvenir se reportait ma pensée tout à l'heure en admirant vos exercices? Je me disais que, dans un temps très lointain, il y avait des fêtes analogues à celle-ci, auxquelles accourait tout ce que le pays avait de plus illustre et auxquelles les dames, comme aujourd'hui, prêtaient leur gracieux concours.

C'était le jour où l'on réunissait les fils des seigneurs de la contrée pour les armer chevaliers. Et, comparant les deux époques, les deux fêtes, les deux mondes, je me demandais : Si un des preux[1] des temps éloignés, si le che-

---

1. *Preux* : adjectif. Ce mot signifiait bravo et loyal. Ces qualités, devant être celles de tous les chevaliers, on finit par employer preux comme nom pour désigner les bons chevaliers.

valier sans peur et sans reproche, si Bayard se levait de sa tombe pour assister à ce spectacle, que penserait-il?

« Qui sont ces jeunes hommes? se dirait-il. Ils ont l'allure martiale[1] et le fier regard des jeunes chevaliers de mon temps. Ils en ont l'agilité, l'adresse, le courage, le sang-froid. Est-ce donc le bataillon des jeunes seigneurs d'aujourd'hui?

— Non, Bayard, ce sont les fils de ces manants[2] que tu as vus courbés sur la glèbe[3], noirs, livides, taillables[4] et corvéables[5] à merci[6]. Voilà ce que la France a fait d'eux. »

Et ils n'ont pas seulement des jeunes seigneurs d'autrefois les qualités extérieures, ils en ont l'âme : l'honneur, ce code sacré alors réservé à un petit nombre d'initiés[7], l'honneur avec ses lois, ses rigueurs, ses infinies délicatesses, il n'est pas un de ces adolescents qui ne le porte inscrit dans son cœur, et qui n'y lise son devoir aussi couramment que pouvaient le faire autrefois les fils de la première noblesse.

Jeunes gens, n'oubliez jamais à qui vous devez cette transformation : remerciez-en la France, et remerciez-en la République; car la République, c'est l'épanouissement de la France et la dernière expression de ses destinées glorieuses.

F. Buisson[8], *Discours*[9].

Cyrus et Astyage.

(L'INTEMPÉRANCE.)

Astyage[10] soupait un jour avec sa fille et son petit-fils Cyrus. La table était couverte de sauces, de ragoûts et de mets de toute espèce : « Grand-père! s'écria Cyrus, que tu dois avoir de peine si tu es obligé de porter la main à chacun de ces plats et de goûter de tous ces mets! — Eh!

---

1. *Martiale* : guerrière.
2. *Manants* : paysans, sous l'ancien régime.
3. *Glèbe* : terre en mottes, après le travail du laboureur.
4. *Taille* : impôt en argent, dont les nobles étaient exempts.
5. *Corvée* : impôt en travail; le paysan devait un certain nombre de jours de travail à son seigneur.
6. *A merci* : à discrétion; tant que l'on veut.

7. *Initié* : étymologiquement, celui qui est entré dans le sanctuaire, par opposition au vulgaire, resté dehors; par conséquent, celui qui est admis à la connaissance de certains secrets.
8. Voir p. 151, n. 1.
9. Extrait d'un discours prononcé à Roubaix, à la fête régionale des Sociétés de gymnastique, le 7 août 1887.
10. *Astyage* : roi des Mèdes, au VIᵉ siècle av. J.-C., aïeul de Cyrus.

quoi, ce souper ne te semble-t-il pas meilleur que ceux de ton pays? — Non, chez les Perses nous avons une voie plus simple et plus courte pour apaiser la faim : nous n'avons besoin pour cela que de pain et de viande sans apprêt. »

Cyrus ne craignait pas d'être indiscret avec son grand-père : « Pourquoi, lui demanda-t-il brusquement, as-tu tant de considération pour ton échanson Sacas? — Ne vois-tu pas, répondit Astyage, avec quelle grâce il sert à boire? — Eh bien! dit Cyrus, commande, je te prie, à Sacas de me donner la coupe; en te servant aussi bien que lui, je mériterai de te plaire. » Astyage y consent; Cyrus prend la coupe, la rince avec dextérité; puis, composant son visage, prenant un air sérieux et un maintien grave, il la présente au roi qui en rit beaucoup. Cyrus, lui-même, riant aux éclats, se jette au cou de son grand-père, et dit en l'embrassant : « Sacas, te voilà perdu, je t'enlèverai ta charge, que je remplirai mieux que toi; de plus, je ne boirai pas de vin comme tu fais. » Les échansons des rois, en effet, avant de leur présenter la coupe, versent dans leur main gauche un peu de la liqueur qu'elle contient et l'avalent; s'ils y avaient mêlé du poison, ils en seraient les premières victimes.

« Pourquoi, mon fils, dit alors Astyage, voulant imiter Sacas, n'as-tu pas goûté le vin? C'est qu'en vérité, répliqua Cyrus, j'ai craint qu'on n'eût mis du poison dans le verre; car au festin que tu donnas à tes amis le jour de ta naissance, je vis clairement que Sacas les avait tous empoisonnés.

— Et comment vis-tu cela?

— C'est que je m'aperçus combien ils étaient troublés dans leur corps et dans leur esprit. Ils faisaient des choses que tu ne pardonnerais pas à des enfants comme moi; ils parlaient tous à la fois, ils ne s'entendaient pas, ils chantaient ridiculement. Chacun d'eux vantait sa force; et cependant, quand il fallut se lever, loin de danser en mesure, ils ne pouvaient même se tenir ferme sur leurs jambes. Ils avaient oublié qu'ils étaient tes sujets.

— Mais, mon fils, ton père ne s'enivre donc jamais?

— Non jamais; quand il a bu, il cesse d'avoir soif[1]. »

XÉNOPHON[2].

---

1. La liberté de langage que Xénophon prête à Cyrus parlant à son grand-père serait, de nos jours, absolument inconvenante et intolérable. Elle s'explique ici par la barbarie relative dans laquelle vivaient alors les Mèdes.

2. Voir p. 13, n. 2.

Le petit verre du matin.

Un jour, je dus prendre, pour revenir chez moi, une de ces charrettes de messagers, encore communes dans ce temps-là aux environs de Paris. La carriole était attelée d'un seul cheval qui allait au pas, de sorte que je perdis patience à mi-chemin; je descendis près du conducteur, et je me mis à suivre à pied comme lui.

C'était un homme encore jeune, de belle apparence, et dont le visage annonçait cette santé robuste qui est le salaire d'une bonne conscience. J'appris bientôt qu'il possédait quelques arpents de terre, qu'il cultivait entre ses voyages. Il me racontait l'histoire de son domaine, comme il l'appelait en riant, quand nous fûmes croisés sur la route par un homme pauvrement vêtu, courbé, dont les

« J'entrai boire avec eux. »

cheveux grisonnants retombaient en désordre sur son visage bourgeonné. Au moment où il passait près de nous, je m'aperçus qu'il chancelait. Il salua le voiturier avec la chaleur bruyante de l'ivresse, et celui-ci répondit d'un ton de familiarité qui me surprit.

« C'est un de vos amis? demandai-je, quand il fut éloigné.

— Cet homme-là, monsieur, répéta-t-il, c'est mon bienfaiteur et mon maître. »

Je le regardai comme si je n'avais pu comprendre.

« Ça vous étonne, reprit le messager en riant; c'est pourtant la vérité. Il faut vous dire d'abord que Jean Picon (c'est ainsi qu'on le nomme) est un ancien camarade d'enfance, et nos parents demeuraient porte à porte. Seulement, Picon était déjà un peu folâtre [1] et, en prenant de l'âge, il eut bientôt toutes les habitudes d'un bon vivant.

« Je ne l'avais pas beaucoup fréquenté d'abord, mais le hasard finit par nous mettre ouvriers chez le même patron. Le premier jour, au moment de partir pour le travail, voilà que Picon et les autres s'arrêtent au cabaret pour boire le coup d'eau-de-vie du matin. Je restai à la porte sans trop savoir ce que je devais faire, mais ils m'appelèrent tous. « N'a-t-il pas peur que ça le ruine! » s'écria Picon en se moquant : deux sous d'économie; « il croit peut-être que ça le rendra millionnaire! »

« Les autres se mirent à rire, ce qui me fit honte, et j'entrai boire avec eux. Cependant, arrivé au champ, et tout en m'occupant du labour, je commençai à ruminer [2] ce que Picon m'avait dit.

« Le prix de ce petit verre du matin était, dans le fait, peu de chose; mais, répété chaque jour, il finissait par produire trente-six francs cinquante par an! Je me mis à calculer tout ce que l'on pouvait avoir avec cette somme.

« Trente-six francs cinquante, dis-je, c'est, quand on est en ménage, une chambre de plus au logement, c'est-à-dire de l'aisance pour la femme, de la santé pour les enfants, de la bonne humeur pour le mari. C'est le bois de l'hiver; et le moyen d'avoir du soleil à domicile quand il n'y a que de la neige dehors. C'est le prix d'une chèvre; c'est de quoi payer l'école où le garçon apprend à lire et à écrire. Puis, retournant mon esprit d'un autre côté, j'ajoutai :

« Trente-six francs cinquante! notre voisin Jérôme ne paye point davantage pour la location de l'arpent de terre qu'il cultive et qui nourrit sa famille. C'est juste l'intérêt de la somme que je devais emprunter pour acheter au commissionnaire du bourg le cheval et la charrette qu'il veut vendre. Avec cet argent, dépensé chaque matin au détriment de ma santé, je puis me faire un état, élever une

---

1. *Folâtre* : qui aime à badiner, à jouer comme un enfant.

2. *Ruminer* : sens figuré, penser sans cesse à une chose.

famille et ramasser les épargnes nécessaires à mes vieux jours.

« Ces calculs et ses réflexions me décidèrent. Je laissai de côté la mauvaise honte qui m'avait fait céder une fois aux sollicitations de Picon; j'épargnai sur mes premiers gains ce qu'il m'aurait fait dépenser au cabaret, et bientôt je pus devenir patron à mon tour.

« Voyez où cela nous a conduits tous deux! Les haillons de Picon, sa vieillesse prématurée et le mépris des honnêtes gens; mon aisance, ma santé, tout cela vient d'une habitude prise. Sa misère, c'est le petit verre d'eau-de-vie qu'il boit en se levant, comme mes joies sont les deux sous épargnés chaque matin. »

E. SOUVESTRE [1], Confession d'un ouvrier.

Les buveurs de bière.

En entrant dans l'imprimerie de Wath [2], je me mis à la presse, imaginant que j'avais besoin de l'exercice corporel auquel j'étais habitué en Amérique, où le travail de la presse alterne avec la composition. Je ne buvais que de l'eau : les autres ouvriers, au nombre d'environ cinquante, étaient grands buveurs de bière. Au besoin, cependant, je montais et descendais l'escalier, portant de chaque main une grande forme [3] de caractères, tandis que les autres employaient les deux mains pour en porter une seule.

Ils s'étonnaient de voir par cette preuve et par d'autres, que l'Américain aquatique [4], comme ils m'appelaient, était plus fort qu'eux qui buvaient de la bière forte. Un garçon de cabaret se tenait toujours dans l'atelier pour fournir de la bière aux ouvriers. Mon compagnon de presse buvait chaque jour une pinte [5] avant déjeuner, une pinte en déjeunant avec son pain et son fromage, une pinte dans l'après-

---

1. Émile Souvestre : littérateur et romancier (1806-1854). C'est un Breton, et presque toutes ses œuvres sont inspirées par des impressions de Bretagne : le Foyer Breton, les Scènes de la Chouannerie, les Derniers Bretons. Ses autres œuvres, Confession d'un ouvrier, Un philosophe sous les toits, etc., sont des romans moraux ou des récits simples et gracieux.

2. L'auteur était alors ouvrier imprimeur.

3. Forme : châssis de fer où sont rangées les pages composées.

4. Aquatique : qui vit dans l'eau.

5. Pinte : un peu plus d'un 1/2 litre.

midi vers les six heures et une dernière quand il avait fini
sa journée.

Je regardais cette habitude comme détestable; mais
mon compagnon prétendait qu'il était nécessaire de boire
de la bière forte pour avoir des forces en travaillant; j'essayai de le convaincre que la force corporelle que donne
la bière ne peut être qu'en proportion de la farine d'orge
qu'elle contient; qu'il entre plus de farine dans un pain
de deux sous que dans une pinte de bière et que, par conséquent, son pain de deux sous arrosé d'une pinte d'eau lui
donnerait plus de forces que sa bière.

Il n'en continua pas moins à boire; il avait tous les
samedis soir quatre à cinq shillings[1] à donner sur sa paye
pour cette misérable boisson, dépense dont je me trouvais
exempt.

C'est ainsi que, par leur faute, ces pauvres diables restent toujours au-dessous de leurs affaires.

FRANKLIN[2].

Les buveurs de rhum.

Nous nous étions rendus à Carlisle, M. Norris et moi,
pour traiter avec les Indiens[3]. Comme ces peuples sont fort
disposés à s'enivrer, et qu'étant une fois ivres, ils sont
querelleurs et turbulents, nous défendîmes strictement
qu'on leur vendît des liqueurs fortes; ils se plaignirent de
cette défense, mais nous leur promîmes que, s'ils voulaient
être sobres pendant qu'on s'occuperait du traité, nous leur
donnerions du rhum en abondance quand l'affaire serait
terminée.

Ils s'y engagèrent et tinrent parole parce qu'on ne leur
donna pas de rhum; aussi le traité fut-il discuté avec beau-

1. *1 schilling* : 1 fr. 24.
2. *Benjamin Franklin* : né à Boston
en 1706, mort en 1790. Fils d'un imprimeur, il fit à lui seul son éducation.
Il publia un journal intitulé *Almanach
du Bonhomme Richard*, et plus tard il
écrivit les *Mémoires* de sa vie. Comme
savant, il est connu par l'invention du
paratonnerre et par de beaux travaux
sur l'électricité. Son rôle politique fut
très grand, car c'est lui qui, pendant
la guerre de l'indépendance des États-
Unis, négocia avec les gouvernements
d'Europe et obtint la reconnaissance
de la jeune république américaine. Sa
vie est un modèle d'activité, de persévérance au service de la patrie et
de l'humanité.
3. Les Américains des États-Unis
eurent souvent à combattre les Indiens
sauvages et aussi à traiter avec eux
pour s'emparer de leurs terres et les
mettre en culture.

coup d'ordre, et conclu à la satisfaction des deux parties. Les Indiens réclamèrent alors et reçurent le rhum qu'on leur avait promis : c'était dans l'après-midi. Leur nombre

Ils se querellaient et se battaient.

pouvait monter à une centaine, hommes, femmes et enfants; ils étaient logés dans des cabanes provisoires, disposées en carré à la porte de la ville.

Dans la soirée, entendant un grand bruit parmi eux, nous allâmes, mon compagnon et moi, voir ce qui se passait. Les Indiens avaient fait un grand feu de joie au milieu du carré; ils étaient tous ivres, hommes et femmes; tous se querellaient et se battaient.

Leurs corps enivrés, à demi-nus, vus à la sombre lueur du feu, les tisons enflammés avec lesquels ils se poursuivaient et se battaient, leurs horribles hurlements, tout cela formait une scène qui répondait, autant qu'on peut l'imaginer, aux idées que nous nous faisions de l'enfer. Il était impossible d'apaiser le tumulte; nous nous retirâmes. A minuit, une foule de ces sauvages vint hurler à notre porte en demandant encore du rhum; nous n'y fîmes aucune attention.

Le lendemain, ils sentirent qu'en nous troublant ainsi, leur conduite n'avait pas été convenable; ils nous envoyèrent trois de leurs vieux conseillers pour nous faire des excuses. L'orateur reconnut la faute commise, la rejeta sur le rhum, et chercha ensuite à justifier le rhum en disant :

« Le Grand Esprit[1], qui a fait toutes choses, a fait chaque chose pour certain usage, et il faut que chaque chose serve à l'usage pour lequel elle a été faite; or, quand il a fait le rhum, il a dit : « Que ceci serve à enivrer les Indiens »; il faut donc que cela soit. »

Et véritablement, le rhum a déjà anéanti les tribus qui habitaient autrefois le bord de la mer.

D'après FRANKLIN[2].

Les désordres intellectuels produits par l'alcool.

I

Le malheureux buveur ne peut soutenir longtemps son attention, ni avoir une conversation un peu longue sans en perdre le fil; aussi le plus souvent se contente-t-il de répondre par monosyllabes; il se plaint de manquer de verve[3] et d'entrain. Puis, il est en proie à des illusions, à des hallucinations[4] exceptionnellement de nature gaie, éveillant presque toujours des craintes de toute espèce et pouvant déterminer des impressions morales dont la plus légère serait l'étonnement, la plus forte, une terreur profonde. Un autre caractère de ces désordres, c'est leur mobilité. Hommes, choses, animaux, tout ce qui fait l'objet des hallucinations se meut et se déplace; de là, la rapidité des idées et des actes de l'alcoolique qui, d'ailleurs, effrayé, anxieux[5], inquiet, suppliant ou agressif[6], intervient toujours de la manière la plus active.

Les hallucinations varient à l'infini, mais elles reflètent souvent l'objet soit des occupations journalières, soit des préoccupations dominantes, avec une préférence toute par-

---

1. *Le Grand Esprit* : Dieu.
2. Voir p. 160, n. 2.
3. *Verve* : vivacité de l'imagination dans la conversation.
4. *Hallucinations* : délire des sens qui présente comme réel un objet imaginaire.
5. *Anxieux* : plein d'angoisse.
6. *Agressif* : enclin à attaquer.

ticulière pour ce qui est désagréable, pénible ou terrifiant. Ainsi une laveuse, observée par nous à l'hôpital, quitta précipitamment la salle pour échapper au torrent qui menaçait de l'inonder. Une autre femme, qui avait habité l'Algérie, était tourmentée par la vue des grands animaux de cette contrée. Un forgeron signalait l'existence du feu à l'angle de son lit.

Le malheureux alcoolique se croit fréquemment poursuivi : tantôt il redoute des hommes armés de couteaux, tantôt il entend des cris de mort qu'on profère contre lui, ou bien une foule de gens l'insultent, tiennent des propos injurieux sur son honneur et sa moralité; d'autres fois, il se sauve par la fenêtre pour échapper aux poursuites du diable qui veut s'emparer de lui, ou, comme je l'ai vu, il s'empresse de monter dans un wagon de chemin de fer et arrive à Paris, afin d'éviter les gendarmes qui veulent l'arrêter. Tout, pour le pauvre malade, est un motif de crainte, et constamment il est sous le coup de la fatale idée que ses jours sont en danger.

Les sens de la vue et de l'ouïe sont le point de départ habituel de ces aberrations [1] : les autres appareils des sens n'en sont point exempts : on a vu des malades boire de l'eau pour du trois-six, accuser [2] des odeurs qui n'existaient pas ou qui étaient tout autres que celles qui frappaient leurs sens.

Inutile de démontrer que l'abus des liqueurs alcooliques conduit souvent au suicide.

C'est un fait avéré aujourd'hui, tant en Angleterre qu'en Allemagne, en Russie et en France; pour s'en convaincre, il suffit de consulter les auteurs qui se sont occupés de ce genre de mort. Disons que deux modes de suicide sont plus spécialement choisis : la pendaison, par l'homme; la submersion [3], par la femme.

Docteur LANCEREAUX [4].

1. *Aberrations* : égarements.
2. *Accuser* : signaler.
3. *Submersion* : action de se noyer.
4. *Lancereaux* : médecin contemporain, membre de l'Académie de médecine.

Le petit fût.

L'aubergiste Chicot s'est engagé à servir une rente viagère à la fermière Magloire, âgée de soixante-treize ans. En retour, elle lui laissera sa ferme en héritage. Mais la vieille a trop bonne santé, au goût de Chicot, et il voudrait l'aider à mourir.

Alors Chicot chercha des moyens.

Un jour enfin, il s'en revint la voir en se frottant les mains, comme il faisait la première fois quand il lui avait proposé le marché.

Et, après avoir causé quelques minutes :

« Dites donc, la mère, pourquoi ne venez-vous point dîner à la maison quand vous passez à Épreville? On en jase : on dit que nous ne sommes plus amis, et cela me fait deuil. Vous savez, chez moi, vous ne payerez point. Je ne suis pas regardant à un dîner. Tant que le cœur vous en dira, venez sans retenue! »

La mère Magloire ne se le fit point répéter, et le surlendemain, comme elle allait au marché dans sa carriole conduite par son valet Célestin, elle mit sans gêne son cheval à l'écurie chez maître Chicot, et réclama le dîner promis.

L'aubergiste, radieux[1], la traita comme une dame, lui servit du boudin, du poulet, de l'andouille, du gigot et du lard aux choux. Mais elle ne mangea presque rien, sobre depuis son enfance, ayant toujours vécu d'un peu de soupe et d'une croûte de pain beurrée.

Chicot insistait, désappointé. Elle ne buvait pas non plus. Elle refusa de prendre du café. Il demanda :

« Vous accepteriez toujours bien un petit verre?

— Ah! pour ça, oui, je ne dis pas non. »

Et il cria de tous ses poumons à travers l'auberge :

« Rosalie, apporte la fine, la surfine, la file en dix[2], » et la servante apparut, tenant une longue bouteille ornée d'une feuille de vigne en papier. »

Il remplit deux petits verres.

« Goûtez ça, la mère, c'est de la fameuse! »

Et la bonne femme se mit à boire, tout doucement, à

1. *Radieux* : le visage rayonnant de satisfaction.
2. La meilleure eau-de-vie.

petites gorgées, faisant durer le plaisir. Quand elle eut
vidé son verre, elle l'égoutta, puis déclara :

« Ça oui, c'est de la fine. »

Elle n'avait point fini de parler que Chicot lui en versait
un second verre. Elle voulait refuser, mais il était trop tard,
et elle le dégusta lentement comme le premier.

Il voulut alors lui faire accepter une troisième tournée,
mais elle résista. Il insistait :

« Ça, c'est du lait, voyez-vous ; moi, j'en bois dix, douze,

On la ramassait dans sa cuisine.

sans embarras. Ça passe comme du sucre. Rien au ventre,
rien à la tête ; on dirait que ça s'évapore sur la langue : y
a rien de meilleur pour la santé ! »

Comme elle en avait bien envie, elle céda ; mais elle n'en
prit que la moitié du verre.

Alors Chicot, dans un élan de générosité, s'écria :

« Tenez, puisqu'elle vous plaît, je vais vous en donner
un petit fût, histoire de vous montrer que nous sommes
toujours une paire d'amis. »

La bonne femme ne dit pas non et elle s'en alla un peu
grise.

Le lendemain, l'aubergiste entra dans la cour de la mère
Magloire, et tira du fond de sa voiture une petite barrique
cerclée de fer. Puis il voulut lui faire goûter le contenu,

pour prouver que c'était bien la même fine ; et quand ils eurent bu chacun trois verres, il déclara qu'il s'en allait :

« Et puis, vous savez, quand il n'y en aura plus, il y en aura encore, ne vous gênez point. Je ne suis pas regardant. Plus tôt ce sera fini, plus je serai content. »

Et il remonta dans son tilbury [1].

Il revint quatre jours plus tard. La vieille était devant sa porte, occupée à couper le pain pour la soupe.

Il s'approcha, lui dit bonjour, lui parla dans le nez, histoire de sentir son haleine. Et il reconnut un souffle d'alcool. Alors il sourit.

« Vous m'offrirez bien un petit verre de fine », dit-il. Et ils trinquèrent deux ou trois fois.

Mais bientôt, le bruit courut dans la contrée que la mère Magloire s'ivrognait toute seule. On la ramassait tantôt dans sa cuisine, tantôt dans sa cour, tantôt dans les chemins des environs, et il fallait la rapporter chez elle, inerte comme un cadavre.

Chicot n'allait plus chez elle, et quand on lui parlait de la paysanne, il murmurait avec un visage triste :

« C'est malheureux, à son âge, d'avoir pris cette habitude-là ! Voyez-vous, quand on est vieux, il n'y a pas de ressources. Ça finira bien par lui jouer un mauvais tour ! »

Ça lui joua un mauvais tour, en effet. Elle mourut l'hiver suivant, vers la Noël, étant tombée ivre dans la neige.

Et maître Chicot hérita de la ferme en déclarant :

« Si elle s'était point boissonnée, elle en avait bien pour dix ans de plus. »

GUY DE MAUPASSANT [2], Les sœurs Rondoli [3].

Le premier distillateur.

Un pauvre moujik [4] s'en allait un matin dans son champ, emportant un croûton de pain pour déjeuner. Avant de prendre la charrue, il déposa le croûton dans un buisson sur lequel il étendit son caftan.

Après deux heures de travail, le moujik dételer son cheval

---

1. *Tilbury* : cabriolet découvert. Tilbury est le nom de l'inventeur.
2. Voir p. 183, n. 1.
3. Ollendorf, éditeur.
4. *Moujik* : paysan russe.

et le laissa paître, tandis que lui-même allait chercher le croûton pour apaiser sa faim.

A la grande surprise du pauvre homme, le croûton avait disparu, et il n'en restait plus trace.

C'était un diablotin qui l'avait pris et qui, après ce bel exploit, s'était assis derrière le buisson pour jouir de la colère du moujik.

« Ma foi, dit celui-ci, pour un jour de jeûne on ne meurt pas de faim; celui qui l'a pris en avait sans doute plus besoin que moi. Grand bien lui fasse ! »

Et le brave homme alla se désaltérer dans une mare voisine, puis se reposa un moment et remit son cheval à la charrue.

Très mortifié de n'avoir pu faire perdre le sang-froid et la sagesse au moujik, le diablotin alla conter sa mésaventure au diable en chef.

« Tu n'es qu'un maladroit ! s'écria celui-ci. Si les moujiks et leurs babas [1] échappent ainsi à notre pouvoir, que deviendrons-nous ? Cela ne se passera pas ainsi. Retourne vers ton moujik, et si tu ne l'as pas amené à faire le mal d'ici trois ans, je te baigne dans l'eau bénite ! »

Le diablotin frémit de terreur; puis, après avoir réfléchi aux moyens de réparer son échec, il se décida à prendre la forme d'un brave homme pour se mettre au service du moujik. Il lui prédit alors que l'été serait sec et lui conseilla de semer du blé dans les terres marécageuses.

Ainsi fit le pauvre homme, et tandis qu'il récoltait une abondante moisson, ses voisins regardaient avec désolation leurs champs désséchés.

L'année suivante, le serviteur dit à son maître de semer le blé sur les terres élevées. Justement, il plut à torrents et les moissons pourrirent avant la récolte. Seul notre moujik eut tant de gerbes qu'il ne savait qu'en faire.

Alors son serviteur lui apprit à fabriquer de la vodka [2], et ils en burent tous les deux.

Voyant cela, le diablotin alla trouver son chef et s'écria : « Cette fois, je le tiens, mon moujik ! »

Pour s'en assurer, le diable vint chez le paysan et le vit boire de la vodka avec tous les notables du pays qu'il avait invités à sa table, et sa femme les servait copieusement.

1. *Leurs babas*: leurs femmes.
2. *Vodka* : sorte d'eau-de-vie de grains.

Celle-ci ayant renversé un verre, le moujik s'emporta :

« Sotte de tous les diables ! cria-t-il, est-ce de l'eau de vaisselle, cela ? »

Le diablotin, ravi, regarda son chef qui souriait.

A ce moment, un pauvre se présenta à la porte et demanda à boire.

« Je ne puis désaltérer tout le monde ! » dit brusquement le moujik.

— A la bonne heure ! » murmura le diable en chef.

Cependant les notables et le maître de la maison commençaient à s'échauffer ; ils se faisaient les uns aux autres force compliments exagérés.

« Laissons-les boire encore, dit le diablotin ; ils sont maintenant hypocrites comme des renards ; tout à l'heure ils deviendront méchants comme des loups. »

En effet, les convives continuant de boire s'enivrèrent. Ils s'injurièrent alors, puis se battirent avec fureur.

Le diable était ravi.

« Attends ! attends ! répétait le diablotin. Tu les vois comme des loups ; ils vont devenir comme des porcs. »

Les ivrognes, après avoir bu encore, voulurent regagner leurs demeures ; mais tous tombèrent le long des chemins, et le maître de la maison lui-même s'affaissa dans la boue.

La satisfaction du diable n'avait plus de bornes.

« Fameuse, cette boisson que tu as inventée, dit-il à son aide. Il doit y avoir dedans du sang de renard, du sang de loup et du sang de porc.

— Non, répondit le diablotin ; le sang de toutes ces bêtes était dans le moujik ; mais il ne pouvait agir tant que celui-ci demeurait sobre.

« Quand il se mit, grâce à ses bonnes récoltes, à manger beaucoup et à boire de la vodka, le sang du renard, celui du loup et celui du porc s'agitèrent en lui et il devint semblable à ces animaux. »

Le diable en chef embrassa son diablotin, le félicita devant ses collègues et le fit monter en grade.

D'après L. TOLSTOÏ.

Un cercle ouvrier en Angleterre.

On commence à fonder en France, notamment à Paris et à Lyon, des *cafés de tempérance*. Il y a longtemps que des établissements de ce genre fonctionnent et prospèrent à l'étranger, notamment en Angleterre.

Une grande salle commune, dominée parfois par une galerie à gradins, afin de pouvoir loger, dans les grandes circonstances, un plus grand nombre d'auditeurs. Dans la salle, des tables et des sièges. Le local est ouvert tous les soirs. L'ouvrier y vient fréquemment accompagné de sa femme. On y consomme des boissons non alcooliques en lisant les journaux locaux. Toutes sortes de jeux s'y rencontrent, depuis les échecs jusqu'aux cartes, mais les jeux de hasard sont interdits, et les enjeux très limités.

Un coin de la salle est occupé par un guichet de Caisse d'épargne, ouvert le mardi [1], de deux heures à minuit.

Le préposé au guichet se charge aussi des assurances ouvrières, aujourd'hui si répandues dans le Royaume-Uni.

Le samedi, la salle commune est transformée en salle de concert et de conférences; c'est une section d'harmonie, une société chorale, qui se chargent du divertissement.

Les conférences abordent rarement des questions de politique, fréquemment des questions de métier : relations des ouvriers et des patrons, durée des heures du travail, emploi des enfants, temps à donner à l'apprentissage, ou bien fondation de caisses de secours mutuels.

A côté de la grande salle commune, il y a toujours une salle de lecture où se trouvent des revues, des journaux illustrés, des romans et des livres de piété, une bibliothèque de récits de voyages et des manuels techniques.

Enfin, dans un grand local voisin, se réunissent les enfants du quartier affiliés aux ligues de tempérance.

1. Jour de paye.

Le cercle est le palais de l'ouvrier. Il a là son luxe, son confort et sa joie, en un vaste local propre, bien éclairé, bien chauffé. Chaque agglomération tient à honneur d'avoir le cercle le mieux entretenu, le plus paré, le plus joyeux.

CANDERLIER.

CHAPITRE VII

LES HABITUDES MORALES (*suite.*)

II. — *EMPLOI DU TEMPS ET DES BIENS : NÉCESSITÉ ET DIGNITÉ DU TRAVAIL*

Un livre du chancelier d'Aguesseau.

NE PERDONS PAS LE TEMPS

Le chancelier d'Aguesseau [1] dînait à midi précis, et, quand midi sonnait, il descendait dans la salle à manger. Sa femme, qui n'était pas si exacte, le faisait toujours attendre de cinq à dix minutes. Le chancelier, s'apercevant de ce retard habituel, voulut l'employer à quelque chose; il fit mettre du papier et des plumes dans la salle à manger, et tous les jours il écrivait quelque chose en attendant sa femme. Eh bien, au bout de dix ans, avec les dix minutes de tous les jours qu'un autre aurait perdues à ne rien faire, il composa un des plus beaux livres qu'il ait laissés.

FRÉDÉRIC SOULIÉ [2].

Enfance du général Drouot.

Le général Drouot, que Napoléon appelait « le sage de la grande armée », était le fils d'un boulanger de Nancy. Cet illustre guerrier aima l'étude dès sa plus tendre enfance.

---

1. *D'Aguesseau* (1668-1751) : magistrat français, célèbre par ses vertus et par son talent d'écrivain.

2. *F. Soulié* : romancier français contemporain.

« Âgé de trois ans, il allait frapper à la porte des frères de la Doctrine chrétienne, et, comme on lui en refusait l'entrée parce qu'il était trop jeune, il pleurait beaucoup. On le reçut enfin. Ses parents, témoins de son application toute volontaire, lui permirent, avec l'âge, de fréquenter des leçons plus élevées, mais sans lui rien épargner des devoirs et des gênes de leur maison. Rentré de l'école ou du collège, il lui fallait porter le pain chez les clients, se tenir dans la boutique avec tous les siens, et subir les inconvénients d'une perpétuelle distraction : Le soir, on éteignait la lumière de bonne heure par économie, et le pauvre écolier devenait ce qu'il pouvait, heureux lorsque la lune favorisait par un éclat plus vif la prolongation de sa veillée. On le voyait profiter ardemment de ces rares occasions. Dès les

Il s'approchait du four.

deux heures du matin, quelquefois plus tôt, il était debout; c'était le temps où le travail domestique recommençait à la lueur d'une seule et mauvaise lampe. Il reprenait aussi le sien; mais la lampe infidèle, éteinte avant le jour, ne tardait pas à lui manquer de nouveau; alors il s'approchait du four ouvert et enflammé, et continuait, à ce rude soleil, la lecture des grands écrivains. »

LAMENNAIS [1].

1. L'abbé *Lamennais* (1782-1854) publia d'abord son *Essai sur l'Indifférence en matière de religion*, brillante apologie de la foi catholique; mais il se sépara bientôt de l'Église et consacra son grand talent d'écrivain à l'exposition de ses idées nouvelles. Citons les *Paroles d'un croyant*, le *Livre du peuple*, *Une voix de prison*, etc.

Un témoignage irrécusable.

Un esclave, qui s'était tiré de servitude, ayant acheté un petit champ, le cultiva avec tant de soin qu'il devint le plus fertile du pays. Un tel succès lui attira la jalousie de tous ses voisins, qui l'accusèrent d'user de magie [1] et d'employer des sortilèges [2] pour procurer à son petit champ

une si étonnante fertilité et pour rendre leurs terres stériles. Il fut appelé en jugement devant le peuple romain.

On sait que l'assemblée du peuple se tenait sur la place publique. Il amena avec lui sa fille, une grosse paysanne très laborieuse, bien nourrie et bien vêtue.

Il fit apporter tous ses instruments de labour, en fort bon état : des hoyaux très pesants, une charrue bien équipée et bien entretenue; il fit aussi venir ses bœufs, qui étaient gros et gras.

Puis, se tournant vers ses juges : « Voilà, dit-il, mes sortilèges et la magie que j'emploie pour rendre mon champ fertile. Je ne puis pas, continua-t-il, vous produire ici mes sueurs, mes veilles, mes travaux de jour et de nuit. »

1. *Magie* : art prétendu de commander aux forces de la nature.

2. *Sortilèges* : maléfices des prétendus sorciers.

Les suffrages ne furent point partagés, et il fut absous d'une commune voix.

ROLLIN [1], *imité de Pline* [2].

Histoire de Saphir et d'Améthyste.

Pendant un orage, deux enfants, habitants d'un château, Saphir et Améthyste, avaient, en l'absence de leur grand'-mère, donné l'hospitalité à un petit vieillard percé par la pluie et le froid.

« Vous m'avez si bien traité, dit le vieillard aux deux enfants, que mon cœur s'épanouit à l'idée de vous savoir heureux. Je suppose que dans ce château magnifique où tout vous vient à souhait, vous devez couler de beaux jours. »

Saphir baissa les yeux.

« Heureux, sans doute! répondit Améthyste. Notre grand'-mère a tant de bontés pour nous, et nous l'aimons tant! Rien ne nous manque, à la vérité, mais nous nous ennuyons souvent.

— Vous vous ennuyez! s'écria le vieillard avec les marques du plus vif étonnement. Qui a jamais entendu dire qu'on s'ennuyât à votre âge! L'ennui est la maladie des gens inutiles, des paresseux et des sots. Vous ne travaillez donc pas?

— Travailler? répliqua Saphir un peu piqué. Nous sommes riches, et ce château le fait assez voir.

— Prenez garde, reprit le vieillard; la foudre, qui se tait à peine, aurait pu le consumer en passant.

— Ma grand'mère a plus d'or qu'il n'en faut pour suffire au luxe de sa maison.

— Les voleurs pourraient le prendre. Il n'y a qu'un bien qui mette à l'abri du malheur, et on ne se le procure que par l'étude et le travail. Pour qui possède celui-là, il n'y a point de revers qui puisse démonter son courage, tant qu'il

---

1. *Rollin* (1661-1741): fils d'un pauvre coutelier, il obtint une bourse au collège du Plessis. Il devint professeur, recteur de l'Université, académicien, principal du collège de Beauvais (à Paris). Les Jésuites le firent destituer. Il consacra sa retraite à composer des ouvrages utiles à la jeunesse. Le plus célèbre est son *Traité des études*.

2. *Pline le Jeune*: littérateur romain, vivait au Ier siècle de notre ère.

lui reste une faculté dans l'âme ou un métier dans la main. Il est plus réellement riche que les riches, ou plutôt, il n'y a que lui de riche et indépendant sur la terre. Toute autre fortune est trompeuse ou passagère. Elle vaut moins et dure peu. »

Améthyste et Saphir n'avaient jamais entendu ce langage. Ils se regardèrent encore et ne répondirent pas. Pendant qu'ils gardaient le silence, le vieillard se transfigurait. Ses traits décrépits reprenaient les grâces du bel âge, et ses membres cassés, l'attitude saine et robuste de la force. Ce pauvre homme était un génie [1] bienfaisant. « Je ne vous quitterai pas, ajouta-t-il en souriant, sans vous laisser un gage de ma reconnaissance pour les soins dont vous m'avez comblé. Puisque l'ennui seul a jusqu'ici troublé votre bonheur, recevez de moi ces deux anneaux, qui sont de puissants talismans [2]. En poussant le ressort qui en ouvre le chaton, vous trouverez toujours dans ce qui y est écrit un remède infaillible contre cette triste maladie du cœur et de l'esprit. Je n'attache à mon cadeau que deux conditions faciles à remplir : la première, c'est de ne pas consulter l'anneau sans nécessité, c'est-à-dire avant que l'ennui vous gagne ; la seconde, c'est d'exécuter ponctuellement tout ce qu'il vous prescrira. »

En achevant ces mots, le génie disparut. Améthyste et Saphir retournèrent à leurs plaisirs accoutumés, et s'amusèrent moins que de coutume.

« Je crois que tu t'ennuies ? dit Améthyste.

— J'allais t'adresser la même question, répondit Saphir.

— Je te jure, reprit Améthyste, en poussant le ressort du chaton, que je m'ennuie à la mort. »

Et en même temps elle lut, artistement gravée sur la plaque intérieure, cette inscription que Saphir lisait déjà de son côté : *Travaillez pour vous rendre utiles. Rendez-vous utiles pour être aimés. Soyez aimés pour être heureux.*

« Ce n'est pas tout, observa gravement Saphir. Ce que l'anneau nous prescrit, il faut l'exécuter ponctuellement. Essayons, si tu m'en crois. Le travail n'est peut-être pas plus ennuyeux que l'oisiveté. — Oh ! pour cela, je l'en

---

1. *Génie* : sorte de divinité qui, dans l'opinion des anciens, avait une influence bonne ou mauvaise sur la vie des hommes.

2. *Talisman* : pierre ou pièce de métal à laquelle la superstition attachait une vertu extraordinaire.

défie! répliqua la petite fille. Et puis, l'anneau nous réserve certainement quelque autre ressource contre l'ennui. Essayons, comme tu dis. Un mauvais jour est bientôt passé. »

Sans être absolument mauvais, comme le craignait Améthyste, ce jour n'eut rien d'agréable. Vingt fois, pendant chaque leçon que le frère et la sœur reçurent de leurs maîtres, le chaton était entr'ouvert, et vingt fois l'inscription obstinée se montrait à la même place : il n'y avait pas un mot de changé. Ce fut toujours la même chose pendant une longue semaine; ce fut encore la même chose pendant la semaine qui suivit.

Au bout de quinze jours, ils s'ennuyèrent moins, parce qu'ils commençaient à s'intéresser à leurs études. Au bout d'un mois ils s'ennuyèrent à peine, parce qu'ils avaient déjà semé assez pour recueillir. Le ressort joua cependant bien des fois pendant la première moitié de l'année; le septième, le huitième, le neuvième mois, on l'exerçait encore de temps à autre.

Le douzième, il était rouillé.

CHARLES NODIER [1].

Le travail des mains et le travail de l'intelligence.

(LE PHILOSOPHE CLÉANTHE)

Un jour l'Aréopage, tribunal composé des plus vénérables citoyens [2], cita à comparaître devant lui Cléanthe, ancien athlète [3] devenu disciple du philosophe Zénon, pour qu'il eût à justifier de ses moyens d'existence [4]. Les magistrats, ne connaissant aucune fortune à Cléanthe, et voyant qu'il passait des journées sans faire rien de plus que de suivre assidûment les leçons de son maître, voulurent avoir le mot de cette énigme [5]. Cléanthe fit venir avec lui devant les juges un jardinier et une vieille femme. Le jardinier

---

1. *Charles Nodier* (1780-1844) : littérateur français; a écrit beaucoup de nouvelles, d'articles de journaux, de romans, et aussi des ouvrages plus étendus sur la philologie, l'histoire naturelle, etc.

2. A Athènes.

3. *Athlète* : celui qui, en Grèce, courait dans les jeux publics pour le prix de la lutte, du pugilat, etc.

4. Il y avait une loi obligeant chaque citoyen à gagner sa vie par un travail professionnel.

5. *Cette énigme* : cette chose difficile à comprendre.

attesta que, durant la nuit, Cléanthe tirait de l'eau pour lui; et la vieille femme, que de temps à autre, et toujours pendant la nuit, il tournait la meule de son moulin. Cléanthe ajouta que son salaire du travail des nuits lui fournissait les moyens de se livrer librement à l'étude pendant le jour. Les juges, non seulement le déchargèrent de toute accusation, mais encore voulurent l'encourager par le don d'une somme d'argent qui lui permettrait de prendre quelque relâche. Cléanthe, suffisamment riche du produit de son travail, refusa leur présent.

Ayant succédé à Zénon [1], il eut pour disciple Antigone, qui devint l'un des successeurs d'Alexandre [2]. Cet Antigone, qui l'avait perdu de vue depuis longtemps, revint à Athènes et retrouva son ancien maître tournant la meule pour vivre :

« Eh quoi! lui dit-il, vous faites encore un pareil métier?

— Puisque ce métier, répondit le philosophe, m'assure l'indépendance et la dignité, pourquoi cesserais-je de le faire? »

La soupe bien gagnée.

Voici l'automne; de jeunes enfants vont ramasser les feuilles mortes. Ils ont descendu la côte en courant. Ce n'est point un jeu, c'est un travail. Mais ne croyez pas que ces enfants soient tristes parce qu'ils travaillent. Le travail est sérieux; il n'est pas triste.

Voilà les enfants à l'œuvre. Cependant le soleil qui monte réchauffe doucement la campagne. Des toits du hameau s'élèvent des fumées légères. Les enfants savent ce que disent ces fumées. Elles disent que la soupe aux pois cuit dans la marmite.

Encore une brassée de feuilles mortes, et les petits ouvriers prendront la route du village. La montée est rude. Courbés sous le sac ou penchés sur la brouette, ils ont chaud, et la sueur leur monte au front; ils s'arrêtent pour respirer.

Mais la pensée de la soupe aux pois soutient leur cou-

1. Comme professeur.
2. *Alexandre le Grand* : roi de Macédoine, conquit la Grèce, l'Égypte, la Perse, etc., et mourut à Babylone, âgé de 33 ans (356-323 av. J.-C.).

rage. Poussant et soufflant, ils arri nt enfin. Leur mère, qui les attend sur le pas de la porte, leur crie de loin : « Allons, les enfants, la soupe est trempée! »

Ils arrivent enfin !

Nos amis la trouveront excellente. Il n'est si bonne soupe que celle qu'on a gagnée.

ANATOLE FRANCE [1].

Le grand-père de grand-père.

(DIGNITÉ DES MÉTIERS MANUELS)

Machinalement, pendant que grand-père découpait le canard, je le regardais faire.

1. *Anatole France* : romancier con-temporain ; écrivain élégant et délicat, il sait manier l'ironie avec une grâce aisée et un art supérieur. Citons parmi ses œuvres : *Le livre de mon ami, Thaïs, le Crime de Sylvestre Bonnard, l'Orme du Mail*, etc.

« Grand-père, lui dis-je, quand tu étais petit garçon, est-ce que c'est ton grand-père qui lécoupait? »

Il interrompit son travail pour me répondre.

« Oui, c'était mon grand-père.

— Grand-père, est-ce que la Brigitte [1] de ton grand-père à toi le grondait aussi quand il faisait des taches sur la nappe? »

J'espérais apprendre que la Brigitte du grand-père de grand-père ne le grondait jamais; que c'était une Brigitte parfaite, dont la perfection ferait ressortir l'imperfection de notre Brigitte à nous, qui se montrait parfois un peu grondeuse et acariâtre.

Mais je fus pris dans mon propre piège.

« Mon grand-père, me dit-il en souriant, était trop pauvre pour payer les services d'une Brigitte. D'ailleurs, il n'était point exposé à faire des taches sur la nappe, vu que nous mangions sur le bois de la table, sans nappe. »

Je devins rouge. Il me déplaisait d'apprendre, surtout en présence de notre Brigitte, que quelqu'un de la famille avait été pauvre, et par conséquent, selon mes idées d'alors, avait porté le bissac sur l'épaule et avait demandé son pain de porte en porte, comme le vieux Duclos. Le vieux Duclos était un vagabond, malpropre et répugnant, dont la vue seule me faisait horreur.

Comme j'avais beaucoup d'amour-propre, je baissai piteusement la tête, et je tins mes yeux obstinément fixés sur mon assiette, pour dévorer mon humiliation.

Quelqu'un ayant sonné à la porte de la rue, Brigitte alla ouvrir. Quand elle allait ouvrir, elle faisait un petit bout de causette, soit avec les gens qui avaient sonné, soit avec les voisins.

Je levai les yeux sur mon grand-père.

« Tu pleures! me dit-il avec inquiétude. Dis-moi vite ce que tu as...

— Oh! grand-père, oh! grand-père!... » Ce fut tout ce que je pus dire d'abord.

« Es-tu malade? Dis-moi ce que tu as.

— Oh! grand-père, penser que ton grand-père à toi a porté le bissac, comme le vieux Duclos!

— Où as-tu pris cela? me demanda-t-il avec étonnement.

____

1. *La Brigitte* : la servante.

— C'est toi qui viens de le dire.

— Je n'ai rien dit de pareil.

— Si, grand-père; tu as dit qu'il était pauvre.

— Il y a une grande différence entre un homme pauvre et un mendiant. Il n'y a point de honte à être pauvre, tandis qu'il y en a presque toujours à être mendiant. Un homme pauvre est tout simplement un homme qui n'est pas riche, mais qui vit honorablement de son travail,

Il va de ferme en ferme.

comme Pacaut le charron; comme le père de Joubert, qui est épicier; comme celui de Thonin, qui est cordonnier; comme celui de Camus, qui est jardinier. Comprends-tu, mon petit?

— Oui, grand-père.

— Les mendiants, c'est autre chose. A moins d'être infirme, estropié ou hors d'âge, un homme ne mendie que pour ne pas travailler, ce qui est tout à fait honteux.

— Ton grand-père à toi, qu'est-ce qu'il faisait?

— Il était porteballe.

— Qu'est-ce que c'est qu'un porteballe?

— C'est un homme qui va dans les campagnes, de ferme en ferme, et de village en village, vendant du fil, des aiguilles, des boutons, des rubans, des petits miroirs, du papier à lettres, des plumes et quelquefois des livres.

— Comme le grand Simard?

— Oui, comme le grand Simard.

— Le grand Simard se grise, repris-je d'un air vexé; tu te rappelles que nous l'avons vu couché dans un fossé, le jour de l'assemblée de Lorieux.

— C'est vrai, je m'en souviens, » dit mon grand-père en souriant.

Je sentis que je rougissais de dépit, et je dis à mon grand-père :

« Ça m'ennuie que ton grand-père ait ressemblé à Simard.

— Crois-tu donc, reprit-il, que tous les gens d'un même métier aient les mêmes défauts et les mêmes qualités? Si tu crois cela, mon petit homme, il faut que je te détrompe. Il y a des porteballes qui ne sont pas ivrognes, et des ivrognes qui ne sont pas porteballes. Mon grand-père était un brave homme, un honnête homme. A l'époque où il vivait, les pauvres gens avaient bien plus de peine qu'aujourd'hui à gagner leur vie et à faire leur chemin dans le monde. Avec son pauvre petit métier, mon grand-père a fait la plus belle chose du monde : il a élevé sept garçons; et non seulement il les a élevés, mais il les a rendus tous les sept semblables à lui : ils étaient tous bons! entends-tu, mon enfant?

— Oui, grand-père.

— Ah! c'est que, vois-tu, il s'agit d'être bon avant tout, au prix de la bonté, le reste est bien peu de chose. Mon grand-père était bon comme du bon pain; ce n'était qu'un porteballe; mais bien des gens ont pleuré à son enterrement; son souvenir est resté dans bien des cœurs qu'il avait relevés ou consolés. Petit Paul, ajouta-t-il d'un ton si ému que son émotion me gagna, je suis aussi fier de mon grand-père qu'un duc ou un prince peut l'être du sien.. »

GIRARDIN [1].

[1]. *J. Girardin* : professeur contemporain. a écrit un grand nombre de romans à l'usage de la jeunesse.

Fonctionnarisme.

Nous avons le préjugé des professions soi-disant « libérales ». Sous l'influence de ce préjugé, bien des jeunes hommes, qui dans des professions de libre initiative, auraient pu s'enrichir et faire œuvre utile à leur pays, deviennent de pauvres employés.

En voyant passer deux vieux commis, Maupassant s'écrie :

O liberté! liberté! seul bonheur, seul espoir et seul rêve! De tous les misérables, de toutes les classes d'individus, de travailleurs, de tous les hommes qui livrent quotidiennement le dur combat pour vivre, ceux-là sont le plus à plaindre, sont les plus déshérités de faveurs.

On ne le croit pas. On ne le sait point. Ils sont impuissants à se plaindre; ils ne peuvent se révolter; ils restent liés, bâillonnés dans leur misère, leur misère honteuse de plumitifs [1].

Ils ont fait des études, ils savent le droit; ils sont peut-être bacheliers.

Comme je l'aime, cette dédicace de Jules Vallès :

« A tous ceux qui, nourris de grec et de latin, sont morts de faim. »

Sait-on ce qu'ils gagnent, ces crève-misère? De huit cents à quinze cents francs par an!

Employés des noires études, employés des grands ministères, vous devez lire chaque matin sur la porte de la sinistre prison la célèbre phrase du Dante :

« Laissez toute espérance, vous qui entrez! »

On pénètre là, pour la première fois, à vingt ans, pour y rester jusqu'à soixante et plus, et pendant cette longue période, rien ne se passe. L'existence tout entière s'écoule dans le petit bureau sombre, toujours le même, tapissé de cartons verts. On y entre jeune, à l'heure des espoirs vigoureux. On en sort vieux, près de mourir. Toute cette moisson de souvenirs que nous faisons dans une vie, les événements imprévus, les voyages aventureux, tous les hasards d'une existence libre, sont inconnus à ces forçats.

Tous les jours, les semaines, les mois, les saisons, les années se ressemblent, et à la même heure, on arrive; à la même heure, on déjeune; à la même heure, on s'en va; et

1. *Plumitifs* : gens de plume.

cela de vingt à soixante ans. Quatre accidents seulement font date : le mariage, la naissance du premier enfant, la mort de son père et de sa mère. Rien autre chose; pardon, les avancements. On ne sait rien de la vie ordinaire, rien du monde! On ignore jusqu'aux joyeuses journées de soleil dans les rues, et les vagabondages dans les champs, car jamais on n'est lâché avant l'heure réglementaire. On se constitue prisonnier à huit heures du matin; la prison s'ouvre à six heures, alors que la nuit vient. Mais, en compensation, pendant quinze jours par an, on a bien le droit, — droit discuté, marchandé, reproché, d'ailleurs — de rester enfermé dans son logis. Car où pourrait-on aller sans argent?

Le charpentier grimpe dans le ciel; le cocher rôde par les rues; le mécanicien des chemins de fer traverse les bois, les plaines, les montagnes, va sans cesse des murs de la ville au large horizon bleu des mers. L'employé ne quitte point son bureau, cercueil de ce vivant; et dans la même petite glace où il s'est regardé jeune, avec sa moustache blonde, le jour de son arrivée, il se contemple, chauve, avec sa barbe blanche, le jour où il est mis dehors. Alors, c'est fini, la vie est fermée, l'avenir clos. Comment cela se fait-il qu'on en soit là déjà? Comment donc a-t-on pu vieillir ainsi sans qu'aucun événement se soit accompli, qu'aucune surprise de l'existence vous ait jamais secoué? Cela est pourtant. Place aux jeunes, aux jeunes employés!

Alors, on s'en va, plus misérable encore, et on meurt presque tout de suite de la brusque rupture de cette longue et acharnée habitude du bureau quotidien, des mêmes mouvements, des mêmes besognes aux mêmes heures.

Guy de Maupassant [1], Sur l'eau [2].

Solon et Crésus.

Solon [3] vint voir le roi Crésus [4], qui le reçut honorablement dans son palais. Trois ou quatre jours après son arrivée, Crésus commanda à ses gens de le mener voir ses grands et riches trésors. Solon les ayant vus et considérés

1. *Maupassant* (1850-1893): littérateur français, élève de Gustave Flaubert, auteur de nombreuses nouvelles et de romans remarquables par les qualités d'observation et de style.

2. Ollendorff, éditeur.

3. *Solon* : législateur d'Athènes, un des sept sages de la Grèce.

4. *Crésus* : dernier roi de Lydie, en Asie-Mineure, était célèbre par ses richesses (vi^e siècle av. J.-C.).

tout à loisir, Crésus s'adressa à lui et lui dit : « Eh bien ! mon hôte athénien, j'ai beaucoup entendu parler de vous, tant à cause de votre sagesse qu'à cause des voyages que vous entreprenez pour vous instruire. Aussi ai-je grande envie de vous demander si, de tous les hommes que vous avez jamais vus, vous en avez connu quelqu'un de plus heureux que moi. » Crésus lui faisait cette demande, pensant être le plus heureux du monde. Solon, qui ne savait pas flatter, lui répondit : « J'ai vu Tellus, citoyen d'Athènes, plus heureux que vous. » Crésus, étonné de cette réponse, insista en disant : « Dites-moi, je vous prie, pourquoi vous le jugez l'homme le plus heureux que vous ayez vu ? » Solon lui répondit : « Tellus a vécu dans une cité bien régie et bien policée ; il a eu des enfants beaux et honnêtes, qui ont eu aussi des enfants demeurés vivants ; de plus, après avoir bien vécu, autant que cela dépend de nous, il a eu une belle et glorieuse fin. Comme les Athéniens livraient bataille à certains de leurs voisins, il combattit vaillamment et mourut au lit d'honneur[1], après avoir fait tourner le dos aux ennemis. Pour cela, les Athéniens le firent ensevelir à frais publics, au lieu même où il était tombé et l'honorèrent grandement. »

HÉRODOTE[2].

Il fondit en larmes.

Trop riche.

Une mère de famille demandait à Franklin[3] pourquoi la possession de grandes richesses est souvent accompagnée de déceptions. Celui-ci prit une pomme dans un panier et la présenta à un enfant qui jouait dans la chambre. L'enfant pouvait à peine la tenir dans sa petite main. Franklin lui en offrit une autre que le bambin, tout joyeux, prit de l'autre

Franklin.

main. On lui en présenta une troisième, qu'il ne put recevoir malgré tous ses efforts. Il fondit en larmes.

Franklin dit alors à la mère de famille : « Voici un petit homme qui a trop de richesses pour pouvoir en jouir. Avec deux pommes il était heureux; il ne l'est plus avec trois. »

STHAL [1], *Morale familière*.

La mort d'un avare.

Enfin arrivèrent les jours d'agonie, pendant lesquels la forte charpente du bonhomme [2] fut aux prises avec la destruction. Il voulut rester assis au coin du feu, devant la porte de son cabinet. Il attirait à lui et roulait toutes les couvertures que l'on mettait sur lui, et disait à Manon [3] :

1. *Stahl* : pseudonyme de Pierre-Jules Hetzel, libraire et auteur de plusieurs ouvrages pour la jeunesse. Il contribua à la Révolution de 1848 et fut exilé après le coup d'État de 1851.
2. Le père Grandet, l'avare.
3. La domestique de l'avare.

« Serre, serre ça, qu'on ne me vole pas. » Quand il pouvait ouvrir les yeux, où toute sa vie s'était réfugiée, il les tournait aussitôt vers la porte du cabinet, où gisaient ses trésors, en disant à sa fille : « Y sont-ils? y sont-ils? » d'un son de voix qui dénotait une sorte de peur panique.

« Oui, mon père.

— Veille à l'or..., mets-le devant moi! »

Eugénie [1] lui étendait des louis sur la table, et il demeurait des heures entières les yeux attachés sur les louis, comme un enfant qui, au moment où il commence à voir, contemple stupidement le même objet; et comme à un enfant il lui échappait un sourire pénible. « Ça me réchauffe! » disait-il quelquefois, en laissant paraître sur sa figure une expression de béatitude.

Lorsque le curé de la paroisse vint l'administrer [2], ses yeux, morts en apparence depuis quelques heures, se ranimèrent, à la vue de la croix, des chandeliers, du bénitier d'argent, qu'il regarda fixement, et sa loupe remua pour la dernière fois. Lorsque le prêtre lui approcha des lèvres le crucifix en vermeil pour lui faire baiser le Christ, il fit un épouvantable geste pour le saisir, et ce dernier effort lui coûta la vie; il appela Eugénie, qu'il ne voyait pas, quoiqu'elle fût agenouillée devant lui et qu'elle baignât de ses larmes une main déjà froide.

« Mon père, bénissez-moi, demanda-t-elle.

— Aie bien soin de tout. Tu me rendras compte de ça là-bas [3] », dit-il.

H. DE BALZAC [4], Eugénie Grandet.

La prévoyance.

Quand on se promène dans les grands bois, souvent on aperçoit au pied d'un arbre un charmant petit animal. Gra-

1. La fille de l'avare.

2. Vint lui administrer les derniers sacrements.

3. *Là-bas* : dans l'autre monde. L'avarice domine le pauvre homme jusqu'à son dernier soupir.

4. *Honoré de Balzac* : né en 1799, mort en 1850, l'un des romanciers les plus féconds et les plus puissants du xixᵉ siècle. Son œuvre immense, à laquelle on a donné le nom de *Comédie humaine*, est une peinture de la société tout entière. Beaucoup de personnages de ses romans (le père Goriot, Eugénie Grandet, César Birotteau, etc.), semblent pris dans la réalité même et avoir vécu d'une vie propre.

vement assis sur ses pattes de derrière, il grignotte quelque fruit qu'il porte à sa bouche avec ses pattes de devant, comme avec des mains. Si on ne fait pas de bruit, on peut admirer son pelage d'un brun rouge, sa tête fine aux grands yeux noirs éveillés, ses oreilles dressées, sa belle queue en panache. Mais au moindre bruit, prt! il s'élance, grimpe à un arbre, en un clin d'œil il a disparu parmi les branches. Quel est-il?...

Oui, vous avez deviné, c'est un écureuil.

Pendant tout l'été, tout l'automne, sa vivacité anime et égaye la solitude des forêts. Que fait-il ainsi grimpant, sautant et gambadant?... Oui, sans doute, il s'amuse parfois : mais surtout il travaille, à sa manière; il cherche sa nourriture.

C'est un écureuil.

C'est qu'il en faut de l'adresse, de l'agilité, de la peine, de la fatigue pour aller cueillir à l'extrémité des rameaux les faînes du hêtre, les châtaignes du châtaignier, les noisettes du coudrier. Il travaille donc, et beaucoup; il est pourtant heureux. Les fruits sont abondants pendant la belle saison. Quand vient le soir, il se repose du labeur de la journée, mollement couché dans son doux nid de mousse.

Mais l'automne est fini et l'hiver est venu. On ne voit plus courir le gentil écureuil que le froid engourdit. Les arbres sont dépouillés : plus de faînes sur le hêtre, plus de noix au noyer. La belle mousse est flétrie au pied des grands arbres.

Mais alors que deviendra le petit écureuil pendant la longue suite des mauvais jours? Va-t-il donc mourir de froid et de faim?... Oh que non! Il savait bien que le beau temps ne durerait pas toujours. Qu'a-t-il fait, le malin? Les fruits qu'il a cueillis pendant qu'il y en avait tant, il ne les a pas tous mangés; la belle mousse si douce qu'il a récoltée, il ne l'a pas toute foulée. Au creux d'un vieux chêne il a entassé et les noix et les glands, les noisettes et les faînes et la mousse élastique. Maintenant, tranquille dans sa tiède retraite, il nargue le froid et la faim.

Vous tous qui m'écoutez, pendant de longues années vous serez vifs et alertes comme l'écureuil, vous trouverez facilement à travailler, à gagner votre vie, comme il fait pendant la belle saison. Mais plus tard, à votre tour, vous serez faibles et engourdis par l'âge comme l'écureuil par le froid de l'hiver; vous ne pourrez plus travailler pour gagner le pain de chaque jour. Que devenir alors, si vous n'avez pas imité la prévoyance de notre petit ami? Eh bien! il faudra faire comme lui, économiser sur votre gain de chaque jour, entasser des provisions pour la mauvaise saison de votre vie.

Mais où mettre ces économies? Quel sera le vieux chêne où vous accumulerez non pas des aliments, mais l'argent qui servira à en acheter? La République, qui prend soin de vous maintenant que vous êtes encore jeunes, se charge aussi de votre vieillesse. Vous lui donnerez vos économies, en les versant à la Caisse des retraites [1] : elle vous les gardera en sûreté pour le jour où vous en aurez besoin. Bien mieux, elle vous rendra plus que vous ne lui aurez donné.

L'écureuil ne retrouve, dans son magasin, que le compte exact des fruits qu'il y a entassés. La République vous remettra, en rentes, plus d'argent que vous n'en aurez versé.

SÉHAISSE.

---

1. *La Caisse des retraites pour la vieillesse* : fondée en 1850, reçoit, par l'intermédiaire des percepteurs, des receveurs des postes, etc., les versements qu'on lui confie, à partir de cinq francs. Chaque versement, inscrit sur un livret, contribue à former un capital, que grossissent les intérêts accumulés. On peut ainsi recevoir de l'État, à l'âge de cinquante ans, une pension viagère dont le maximum est fixé à 1 200 francs.

CHAPITRE VIII

LES HABITUDES MORALES (suite)

III. — RESPECT DE LA VÉRITÉ, MODESTIE, FERMETÉ D'AME, PRUDENCE, PERSÉVÉRANCE, PATIENCE, DISCIPLINE, ETC.

Sincérité.

Georges Washington, qui devint président des États-Unis d'Amérique, fut renommé toute sa vie pour sa sincérité. Il était encore tout petit enfant, lorsqu'un ami de sa famille lui fit don d'une hachette. Dans sa joie, il n'eut rien de plus pressé que de l'essayer sur tous les arbres du jardin. Entre autres dégâts, il fit une énorme entaille à un oranger, arbre favori de son père. Celui-ci voulut savoir quel était l'auteur du méfait. Après avoir interrogé vainement tous les gens de la maison, il s'adressa à son fils : « Georges, lui dit-il, con-

Il fit une entaille.

nais-tu le coupable? Je veux le punir, et le punir de telle sorte qu'il ne soit pas tenté de recommencer. » L'enfant eut une grande frayeur, mais il n'hésita pas à répondre : « Mon père, je ne puis faire un mensonge, c'est moi qui suis le coupable : punissez-moi. — Viens dans mes bras! s'écria son père. Tu as eu grand tort de mutiler un arbre que j'avais planté et que j'aimais; mais tu m'as dit la vérité et je te pardonne. Ta franchise vaut mieux pour moi que mille arbres, eussent-ils des fleurs d'argent et des fruits d'or. Va, et que l'aventure de l'oranger te rappelle toujours qu'il faut être, quoi qu'il en coûte, véridique et sincère. »

ALLOU [1].

Le respect de la vérité [2].

Vespasien [3] avait envoyé dire à Helvidius Priscus de ne pas aller au Sénat. « Il est en ton pouvoir, lui répondit celui-ci, de m'empêcher d'être du Sénat; mais tant que j'en serai, j'y dois aller. — Eh bien! vas-y, lui dit l'empereur, mais tais-toi. — Ne m'interroge pas, et je me tairai. — Mais il faut que je t'interroge. — Et moi, il faut que je te dise ce qui me semble juste. — Si tu le dis, je te ferai mourir. — Quand t'ai-je dit que j'étais immortel? Tu rempliras ton rôle et je remplirai le mien. Ton rôle est de faire mourir; le mien est de mourir sans trembler. »

ÉPICTÈTE [4].

La Modestie.

Lors du siège de Paris par les Allemands, en octobre 1870, Félix Sauton, caporal-fourrier au 106e régiment, avait reçu

---

1. *Edmond Allou* : avocat contemporain, renommé pour son éloquence.

2. Voir au chapitre suivant la mort de Thomas Morus (Force d'âme devant la tyrannie), page 229.

3. *Vespasien* : empereur romain (69-79).

4. *Épictète* (né vers le 1er siècle ap. J.-C.) : Phrygien, esclave à Rome, puis affranchi, enfin proscrit. Ce fut un philosophe stoïcien et même un sage. Il enseignait que nous ne devons être préoccupés que des choses qui dépendent de nous, c'est-à-dire de l'état de notre âme. Quant aux douleurs, aux deuils, aux plaisirs et aux biens ne dépendant pas de nous, il faut nous y rendre indifférents. Cette philosophie morale est exprimée en belles formules dans ce que l'on nomme le *Manuel d'Épictète* et les *Dissertations* qui le suivent. La vie d'Épictète fut une constante application de sa doctrine.

la médaille militaire. C'était la récompense de sa belle conduite au terrible combat de la Gare-aux-Bœufs, dans la matinée du 29.

Cette médaille, il ne la portait pas. Ses chefs et ses camarades le lui reprochaient amicalement.

« Que voulez-vous, leur disait-il, il me semble que je ne l'ai pas encore bien gagnée : nous verrons plus tard. »

A Buzenval, dans l'attente de l'action, un des hommes de sa compagnie, un ami, lui parlait encore de cette médaille, qu'il avait, mieux que personne, le droit de porter.

« Eh bien, oui, répondit Sauton, je la mettrai dimanche. »

Cinq minutes plus tard, une balle l'atteignait en pleine poitrine. Il tomba. L'ami s'étant penché sur lui :

« Elle est là, dit le mourant, là, dans ma poche; tu peux me la mettre à présent. »

E. MULLER [1].

Flatteur et vaniteux.

Le garçon tailleur. — Mon gentilhomme [2], donnez s'il vous plaît aux garçons quelque chose pour boire.

M. Jourdain. — Comment m'appelez-vous?

Le garçon tailleur. — Mon gentilhomme.

M. Jourdain. — Mon gentilhomme! Voilà ce que c'est que de se mettre en personne de qualité [3]. Allez-vous-en demeurer toujours habillé en bourgeois [4], on ne vous dira point : « Mon gentilhomme ». Tenez, voilà pour mon gentilhomme [5].

Le garçon tailleur. — Monseigneur, nous vous sommes bien obligés.

M. Jourdain. — Monseigneur! Oh! oh! Attendez mon ami; monseigneur mérite quelque chose et ce n'est pas une petite parole que monseigneur. Tenez, voilà ce que monseigneur vous donne.

Le garçon tailleur. — Monseigneur, nous allons boire tous à la santé de votre grandeur.

M. Jourdain. — Votre grandeur! Oh! oh! oh! attendez, ne

---

1. Voir p. 105, n. 1.
2. *Gentilhomme* : homme noble.
3. *De qualité* : titrée.

4. M. Jourdain vient de se faire habiller en gentilhomme.
5. Il lui donne de l'argent.

vous en allez pas! A moi, votre grandeur! — Ma foi[1], s'il va jusqu'à l'Altesse; il aura toute la bourse. — Tenez, voilà pour ma grandeur.

« Voilà pour ma grandeur. »

Le garçon tailleur. — Monseigneur, nous la remercions humblement de ses libéralités.

M. Jourdain. — Il a bien fait[2], je lui allais tout donner.

MOLIÈRE[3], *Le Bourgeois gentilhomme.*

La première aventure de Gil-Blas.

Je demandai à souper dès que je fus dans l'hôtellerie. C'était un jour maigre : on m'accommoda des œufs. Lorsque l'omelette qu'on me faisait fut en état de m'être servie, je m'assis tout seul à une table. Je n'avais pas encore mangé le premier morceau que l'hôte entra, suivi de l'homme qui l'avait arrêté dans la rue. Ce cavalier portait une grande

1. Aparté.
2. De ne pas m'appeler Altesse.
3. *Molière (Jean-Baptiste Poquelin,* dit) : né à Paris en 1622, mort en 1673, fut acteur, directeur de théâtre et auteur. Il composa d'abord des farces, puis des comédies, dont la plupart sont des chefs-d'œuvre et le placent au premier rang des poètes dramatiques de la France.

rapière [1], et pouvait bien avoir trente ans. Il s'approcha de moi d'un air empressé. « Seigneur écolier, me dit-il, je viens d'apprendre que vous êtes le seigneur Gil Blas de Santillane, l'ornement d'Oviédo et le flambeau de la philosophie. Est-il bien possible que vous soyez ce savantissime, ce bel esprit dont la réputation est si grande en ce pays-ci? Vous ne savez pas, continua-t-il en s'adressant à l'hôte et à l'hôtesse, vous ne savez pas ce que vous possédez : vous avez un trésor dans votre maison. Vous voyez dans ce jeune gentilhomme la huitième [2] merveille du monde ». Puis, se tournant de mon côté et me jetant les bras au cou : « Excusez mes transports, ajouta-t-il, je ne suis point maître de la joie que votre présence me cause ».

Je ne pus lui répondre sur-le-champ, parce qu'il me tenait si serré que je n'avais pas la respiration libre, et ce ne fut qu'après que j'eus la tête dégagée de l'embrassade que je lui dis : « Seigneur cavalier, je ne croyais pas mon nom connu.

— Comment! connu! reprit-il sur le même ton; nous tenons registre de tous les grands personnages qui sont à vingt lieues à la ronde. Vous passez pour un prodige, et je ne doute pas que l'Espagne ne se trouve un jour aussi vaine [3] de vous avoir produit que la Grèce d'avoir vu naître ses sages ».

Ces paroles furent suivies d'une nouvelle accolade [4] qu'il me fallut essuyer [5] au hasard d'avoir le sort d'Antée [6].

Pour peu que j'eusse eu d'expérience, je n'aurais pas été la dupe de ses démonstrations ni de ses hyperboles [7]; j'au-

1. *Rapière* : longue épée.
2. Les anciens citaient sept merveilles du monde.
3. *Vaine* : fière.
4. *Accolade* : embrassade.
5. *Essuyer* : subir.
6. *Antée* : géant étouffé par Hercule.
7. *Hyperboles* : exagérations.

rais bien connu[1] à ses flatteries outrées[2] que c'était un de ces parasites[3] que l'on trouve dans toutes les villes, et qui, dès qu'un étranger arrive, s'introduisent auprès de lui pour remplir leur ventre à ses dépens; mais ma jeunesse et ma vanité m'en firent juger tout autrement. Mon admirateur me parut un fort honnête homme et je l'invitai à souper avec moi. « Ah! très volontiers, s'écria-t-il; je sais trop bon gré à mon étoile[4] de m'avoir fait rencontrer l'illustre Gil-Blas de Santillane pour ne pas jouir de ma bonne fortune le plus longtemps que je pourrai. Je n'ai pas grand appétit, poursuivit-il; je vais me mettre à table pour vous tenir compagnie seulement, et je mangerai quelques morceaux par complaisance ».

En parlant ainsi, mon panégyriste[5] s'assit vis-à-vis de moi. On lui apporta un couvert. Il se jeta d'abord sur l'omelette avec tant d'avidité qu'il semblait n'avoir mangé de trois jours.

A l'air complaisant dont il s'y prenait, je vis bien qu'elle serait bientôt expédiée. J'en ordonnai une seconde, qui fut faite si promptement qu'on la servit comme nous achevions, ou plutôt comme il achevait de manger la première.

Il y procédait pourtant d'une vitesse toujours égale, et trouvait moyen, sans perdre un coup de dent, de me donner louanges sur louanges, ce qui me rendait fort content de ma petite personne.

Il buvait aussi fort souvent : tantôt c'était à ma santé et tantôt à celle de mon père et de ma mère, dont il ne pouvait assez vanter le bonheur d'avoir un fils tel que moi. En même temps il versait du vin dans mon verre, et m'excitait à lui faire raison[6].

Je ne répondais point mal aux santés qu'il me portait; ce qui, avec ses flatteries, me mit insensiblement de si bonne humeur que, voyant notre seconde omelette à moitié mangée, je demandai à l'hôte s'il n'avait point de poisson à nous donner. Le seigneur Corcuélo, qui, selon toutes les apparences, s'entendait avec le parasite, me répondit. « J'ai une truite excellente, mais elle coûtera cher à ceux qui la

---

1. *J'aurais connu* : compris.
2. *Outrées* : exagérées.
3. *Parasites* : hommes qui se nourrissent aux dépens d'autrui.

4. *A mon étoile* : à ma fortune.
5. *Mon panégyriste* : faiseur d'éloges.
6. *A lui faire raison* : à lui tenir tête en buvant autant que lui.

mangeront; c'est un morceau trop friand [1] pour vous. — Qu'appelez-vous trop friand? dit alors mon flatteur d'un ton de voix élevée; vous n'y pensez pas, mon ami! Apprenez que vous n'avez rien de trop bon pour le seigneur Gil-Blas de Santillane, qui mérite d'être traité comme un prince. »

Je fus bien aise qu'il eût relevé les dernières paroles de l'hôte, et il ne fit en cela que me prévenir [2]. Je m'en sentais offensé, et je dis fièrement à Corcuélo : « Apportez-nous votre truite, et ne vous embarrassez pas du reste. »

L'hôte, qui ne demandait pas mieux, se mit à l'apprêter et ne tarda guère à nous la servir. A la vue de ce nouveau plat, je vis briller une grande joie dans les yeux du parasite, qui fit paraître une nouvelle complaisance, c'est-à-dire qu'il donna [3] sur le poisson comme il avait donné sur les œufs. Il fut pourtant obligé de se rendre [4] de peur d'accident, car il en avait jusqu'à la gorge. Enfin, après avoir bu et mangé tout son soûl, il voulut finir la comédie.

« Seigneur Gil-Blas, me dit-il en se levant de table, je suis trop content de la bonne chère que vous m'avez faite pour vous quitter sans vous donner un avis important, dont vous me paraissez avoir besoin. Soyez désormais en garde contre les louanges, défiez-vous des gens que vous ne connaissez point. Vous en pourrez rencontrer d'autres qui voudront, comme moi, se divertir [5] de votre crédulité et peut-être pousser les choses encore plus loin; n'en soyez pas la dupe, et ne vous croyez point, sur leur parole, la huitième merveille du monde. » En achevant ces mots, il me rit au nez et s'en alla.

LE SAGE [6].

Les procès.

Le fermier Basile, en mourant, avait laissé deux fils, dont l'un se nommait Étienne et l'autre Nicolas. Sa mort les mettait en possession d'un héritage assez considérable pour

1. *Friand* : délicat.
2. *Me prévenir* : me devancer.
3. *Il donna* : il se jeta.
4. *De se rendre* : d'arrêter ses exploits.
5. *Se divertir* : s'amuser.
6. *Le Sage* (1668-1747) : écrivain français. Son roman *Gil Blas* est, sous couleur d'aventures espagnoles, une spirituelle satire de la société française de son temps. Il a écrit un autre roman, le *Diable boiteux*, et une comédie, *Turcaret*, satire des financiers du xviiie siècle.

leur procurer une aisance honnête. Parmi les biens qui leur étaient échus en partage, il y avait un fort beau jardin. Leur père avait passé sa vie à le planter d'arbres choisis. Comme ce jardin donnait tous les ans une quantité de fruits dont le débit était assuré par leur renommée, chacun des deux frères voulait l'avoir dans son lot, et aucun ne voulait le céder à l'autre.

Cette obstination jeta dans leurs cœurs les premières semences de haine. Ils ne se parlaient plus que pour se tenir des discours injurieux. « Tu es un méchant homme, disait Étienne à Nicolas, et tu ne mérites pas de posséder une si bonne terre. » Nicolas, outré d'indignation, lui répondait : « Que deviendraient ces arbres dans tes mains fainéantes? Ils ne rapporteraient plus que des feuilles en moins de trois ans. »

Un vieil ami de leur père fut informé de leur querelle. Il alla les trouver et leur dit :

« Que faites-vous mes amis? Pourquoi cesser de bien vivre ensemble? Faut-il que ce jardin, au lieu de vous unir, vous divise? Que ne le faites-vous valoir en société pour en partager les fruits?

— Ce n'est pas comme je l'entends, répondit Étienne; je veux l'avoir à moi tout seul.

— Je veux l'avoir à moi tout seul, répéta Nicolas.

— Eh bien! reprit le vieillard, que le plus raisonnable de vous deux le cède à l'autre, sauf à reprendre sa valeur sur les autres terres que vous avez à partager.

— A la bonne heure, s'écrièrent-ils à la fois, que mon rère me l'abandonne.

— J'y ai plus de droit, dit l'aîné.

— Et pourquoi donc? répliqua le plus jeune.

— Oh! tu me le céderas, je l'ai mis dans ma tête.

— Tu n'as qu'à l'en ôter. Je te céderais plutôt l'air que je respire.

— Puisque vous êtes si opiniâtres, leur dit le vieillard, et que vous ne pouvez vous arranger ensemble, voulez-vous que le sort en décide?

— Je ne veux pas le risquer, dit Étienne.

— Ni moi non plus, » dit Nicolas.

Enfin leur vieil ami proposa de vendre le jardin et d'en partager le prix; mais cette proposition fut également rejetée des deux côtés. Rien ne put vaincre leur obstination.

Chacun des deux frères alla choisir un avocat, et ainsi s'établit un procès dont le jugement semblait facile, mais qui dura deux années entières par les chicanes de nos plaideurs. Si l'un faisait une estimation[1] du jardin, l'autre ne manquait pas de la contredire. C'était chaque mois une nouvelle descente de juges et de nouveaux rapports d'experts[2]. La culture, comme on peut le croire, était bien négligée dans cet intervalle : c'était assez que l'un voulût planter un pommier pour que l'autre préférât un poirier. Les beaux arbres, mal soignés, rendaient à peine la moitié du produit ordinaire, et ce peu encore, au lieu de grossir leur bourse, ne faisait qu'y passer à peine pour aller tout de suite s'engouffrer dans celle des hommes d'affaires.

Les deux frères, irrités, avaient le cœur plein d'amertume. Ils devenaient de jour en jour plus sombres, plus aigris ; rien ne les égayait plus ; leurs femmes et leurs enfants avaient continuellement à souffrir de leur mauvaise humeur. Leurs voisins mêmes les fuyaient, lassés de les entendre sans cesse s'accuser l'un l'autre.

Après deux ans entiers de troubles et de querelles, la justice, enfin, décida que le jardin serait vendu, et que l'argent resterait entre ses mains pour acquitter les frais du procès. Je vous laisse à penser quelle fut la confusion des plaideurs en entendant cette sentence. Ils se regardaient la bouche béante, sans trouver un seul mot pour exprimer leur désappointement.

« Ah ! dit enfin Nicolas, nous l'avons bien mérité.

— Ah ! si c'était à recommencer ! » s'écria Étienne.

Et tous deux, emportés par un même mouvement d'indulgence et d'oubli, se jetèrent dans les bras l'un de l'autre. Ils s'embrassèrent en pleurant, et la haine sortit de leurs cœurs.

D'après BERQUIN[3].

L'huître et les Plaideurs.

Un jour, dit un auteur, n'importe en quel chapitre,
Deux voyageurs à jeun rencontrèrent une huître :

---

1. *Estimation* : action de déterminer la valeur d'une chose.

2. *Expert* : personne nommée par autorité de justice, ou par les parties intéressées, pour estimer certaines choses.

3. *Berquin* : écrivain du XVIIIe siècle, auteur de nombreux ouvrages à l'usage des enfants.

Tous deux la contestaient, lorsque, dans leur chemin,
La justice passa, la balance à la main [1].
Devant elle, à grand bruit, ils expliquent la chose;
Tous deux avec dépens [2] veulent gagner leur cause.
La Justice, pesant ce droit litigieux [3],
Demande l'huître, l'ouvre et l'avale à leurs yeux,
Et, par ce bel arrêt terminant la bataille :
« Tenez, voilà, dit-elle, à chacun une écaille.
Des sottises d'autrui nous vivons au palais [4].
Messieurs, l'huître était bonne. Adieu! vivez en paix. »

BOILEAU [5].

Un bon conseil.

Un jour, un fermier nommé Bernard, étant venu à Rennes pour certain marché, pensa, une fois ses affaires terminées, qu'il lui restait quelques heures de loisir, et qu'il ferait bien de les employer à consulter un avocat. On lui avait souvent parlé de M. Poitier de La Germondaie, dont la réputation était si grande que l'on croyait un procès gagné lorsqu'on pouvait s'appuyer de son opinion. Le paysan demanda son adresse et se rendit chez lui, rue Saint-Georges.

Les clients étaient nombreux, et Bernard dut attendre longtemps; enfin son tour arriva, et il fut introduit.

M. de La Germondaie lui fit signe de s'asseoir, posa ses lunettes et lui demanda ce qui l'amenait.

« Par ma foi! monsieur l'avocat, dit le fermier en tournant son chapeau, j'ai entendu dire tant de bien de vous que, comme je me trouvais tout porté à Rennes, j'ai voulu venir vous consulter, afin de profiter de l'occasion.

---

1. *La balance à la main* : on représente la Justice sous la figure d'une femme qui tient une balance à la main pour indiquer qu'elle pèse exactement, c'est-à-dire qu'elle évalue à leur juste valeur les raisons de chacune des parties adverses avant de prononcer ses jugements.

2. *Avec dépens* : c'est-à-dire, en faisant payer par le condamné toutes les dépenses qu'a occasionnées le procès.

3. *Ce droit litigieux* : ce droit contestable.

4. *Au Palais* : au tribunal. On nomme *Palais* le lieu où siègent les tribunaux.

5. *Boileau (Nicolas Despréaux)* : né à Paris en 1636, mort en 1711. Célèbre poète français, contemporain et ami de nos grands classiques Racine et Molière. Doué de beaucoup de bon sens et de bon goût, Boileau était le critique le plus écouté du siècle. On l'a surnommé le Législateur du Parnasse. Œuvres principales : *l'Art poétique, les Satires, les Épîtres, le Lutrin*, etc.

« Je veux une consulte. »

— Je vous remercie de votre confiance, mon ami, dit M. Poitier de La Germondaie; mais vous avez sans doute quelque procès?

— Des procès? par exemple! Je les ai en abomination, et jamais Pierre Bernard n'a eu aucun mot avec personne.

— Alors c'est une liquidation [1], un partage de famille?

— Faites excuse, monsieur l'avocat, ma famille et moi nous n'avons jamais eu à faire de partage, vu que nous prenons à la même huche [2], comme on dit.

— Il s'agit donc de quelque contrat d'achat ou de vente?

— Ah! bien oui! Je ne suis pas assez riche pour acheter ni assez pauvre pour revendre.

— Mais enfin que voulez-vous de moi? demanda le jurisconsulte [3] étonné.

— Eh bien! je vous l'ai dit, monsieur l'avocat, reprit Bernard avec un gros rire embarrassé, je veux une *consulte* [4], pour mon argent, bien entendu, parce que je suis tout porté à Rennes et qu'il faut profiter des occasions. »

M. de La Germondaie sourit, prit une plume, et demanda au paysan son nom.

« Pierre Bernard, répondit celui-ci, heureux qu'on l'eût compris.

— Votre âge?

— Quarante ans ou approchant.

— Votre profession?

— Ma profession?... Ah! oui, qu'est-ce que je fais? Je suis fermier.... »

L'avocat écrivit deux lignes, plia le papier et le remit à son étrange client.

« C'est déjà fini? s'écria Bernard; eh bien! à la bonne heure, on n'a pas le temps de moisir, comme dit cet autre. Combien donc cela vaut-il, la *consulte*, monsieur l'avocat?

— Trois francs. »

Bernard paya sans réclamation, salua du pied et sortit, enchanté d'avoir *profité de l'occasion*.

Lorsqu'il arriva chez lui, il était déjà quatre heures : la

---

1. *Liquidation* : règlement des comptes d'une société et partage entre les associés de l'actif restant.

2. *Huche* : grand coffre de bois, pour pétrir et serrer le pain.

3. *Jurisconsulte* : celui qui est versé dans la connaissance des lois et du droit.

4. *Une consulte* : une consultation.

route l'avait fatigué et il rentra à la maison bien résolu à se reposer.

Cependant ses foins étaient coupés depuis plusieurs jours et complètement fanés; un des garçons vint demander s'il fallait les rentrer.

« Ce soir! interrompit la fermière qui venait de rejoindre son mari; ce serait grand péché de se mettre à l'ouvrage si tard, tandis que demain on pourra les ramasser sans se gêner. »

Le garçon objecta que le temps pouvait changer, que les attelages étaient prêts et les bras sans emploi. La fermière répondit que le vent se trouvait bien placé, et que, si l'on commençait, la nuit viendrait tout interrompre. Bernard, qui écoutait les deux plaidoyers, ne savait à quoi se décider, lorsqu'il se rappela tout à coup le papier de l'avocat.

« Minute! s'écria-t-il; j'ai là une *consulte*, c'est d'un fameux, et elle m'a coûté trois francs; ça doit nous tirer d'embarras. Voyons, Thérèse, dis-nous ce qu'elle chante, toi qui lis toutes les écritures. »

La fermière prit le papier, et lut, en hésitant, ces deux lignes :

Pierre Bernard, ne remettez jamais au lendemain ce que vous pouvez faire le jour même.

« Il y a cela! s'écria le fermier frappé de l'à-propos; alors vite les charrettes, les filles, les garçons, et rentrons le foin! »

La femme voulut essayer encore quelques objections; mais il déclara qu'on n'achetait pas une *consulte* trois francs pour n'en rien faire, et qu'il fallait suivre l'avis de l'avocat. Lui-même donna l'exemple en se mettant à la tête de ses travailleurs et en ne rentrant qu'après avoir ramassé tous ses foins.

L'événement sembla vouloir prouver la sagesse de sa conduite, car le temps changea pendant la nuit, un orage imprévu éclata sur la vallée, et le lendemain, quand le jour parut, on aperçut dans la prairie la rivière débordée qui entraînait les foins récemment coupés. La récolte de tous les fermiers voisins fut complètement anéantie; Bernard seul n'avait rien perdu.

Cette première expérience lui donna une telle foi dans la consultation de l'avocat qu'il devint, grâce à son ordre et à sa diligence, un des plus riches fermiers du pays. Il avait adopté pour règle de conduite le conseil :

Ne remettez jamais au lendemain ce que vous pouvez faire le jour même.

E. SOUVESTRE[1].

Prévoyance et persévérance.

Le vieillard le taille.

Un écolier presse une cerise entre ses lèvres, en rejette le noyau. Un vieillard le relève et l'enfouit dans une terre labourée, aux yeux de l'enfant, qui rit d'un tel soin. Plus tard il repasse au même lieu et voit le noyau devenu arbuste. Le vieillard est encore là qui le taille, le greffe, le défend contre toute atteinte. A quoi bon tant de fatigue? pense l'adolescent. Mais, devenu homme, et longeant la route poudreuse, il retrouve l'arbre couvert de fruits qui le désaltèrent, et il comprend enfin la prévoyance du vieillard. Qui de nous n'a point été cet adolescent et cet homme? Combien de projets abandonnés sur la route et qu'un plus avisé relève après lui!

E. SOUVESTRE.

1. *Émile Souvestre* (1806-1854) : auteur de romans et de pièces de théâtre. Ses œuvres, toujours morales, inspirent de l'estime pour le caractère de l'homme qui les a écrites.

Le poltron.

Moron, bouffon de la princesse d'Élide, aperçoit un ours qui vient à lui :

Ah! monsieur l'ours, je suis votre serviteur de tout mon cœur. De grâce, épargnez-moi. Je vous assure que je ne vaux rien du tout à manger, je n'ai que la peau et les os, et je vois de certaines gens là-bas qui feraient bien mieux votre affaire.

Hé! hé! hé! monseigneur, tout doux, s'il vous plaît! La, la, la, la. (*Il caresse l'ours et tremble de frayeur.*) Ah! monseigneur, que Votre Altesse[1] est jolie et bien faite! Elle a tout à fait l'air galant et la taille la plus mignonne du monde. Ah! beau poil! belle tête! beaux yeux brillants et bien fendus! Ah! beau petit nez! belle petite bouche! petites quenottes jolies! Ah! belles petites menottes! petits ongles bien faits! (*L'ours se lève sur ses pattes de derrière.*) A l'aide! au secours! je suis mort! Miséricorde! Pauvre Moron! Ah! mon Dieu! Hé! vite à moi! Je suis perdu! (*Moron monte sur un arbre.*)

« Au secours! »

---

1. Sa politesse va croissant comme sa frayeur. Il commence par *monsieur l'ours* et finit par *Votre Altesse*.

MORON, *monté sur un arbre, aux chasseurs :*

Hé! messieurs, ayez pitié de moi! (*Les chasseurs combattent l'ours.*) Bon! messieurs, tuez-moi ce vilain animal-là [1]! Oh, ciel! daigne les assister! Bon, le voilà qui fuit. Le voilà qui s'arrête et qui se jette sur eux. Bon, en voilà un qui vient de lui donner un coup dans la gueule. Les voilà tous à l'entour de lui. Courage, ferme! Allons, mes amis! Bon, poussez fort! encore! Ah! le voilà qui est à terre; c'en est fait, il est mort. Descendons maintenant pour lui donner cent coups. (*Moron descend de l'arbre.*) Serviteur, messieurs, je vous rends grâce de m'avoir délivré de cette bête. Maintenant que vous l'avez tuée, je m'en vais l'achever et en triompher avec vous. (*Moron donne mille coups à l'ours qui est mort.*)

MOLIÈRE [2], La princesse d'Élide.

Sang-froid de Charles XII, roi de Suède.

Un jour que le roi dictait des lettres pour la Suède à un

Une bombe tomba sur la maison.

secrétaire, une bombe tomba sur la maison, perça le toit, et vint éclater près de la chambre même du roi; la moitié

---

1. Le poltron n'a plus pour; ses flatteries font place à l'insolence.

2. *Molière* : Voir p. 192, n. 3.

du plancher tomba en pièces; le cabinet où le roi dictait étant pratiqué en partie dans une grosse muraille, ne souffrit point de l'ébranlement, et, par un bonheur étonnant, nul des éclats qui sautaient en l'air n'entra dans ce cabinet, dont la porte était ouverte. Au bruit de la bombe et au fracas de la maison qui semblait tomber, la plume échappa des mains du secrétaire. « Qu'y a-t-il donc? lui dit le roi d'un air tranquille, pourquoi n'écrivez-vous pas? » Celui-ci ne put répondre que ces mots : « Eh! sire, la bombe! — Eh bien, reprit le roi, qu'a de commun la bombe avec la lettre que je vous dicte? Continuez. »

VOLTAIRE [1].

Enfance de Sedaine.

Le 4 juillet 1719, était né à Paris Michel-Jean Sedaine, fils de l'un des architectes les plus honorés de la ville. Sa famille, heureuse et estimée, lui faisait faire de sérieuses études. Il avait à peine treize ans lorsque son père fut tout à coup ruiné; et, s'étant réfugié au fond du Berry où il avait emmené ses enfants, y mourut de chagrin en peu de temps.

Le pauvre petit Sedaine, resté seul avec son plus jeune frère, le prend par la main et se met en route pour Paris. Sa mère y était retirée au fond d'une abbaye [2]. Il veut l'aller rejoindre. Il avait pour tout bien dix-huit francs; il les emploie à payer la place de son frère dans la lourde diligence de ce temps, lui donne sa veste parce qu'il fait froid, et suit la route à pied. Quelquefois les voyageurs font monter sur le siège du conducteur ce petit père de

---

1. *Voltaire (François-Marie Arouet,* dit) : prosateur et poète, historien et philosophe (1694-1778), né et mort à Paris. Il vécut successivement à Paris, en Angleterre, en Prusse auprès de Frédéric II dont il devint chambellan, enfin à Ferney dans le pays de Gex, où il était à peu près hors des atteintes de ses ennemis. Son œuvre est immense, et par l'étendue, et par l'influence qu'elle exerça. Citons : un poème épique, *la Henriade*; des *tragédies*, des *comédies*, des *opéras*, des *contes*, l'*His-*toire de Charles XII*, celle du *Siècle de Louis XIV*. Les poésies légères de Voltaire sont spirituelles, ses lettres inimitables, ses romans pleins d'idées et d'esprit. Ce grand écrivain fut, malgré ses fautes, un précurseur de la Révolution, un défenseur de la tolérance et de la liberté religieuse, homme de cœur, quoique ses détracteurs n'aient voulu voir en lui qu'un homme d'esprit.

2. Certaines abbayes donnaient asile aux gens honorables qui se trouvaient sans ressources.

famille de treize ans, et il arrive ainsi à Paris. C'est là qu'il reprend par la base le métier de son père; il se met vaillamment à tailler la pierre, aidant ainsi à la subsistance de sa mère et à l'éducation de son jeune frère. Tandis qu'il travaillait gaiement, les larmes venaient aux yeux des maçons qui avaient connu son père l'architecte et servi sous lui comme des soldats; aussi, quelquefois, quand la chaleur était trop ardente ou la pluie trop forte, il trouvait sa pierre placée par eux à l'abri et transportée la nuit sous quelque hangar. Cependant Sedaine [1] étudiait toujours; à côté de sa longue scie, le tailleur de pierres posait Horace et Virgile, Molière, Montaigne [2], qui furent les adorations de toute sa vie, et, quand ses compagnons les maçons dormaient couchés sur la poitrine dans le gazon, il prenait ses chers livres et pensait à l'écart.

DE VIGNY [3].

Enfance de Michelet.

(FORCE D'AME DANS LE MALHEUR)

Notre appartement consistait en une unique pièce et un cabinet noir où je couchais. Nous n'avions plus sous les yeux le large horizon de l'impasse Saint Louis [4]. Celui-ci se bornait à la cour d'un marchand de planches. Sous le jour terne qui venait tard, s'en allait tôt, notre intérieur était des plus tristes. Les faibles ressources qui nous étaient venues d'un tout petit héritage, achevaient de s'épuiser. Au delà, nulle espérance.

Toujours en tête à tête avec ma mère entre les heures de la classe, ému de ses émotions, la voyant inquiète jusqu'à ne jamais savoir la veille quelle serait la nourriture du lendemain, je frémissais à l'idée d'une misère absolue pour ses derniers jours. Nous réservions absolument tout pour elle.

---

1. *Sedaine* (1719-1797) : auteur dramatique français. Sa meilleure pièce est le *Philosophe sans le savoir*.

2. *Horace* et *Virgile* : poètes latins; *Molière* (voir p. 192); *Montaigne*, célèbre écrivain du XVIe siècle, auteur des *Essais*.

3. *Alfred de Vigny* (1797-1863) : poète français, officier sous la Restauration; il quitta l'armée pour se consacrer aux lettres. C'est un penseur en même temps qu'un écrivain.

4. A Paris.

J'ai dit que, rue des Saints-Pères, c'était pour moi un régal que d'avoir quelques légumes un peu assaisonnés; rue de Périgueux, cela m'eût semblé l'abondance du riche.

Et j'avais seize ans! l'âge où la croissance rapide rend le besoin d'une nourriture abondante plus impérieux qu'à aucun autre moment de la vie.

Le plus souvent, je partais pour le collège à jeun, l'estomac et la tête vides. Quand ma grand'mère venait nous voir, c'étaient les bons jours; elle m'enrichissait de quelque petite monnaie. Je calculais alors sur la route ce que je pourrais bien acheter pour tromper ma faim. Le plus sage eût été d'entrer chez le boulanger; mais comment trahir ma pauvreté en mangeant mon pain sec devant mes camarades? D'avance, je me voyais exposé à leurs rires et j'en frémissais. Cet âge est sans pitié...

Aujourd'hui, cette indigence née de la persécution, fièrement, noblement supportée par les miens, fait ma gloire. Alors, elle me semblait une honte et je la cachais de mon mieux. Terrible respect humain!

Pour échapper aux railleries, j'imaginai d'acheter quelque chose d'assez substantiel pour me soutenir et qui ressemblât pourtant à une friandise. Le plus souvent, c'était le pain d'épice qui faisait les frais de mon déjeuner. Il ne manquait pas de boutiques en ce genre sur mon chemin. Pour deux sous on avait un morceau magnifique, un homme superbe, un géant par la hauteur de la taille; en revanche, il était si plat que je le glissais dans mon carton, et il ne le gonflait guère.

Pendant la classe, quand je sentais le vertige me saisir et que mes yeux voyaient trouble par l'effet de l'inanition, je lui cassais un bras, une jambe que je grignotais à la dérobée. Mes voisins ne tardaient guère à surprendre mon petit manège. « Que manges-tu là, me disait l'un ou l'autre. » Je répondais, non sans rougir : « Mon dessert. »

La faim n'a pas été le seul tourment de mon enfance. Je me souviens surtout que j'ai eu froid. Nous n'allumions jamais de feu dans notre grande chambre, si ce n'est pour préparer les aliments, et, comme on l'a vu, ce n'était pas tous les jours nécessaire.

En toute saison, je portais un petit habit tête de nègre. Par les temps de gelée, il devenait fort sec. La bise me transperçait jusqu'à la moelle des os. N'importe, malgré l'hiver, les engelures qui s'étaient ouvertes et me faisaient cruellement souffrir, je me levais avant le jour pour étudier.

MICHELET [1].

La servante d'Abauzit.

(SÉRÉNITÉ D'UN SAVANT)

Firmin Abauzit, savant génevois qui s'était fait dans sa patrie une réputation aussi grande par son érudition [2] que par son désintéressement, n'était pas moins recommandable par son caractère privé que par l'étendue de son savoir. Un trait suffira pour donner une idée de son extrême patience. Il passait pour ne s'être jamais mis en colère. Quelques personnes s'adressèrent à sa servante pour s'assurer si la chose était vraie. Elle affirma que, depuis trente ans qu'elle était à son service, elle ne l'avait jamais vu fâché. On lui promit une somme si elle parvenait à le faire sortir de son caractère, et, sachant qu'il aimait à être bien couché, elle ne lui fit pas son lit.

Abauzit s'en aperçut et lui en fit l'observation : elle répondit qu'elle l'avait oublié; elle ne dit rien de plus.

Le soir, le lit n'était pas fait; le lendemain, même observation, à laquelle la servante répondit par une excuse encore plus mauvaise que la première. Enfin, à la troisième fois : « Vous avez encore oublié de faire mon lit, lui dit-il doucement; vous avez sans doute pris votre parti là-dessus, et cela vous paraît trop fatigant. Mais après tout, il n'y a pas grand mal, et je commence à m'y habituer. »

Attendrie par tant de patience et de bonté, la servante demanda pardon à son maître, et lui avoua l'épreuve à laquelle on avait voulu le soumettre.

E. MULLER [3].

Générosité.

J'allais presque tous les dimanches passer la journée aux Pâquis, chez M. Fazy, qui avait épousé une de mes tantes,

---

1. Voir p. 95, n. 1.
2. *Érudition* : savoir très étendu.

3. Voir p. 105, note 1.

et qui avait là une fabrique d'indiennes [1]. Un jour, j'étais à l'étendage [2], dans la chambre de la calandre [3], et j'en regardais les rouleaux de fonte; leur luisant flattait ma vue; je fus tenté d'y poser mes doigts, et je les promenais avec plaisir sur le lissé du cylindre, quand le jeune Fazy s'étant mis dans la roue lui donna un demi-quart de tour si adroitement, qu'il n'y prit que le bout de mes deux plus longs doigts; mais c'en fut assez pour qu'ils y fussent écrasés par le bout, et que les deux ongles y restassent. Je fis un cri perçant; Fazy détourna à l'instant sa roue, mais les ongles n'en restèrent pas moins au cylindre, et le sang ruisselait de mes doigts. Fazy, consterné, s'écrie, sort de la roue, m'embrasse et me conjure d'apaiser mes cris, ajoutant qu'il était perdu. Au fort de ma douleur, la sienne me toucha; je me tus, nous fûmes à la Carrière, où il m'aida à laver mes doigts, et à étancher mon sang avec de la mousse. Il me supplia avec larmes de ne point l'accuser; je le lui promis, et le tins si bien

Il m'aida à laver mes doigts.

que plus de vingt ans après, personne ne savait par quelle aventure j'avais deux de mes doigts cicatrisés; car ils le sont demeurés toujours. Je fus détenu dans mon lit plus de trois semaines, et plus de deux mois hors d'état de me servir de ma main, disant toujours qu'une grosse pierre, en tombant, m'avait écrasé les doigts.

Cet accident me fut pourtant bien sensible par sa circonstance, car c'était le temps des exercices, où l'on faisait

1. *Indiennes* : cotonnades imprimées.
2. *Étendage* : lieu où l'on fait sécher les pièces sur des cordes.

3. *Calandre* : machine pour lustrer les étoffes.

manœuvrer la bourgeoisie, et nous avions fait un rang de
trois autres enfants de mon âge, avec lesquels je devais,
en uniforme, faire l'exercice avec la compagnie de mon
quartier. J'eus là douleur d'entendre le tambour de la
compagnie, passant sous ma fenêtre, avec mes trois camarades, tandis que j'étais dans mon lit.

J.-J. ROUSSEAU[1].

Le linot[2].

(UTILITÉ DE LA VIE EN COMMUN)

Une linotte avait un fils
Quelle adorait, suivant l'usage[3].
C'était l'unique fruit du plus doux mariage
Et le plus beau linot qui fût dans le pays.
Sa mère en était folle, et tous les témoignages
Que peuvent inventer la tendresse et l'amour
Étaient pour cet enfant épuisés chaque jour.
Notre jeune linot, fier de ces avantages,
Se croyait un phénix[4], prenait l'air suffisant[5],
Tranchait du petit important
Avec les oiseaux de son âge;
Persiflait[6] la mésange ou bien le roitelet;
Donnait à chacun son paquet,
Et se faisait haïr de tout le voisinage.
Sa mère lui disait : « Mon cher fils, sois plus sage,
Plus modeste surtout. Hélas! je conçois bien
Les dons, les qualités qui furent ton partage;
Mais feignons de n'en savoir rien,
Pour qu'on les aime davantage. »
A tout cela notre linot
Répondait par quelque bon mot.
La mère en gémissait dans le fond de son âme.
Un vieux merle, ami de la dame,

---

1. Voir p. 94, n. 2.
2. La fréquentation des autres hommes, voilà le meilleur moyen d'apprendre les vertus individuelles. Tel est le
sens de cette fable.

3. Suivant l'usage des mères.
4. *Un phénix* : un oiseau merveilleux.
5. *Suffisant* : présomptueux, conten
de soi.
6. *Persiflait* : raillait.

Lui dit : « Laissez aller votre fils au grand bois,
    Je vous réponds qu'avant un mois
Il sera sans défauts. » Vous jugez des alarmes
De la mère, qui pleure et frémit du danger;
Mais le jeune linot brûlait [1] de voyager :
    Il partit donc malgré ses larmes.
    A peine est-il dans la forêt,
    Que notre petit personnage
    Du pivert entend le ramage,
    Et se moque de son fausset [2].
Le pivert, qui prend mal cette plaisanterie,
Vient à bons coups de bec plumer le persifleur,
    Et, deux jours après, une pie
Le dégoûte à jamais du métier de railleur.
Il lui restait encor la vanité secrète
    De se croire excellent chanteur;
    Le rossignol et la fauvette
    Le guérirent de son erreur.
    Bref, il retourna chez sa mère,
    Doux, poli, modeste et charmant.
Ainsi l'adversité fit, dans un seul moment,
Ce que tant de leçons n'avaient jamais pu faire.

FLORIAN [3].

Le marchand de marrons.

(IL FAUT JUSTIFIER LA BONNE OPINION QU'ON A DE NOUS)

Un paysan traversait souvent notre faubourg avec un âne chargé de fruits, et s'arrêtait vis-à-vis de notre maison. Groupés devant l'âne, nous regardions son fardeau avec des yeux d'envie. Un jour, la tentation fut trop forte. L'âne portait un sac dont les déchirures laissaient voir de beaux marrons lustrés, qui avaient l'air de se mettre à la fenêtre

---

1. *Brûlait* : brûlait d'envie de.
2. *Fausset* : ton aigu.
3. *Florian* (1755-1794) : officier et homme de lettres. Il fit des *comédies*, des *romans pastoraux*, des *romans épiques*, imitation du Télémaque de Fénelon, un précis historique sur *Les Maures*, une traduction de *Don Quichotte*, des *Nouvelles* et des *Contes* dans le goût espagnol. Ce qui a survécu de lui, ce sont ses *Fables*. Il aima la nature, mais une nature un peu factice et fardée.

pour provoquer notre gourmandise. Les plus hardis se les
montraient de l'œil, et l'un d'eux proposa d'élargir l'ouverture. On mit la chose en délibération, je fus le seul à m'y
opposer.

Comme la majorité faisait la loi, on allait passer à l'exécution, lorsque je me jetai devant le sac en criant que personne n'y toucherait. Je voulais donner des raisons à
l'appui, mais un coup de poing me ferma la bouche. Je
ripostai, et il en résulta une mêlée générale, qui fut mon

« Il me punit à coups de fouet.... »

Waterloo [1]. Accablé par le nombre, j'entraînai dans ma
chute le sac que je défendais, et le paysan, que le bruit
du débat avait attiré, me trouva sous les pieds de l'âne au
milieu des marrons éparpillés. Voyant mes adversaires
s'enfuir, il devina ce qu'ils avaient voulu faire, me prit
pour leur complice, et, sans plus d'éclaircissements, se mit
à me punir à coups de fouet du vol que j'avais empêché.

Mes compagnons ne manquèrent pas de railler mes
scrupules si mal récompensés; mais j'avais la volonté
têtue : au lieu de me décourager, je m'acharnai. Après tout,
si mes meurtrissures me faisaient mal, elles ne me faisaient

1. Une défaite aussi désastreuse pour moi que celle de Waterloo le fut
pour Napoléon Ier.

pas honte, et, tout en se moquant de ma conduite, on en faisait cas. Comme on dit dans le monde, cela me posait!

J'ai souvent pensé depuis qu'en me battant, l'homme aux marrons m'avait rendu, sans le savoir, un service d'ami. Non seulement il m'avait appris qu'il fallait faire le bien pour le bien, non pour la récompense; mais il m'avait fourni l'occasion de montrer un caractère. Je m'étais créé grâce à lui une réputation que, plus tard, je voulus soutenir : car, si la bonne renommée est une récompense, c'est aussi un stimulant; le bien qu'on pense sur notre compte nous oblige souvent à le mériter.

E. Souvestre [1].

Un frère d'armes.

J'avais un camarade; un meilleur, tu ne le trouveras jamais. Le tambour battit la charge [2]. Il marchait à mon côté, du même élan, du même pas

Une balle prit son vol vers nous Est-elle pour moi? Est-elle pour toi?

.... C'est lui qu'elle a renversé : il est étendu à mes pieds, comme un débris de moi-même.

Il veut encore me tendre la main; mais je dois recharger mon fusil.

« Je ne puis te donner la main [3]; au revoir, dans la vie éternelle; au revoir, mon bon camarade. »

Traduit de Kœrner [4].

Le président Carnot.

Sa vie privée, sa vie publique ne présentaient pas une tache; il serait difficile au juge le plus sévère de trouver en lui matière à un reproche sérieux et mérité. La bienveillance était le trait dominant de son caractère. Il n'a

---

1. Voir p. 202, n. 1.
2. C'est un soldat qui parle.
3. Je ne le puis sans manquer à mon devoir, qui est, en ce moment, de tirer sans relâche sur les ennemis.

4. *Kœrner* (1791-1813); né à Dresde, poète de la guerre de l'indépendance allemande contre Napoléon. Il fut tué dans une escarmouche près de Hambourg.

jamais connu la colère; jamais une pensée de vengeance n'effleura son cœur; s'il ne fut pas incapable d'indignation, il a toujours ignoré la haine, et même dans les jours lugubres où il votait pour la continuation de la guerre [1],

Carnot.

il rêvait, sans irritation contre personne, un ordre européen qui, bien loin d'ouvrir une longue perspective de guerre et une période d'angoisses accablantes, même pour

1. En 1871, parce qu'il trouvait désastreuses pour la France les conditions de paix imposées par les Allemands.

les plus résolus, assurât une paix durable parce qu'elle serait sincère.

Puis, porté d'une manière imprévue à la magistrature suprême [1], il travaille sans relâche pendant près de sept ans au bien du pays; il s'applique à faire aimer la République, en désarmant par son sourire aimable et loyal jusqu'aux plus profondes rancunes, en se prodiguant à tous dans ses voyages sans fin. Entouré de la considération européenne, il attache son nom à des actes d'heureux présage pour l'avenir du pays; quelques mois encore et il va rentrer dans le repos auquel il aspire.

Le moment est venu : il faut qu'il tombe, et sans motif imaginable, sans avoir fait à qui que ce soit la plus légère blessure, victime d'un dévouement que la maladie n'a pas affaibli, victime de cet excès de confiance auquel l'homme droit et bon s'accoutume si vite; il tombe à l'improviste sous le poignard d'un misérable assassin [2].

M. Challemel-Lacour [3], Discours.

1. Élu président de la République.
2. Caserio assassina le président Carnot d'un coup de poignard, à Lyon, le 24 juin 1894.
3. *Challemel-Lacour:* orateur et homme politique contemporain, fut ministre, puis président du Sénat.

CHAPITRE IX

LA JUSTICE

Le sentiment de la justice.

J'avais alors sept ans et demi et mon père m'avait mis en pension chez M. Lambercier.

J'étudiais un jour ma leçon dans la chambre contiguë [1] à la cuisine. La servante avait mis à sécher les peignes de Mlle Lambercier. Quand elle revint les prendre, il s'en trouva un dont tout un côté de dents était brisé. A qui s'en prendre de ce dégât? Personne que moi n'était entré dans la chambre. On m'interroge : je nie d'avoir touché le peigne; je persiste avec opiniâtreté, fort de mon innocence. Les apparences me condamnaient. Mon cousin Bernard étant accusé d'un délit moins grave, nous fûmes enveloppés dans la même exécution. Elle fut terrible : on nous fouetta cruellement.

Qu'on se figure un enfant qui n'avait pas même l'idée de l'injustice et qui, pour la première fois, en éprouve une si terrible, de la part précisément des gens qu'il craint et qu'il respecte le plus : quel renversement d'idées! quel désordre de sentiments! quel bouleversement dans son cœur, dans sa cervelle, dans tout son petit être intelligent et moral!

La douleur du corps m'était peu sensible : je ne sentais que l'indignation, la rage, le désespoir de subir un châtiment effroyable pour une faute que je n'avais pas commise. Mon cousin, dans un cas à peu près semblable, et qu'on

1. *Contiguë* : attenante.

avait puni d'une faute involontaire comme d'un acte prémédité [1], se mettait en fureur à mon exemple. Tous deux
dans le même lit, nous nous embrassions avec des transports convulsifs; et quand nos jeunes cœurs un peu soulagés pouvaient exhaler leur colère, nous nous levions sur
notre séant, et nous nous mettions à crier : Bourreau,
bourreau, bourreau!

Je sens, en écrivant ceci, que ma parole s'élève encore :
ces moments me seront toujours présents, quand je vivrais
cent mille ans. Ce premier sentiment de la violence et de
l'injustice est resté si profondément gravé dans mon âme,
que toutes les idées qui s'y rapportent me rendent ma première émotion; et ce sentiment, relatif à moi dans son
origine, a pris une telle consistance en lui-même et s'est
tellement détaché de tout intérêt personnel, que mon cœur
s'enflamme au spectacle ou au récit de toute action injuste,
quel qu'en soit l'objet et en quelque lieu qu'elle se commette, comme si l'effet en retombait sur moi. Quand je lis
les cruautés d'un tyran [2], je partirais volontiers pour aller
poignarder ce misérable, dussé-je cent fois y périr. Je me
suis souvent mis en rage à poursuivre à la course ou à
coups de pierres un coq, une vache, un chien, un animal
que je voyais en tourmenter un autre, uniquement parce
qu'il se sentait le plus fort.

J.-J. ROUSSEAU [3].

Les deux frères et le champ.

(OÙ EST LA JUSTICE)

Aux premiers temps du monde, où tout était commun,
Deux frères, comme vous [4], avaient deux champs en un;
Comme l'un prenait moins et l'autre davantage,
Il vinrent un matin borner leur héritage.
Un seul arbre, planté vers le sommet du champ,
Dominait les sillons du côté du couchant.
Un frère à l'autre dit : « L'extrémité de l'ombre
De nos sillons égaux coupe juste le nombre :

1. *Prémédité* : médité d'avance.
2. *Tyran* : signifie ici, celui qui abuse de son autorité contre le droit et la raison.
3. Voir p. 91, n. 2.
4. Jocelyn, le héros du poème, raconte cette parabole à deux frères qui se disputent la propriété d'un champ.

Que l'ombre nous partage! » Ainsi fut convenu.
Or l'ombre s'allongea quand le soir fut venu,
Et, jusqu'au bout du champ, en rampant descendue,
Fit un seul possesseur de toute l'étendue.
Vite il alla chercher les témoins de la loi [1],
Et leur dit : « Regardez, toute l'ombre est à moi ».
Et les juges humains en hommes le jugèrent,
Et le champ tout entier au seul frère adjugèrent;
Et l'autre, par le ciel dépouillé de son bien,
Accusa le soleil, et s'en fut avec rien.
L'hiver vint : l'ouragan, que la saison déchaîne,
S'engouffrant une nuit dans les branches du chêne,
Et le combattant, seul, sans frère et sans appui,
Le balaya de terre, et son ombre avec lui.
Le frère dépouillé, voyant l'autre sans titre,
Descendant à son tour, alla chercher l'arbitre,
Et dit : « Voyez..., plus d'ombre! ainsi tout est à moi! »
Et le juge, prenant la lettre [2] de la loi,
Jugea comme le vent, et le soleil, et l'ombre;
Et des sillons du champ, sans égaler le nombre,
Lui donna l'héritage avec tout son contour;
Et tous deux eurent trop ou trop peu tour à tour;
Et, descendant du champ où la borne ainsi glisse,
Ils disaient dans leur cœur : « Où donc est la justice? »
Or, un sage, passant par là, les entendit,
Écouta leurs raisons en souriant, et dit :
« La justice est en vous : que cherchez-vous ailleurs?
La borne de vos champs, plantez-la dans vos cœurs,
Rien ne déplacera la sienne ni la vôtre;
Chacun de vous aura sa part dans l'œil de l'autre. »
Les deux frères, du sage écoutant le conseil,
Ne divisèrent plus par l'ombre ou le soleil;
Mais, dans leur équité plaçant leur confiance,
Partagèrent leur champ avec leur conscience,
Et devant l'invisible et fidèle témoin,
Nul ne fit son sillon ni trop près ni trop loin.

LAMARTINE, Jocelyn, édit. Hachette.

1. Les témoins exigés par la loi.
2. Ici la lettre de la loi s'oppose à l'esprit de la loi.

La colère a toujours tort.

J'allai un matin faire visite au général Bouvier-Déséclats, mon ami et mon compatriote.

Je le trouvai parcourant son appartement d'un air agité et froissant dans ses mains un écrit que je pris pour une pièce de vers.

« Prenez, dit-il en me le présentant, et dites-moi votre avis : vous vous y connaissez. »

Je reçus le papier, et, l'ayant parcouru, je fus fort étonné de voir que c'était une note de médicaments fournis; de sorte que ce n'était pas en ma qualité de poète que j'étais requis [1], mais comme pharmacopole [2].

« Mon ami, dis-je, en lui rendant son papier, les prix ont été peut-être exagérés.

— Taisez-vous donc, me dit-il avec humeur; cette note est épouvantable; au reste, vous allez voir mon écorcheur; je l'ai fait appeler; il va venir, et vous me soutiendrez. »

Il parlait encore quand la porte s'ouvrit; nous vîmes un homme d'environ cinquante ans, vêtu avec soin; il avait la taille haute, la démarche grave, et la physionomie sévère.

Il s'approcha de la cheminée, s'assit, et j'entendis le dialogue suivant, que j'ai fidèlement retenu.

LE GÉNÉRAL. — Monsieur, la note que vous m'avez envoyée est un véritable compte d'apothicaire, et….

1. *Requis* : consulté. | 2. *Pharmacopole* : vendeur de drogues.

L'HOMME NOIR. — Monsieur, je ne suis point apothicaire.

LE GÉNÉRAL. — Et qu'êtes-vous donc, monsieur?

L'HOMME NOIR. — Monsieur, je suis pharmacien.

LE GÉNÉRAL. — Eh bien! monsieur le pharmacien, votre garçon a dû vous dire....

L'HOMME NOIR. — Monsieur, je n'ai point de garçon.

LE GÉNÉRAL. — Qu'était donc ce jeune homme?

L'HOMME NOIR. — Monsieur, c'est un élève.

LE GÉNÉRAL. — Je voulais vous dire, monsieur, que vos drogues....

L'HOMME NOIR. — Monsieur, je ne vends point de drogues.

LE GÉNÉRAL. — Que vendez-vous donc, monsieur?

L'HOMME NOIR. — Monsieur, je vends des médicaments.

Là finit la discussion; le général, honteux, se troubla, oublia ce qu'il avait à dire, et paya tout ce qu'on voulut.

BRILLAT-SAVARIN [1].

Le cœur et les lèvres.

François de Sales, l'illustre évêque de Genève, était naturellement très vif et très emporté. Il s'appliqua à vaincre son naturel, et plus il se sentait en colère, plus il parlait doucement.

Un jour, arrive chez lui un gentilhomme qui a résolu de faire du scandale [2] sous ses fenêtres pour se venger de quelque refus qu'il avait essuyé. Il fait grand tapage; ses chiens (car il a amené sa meute avec lui) aboient et hurlent autour de l'habitation; ses valets, plus insolents que lui, ricanent et profèrent des injures.

François de Sales entend tout ce bruit et n'en paraît pas ému. Le gentilhomme se dit que l'on méprise sa personne; il ouvre les portes, il entre dans la maison, il monte à la chambre de l'évêque et lui adresse des insultes violentes.

---

1. *Brillat-Savarin* (1755-1826): avocat et député à l'Assemblée constituante, combattit l'institution de la peine de mort, fut magistrat, émigra sous la Terreur. Il est célèbre par ses ouvrages gastronomiques, pleins d'anecdotes humoristiques, en particulier par sa *Phy-* *siologie du goût*. Il a écrit aussi sur l'Économie politique et sur quelques questions de morale et de législation, telles que le duel.

2. *Scandale*: éclat fâcheux causé par une mauvaise action.

L'évêque le regarde, sans se troubler; mais il se contente de le regarder et ne prononce pas une parole.

Le gentilhomme se sent plus furieux que jamais devant une tranquillité qui ressemble à du mépris. Il redouble de colère; il ajoute de nouveaux affronts à ses premiers outrages, mais il ne peut vaincre la patience de saint François de Sales, et il est obligé de s'en aller par où il est venu, sans autre résultat de sa visite.

Quand il est parti, on s'empresse autour de l'évêque; on s'indigne contre le gentilhomme à qui il aurait fallu donner une leçon.

« Pourquoi, dit-on à l'évêque, pourquoi avez-vous gardé le silence?

— C'est un pacte [1], dit-il, que nous avons fait, ma langue et moi. Nous nous sommes promis qu'en pareille circonstance, tant que mon cœur serait dans l'émotion, ma langue ne dirait mot. »

E. CHASLES, La morale en exemples.

La médisance.

(RESPECT DE LA RÉPUTATION D'AUTRUI)

Braves gens, prenez garde aux choses que vous dites.
Tout peut sortir d'un mot qu'en passant vous perdites;
Tout, la haine et le deuil! Et ne m'objectez pas
Que vos amis sont sûrs et que vous parlez bas.
Écoutez bien ceci : Tête à tête, en pantoufle,
Portes closes, chez vous, sans un témoin qui souffle,
Vous dites à l'oreille au plus mystérieux
De vos amis de cœur, ou, si vous l'aimez mieux,
Vous murmurez tout seul, croyant presque vous taire,
Dans le fond d'une cave, à trente pieds sous terre,
Un mot désagréable à quelque individu.
Ce mot, que vous croyez qu'on n'a pas entendu,
Que vous disiez si bas, dans un lieu sourd et sombre,
Court à peine lâché, part, bondit, sort de l'ombre;
Tenez, il est dehors. Il connaît son chemin;
Il marche, il a deux pieds, un bâton à la main [2],
Debout, souliers ferrés, un passe-port en règle;
Au besoin il prendrait des ailes comme l'aigle!

1. *Un pacte* : un traité, un contrat.
2. L'auteur personnifie la médisance pour montrer qu'elle ne se perd pas et va sûrement à son but.

Il vous échappe, il fuit, rien ne l'arrêtera ;
Il suit le quai, franchit la place, et cœtera,
Passe l'eau sans bateau dans la saison des crues,
Et va, tout à travers un dédale de rues,
Droit chez le citoyen dont vous avez parlé.
Il sait le numéro, l'étage, il a la clé ;
Il ouvre l'escalier, pousse la porte, passe,
Entre, arrive, et, railleur, regardant l'homme en face,
Dit : « Me voilà ! je sors de la bouche d'un tel. »
Et c'est fait, vous avez un ennemi mortel.

Victor Hugo [1], Œuvres posthumes.

Scrupules d'une conscience délicate.

« ... je le brûlerai. »

Le peuple dit et fait simplement quelquefois des choses très belles, qui, hélas ! n'ont pas d'historien. Ma bonne me racontait que, lors de la mort de son père, qui tenait, dans un village des Vosges, le bureau de tabac, avec la vente de la mercerie et de l'épicerie de l'endroit, sa mère avait assemblé ses enfants, et leur avait dit : « Écoutez, voici deux livres de ce qui nous est dû. Il y en a un des mauvaises *payes*, si vous m'y autorisez, je le brûlerai. Ceux qui sont honnêtes et qui pourront payer le feront ; quant aux autres, je ne veux pas que leurs enfants, qui ne sont pas responsables des mauvaises affaires ou de la mauvaise foi de leurs parents, souffrent un jour, près de vous, de leurs dettes. » Et le registre fut brûlé !

E. de Goncourt [2], Journal.

1. Voir p. 36, n. 1. 2. Voir p. 20, n. 1.

Le voyageur et le chien.

(LA CALOMNIE)

Un voyageur passait à cheval dans un bois; un chien, qui dormait sur la route, fut réveillé en sursaut par le bruit et se mit aussitôt à aboyer et à sauter autour du cavalier. Le cheval, effrayé, prit le galop. Alors le voyageur, furieux, dit au chien qui courait à sa suite : « Je n'ai pas d'arme à la main pour me débarrasser de toi, mais j'ai dans la bouche un moyen de vengeance assuré.... » Lorsqu'ils furent arrivés au bourg, le voyageur cria : « Au chien enragé! » A ce mot, les habitants sortirent de leurs maisons avec des bâtons, des fourches, des fusils, et le pauvre chien fut bientôt massacré.

Quelle est l'arme dont le voyageur s'était servi?

La calomnie, qui tue parfois plus sûrement qu'une arme à feu.

STEEG [1].

L'eau, le feu et la réputation.

Un jour, le Feu, l'Eau et la Réputation, devant voyager ensemble, délibérèrent comment ils pourraient se retrouver en cas qu'ils vinssent à se perdre. Le Feu dit : « Vous me trouverez où vous verrez de la fumée. »

L'Eau dit : « Où vous verrez des lieux marécageux. » — « Et vous, dirent-ils à la Réputation, où vous rencontrera-t-on? — Moi, répondit celle-ci, quand une fois on m'a perdue, on ne me retrouve jamais. »

DELON [2].

---

1. *Steeg* : écrivain contemporain, auteur d'ouvrages classiques; fut député, puis inspecteur général de l'instruction publique.

2. *C. Delon* : écrivain contemporain, professeur et auteur d'ouvrages classiques.

La vente des esclaves à Washington.

(RESPECT DE LA LIBERTÉ D'AUTRUI)

On attendait l'ouverture des enchères [1]. Les hommes et les femmes que l'on allait vendre formaient un groupe à part; ils se parlaient entre eux à voix basse. La femme désignée sous le nom d'Agar était une véritable Africaine de tournure et de visage; elle pouvait avoir soixante ans, mais elle en portait davantage; la maladie et les fatigues l'avaient vieillie avant l'âge. Elle était presque aveugle, et ses membres étaient perclus [2] de rhumatismes. A côté d'elle se tenait le dernier de ses fils, Albert, petit, mais alerte et beau garçon de quatorze ans. C'était le dernier survivant d'une nombreuse famille que la malheureuse mère avait vue vendre pour les marchés du Sud. La pauvre vieille appuyait sur lui ses deux mains tremblantes et jetait un regard

« Nous ne faisons qu'un lot. »

inquiet et timide sur tous ceux qui s'approchaient pour l'examiner.

« Ne craignez rien, mère Agar, dit le plus vieux des nègres. J'en ai parlé à M. Thomas et il espère pouvoir arranger cela de façon à vous vendre ensemble dans un seul lot. »

Cependant Haley, un marchand d'esclaves, fendit la foule,

1. *Enchères* : vente au plus offrant. | 2. *Perclus* : paralysés.

arriva au vieux nègre, lui fit ouvrir la bouche, examina la mâchoire, frappa de petits coups sur les dents, le fit lever, se dresser, courber le dos et accomplir diverses évolutions pour montrer ses muscles. Puis il passa au suivant et lui fit subir le même examen. Il alla enfin vers Albert, lui tâta le bras, étendit ses mains, regarda ses doigts et le fit sauter pour voir sa souplesse.

« Il ne peut être vendu sans moi, dit la vieille femme avec une énergie passionnée. Lui et moi nous ne faisons qu'un seul lot ; je suis encore très forte, monsieur, je puis faire un tas d'ouvrage ; comptez là-dessus.

— Dans une plantation ? dit Haley avec un regard de mépris. En voilà une histoire ! » Puis, comme s'il eût suffisamment examiné, il se promena dans la cour regardant à droite et à gauche, les mains dans les poches, le cigare à la bouche, le chapeau sur l'oreille, prêt à agir.

Le commissaire-priseur [1], petit homme trapu à l'air affairé et important, se fraya un passage à l'aide de ses coudes. La pauvre mère retint son souffle et s'attacha convulsivement à son fils.

« Tenez-vous auprès de votre mère, Albert ; ils nous vendront ensemble, dit-elle.

— Ah ! maman ! j'ai peur que non, dit l'enfant.

— Il le faut, où je péris », dit la pauvre femme.

Le commissaire commanda le silence, et d'une voix de stentor [2], il annonça que la vente allait commencer. La foule se recula un peu et l'on commença. Les différents esclaves furent vendus à des prix qui montraient que les affaires allaient bien. Deux d'entre eux furent adjugés à Haley.

« Allons, viens çà, petit, dit le commissaire en touchant l'enfant de son marteau ; debout, et montre comme tu es souple !

— Mettez-nous ensemble, monsieur, s'il vous plaît, » dit la vieille femme en se serrant contre son fils.

« Au large ! répondit le commissaire d'un ton brutal en lui faisant lâcher prise. Vous venez la dernière. Allons, noiraud, saute ; » et en même temps il poussa l'enfant sur l'estrade. Un profond sanglot se fit entendre derrière lui ;

---

1. *Commissaire-priseur* : homme de loi qui, dans des enchères, fixe la mise à prix, c'est-à-dire le prix qui sert de point de départ aux offres, et adjuge au plus offrant.

2. *Stentor* : personnage de l'*Iliade* doué d'une voix éclatante.

l'enfant s'arrêta et se retourna ; mais il n'avait pas de temps à lui..., il dut marcher ; des larmes tombaient de ses yeux brillants.

Son beau visage, sa tournure gracieuse, ses membres souples excitèrent vivement les concurrents. Une douzaine d'enchères vinrent simultanément assaillir les oreilles du commissaire.

L'enfant, inquiet, effrayé, jetait les yeux de tous côtés en entendant ce bruit et cette lutte des enchères se disputant sa personne. Enfin le marteau retomba. L'acquéreur était Haley. L'enfant fut poussé de l'estrade vers son nouveau maître. Il s'arrêta encore un instant pour regarder sa vieille mère, dont les membres tremblaient et qui tendait vers lui ses mains émues.

« Achetez-moi aussi, monsieur, disait-elle ; achetez-moi. Je mourrai si vous ne m'achetez pas.

— Vous mourriez bien davantage, si je vous achetais ! dit Haley ; non ! » Et il pirouetta sur ses talons.

L'enchère de la vieille ne fut pas longue.... Un homme qui avait causé avec Haley, et qui ne semblait pas dépourvu de tout sentiment de pitié, l'acheta pour une misère. La foule commença alors à se disperser. Les victimes de la vente, qui avaient vécu ensemble pendant des années, se réunirent autour de la pauvre mère désolée dont l'agonie était navrante.

« Ne pouvaient-ils m'en laisser un ? Le maître avait toujours dit qu'on m'en laisserait un ! » répétait-elle sans cesse avec une expression déchirante.

Mme BEECHER STOWE[1], La case de l'oncle Tom.

Respect de la parole donnée.

(PORCON DE LA BARBINAIS)

La ville d'Alger était au XVIIe siècle un repaire de pirates. Ceux-ci sillonnaient la Méditerranée sur leurs légers navires, attaquaient et mettaient au pillage les bâtiments de commerce qu'ils rencontraient. Parfois même ils faisaient

---

1. Mme *Beecher-Stowe* : née en 1814, écrivain américain, auteur de la *Case de l'oncle Tom*, l'ouvrage le plus émou- vant qui ait été écrit en faveur des esclaves.

des descentes sur les côtes de France, d'Espagne ou d'Italie et emmenaient comme esclaves tous les malheureux qu'ils avaient pu faire prisonniers.

Au nombre des captifs qui gémissaient dans les cachots du dey [1] d'Alger, se trouvait, au commencement du règne de Louis XIV, un Français nommé Porcon de la Barbinais,

Il vient s'offrir à la mort.

officier de la marine marchande, de qui le bâtiment avait été capturé par les pirates. Le dey le fait un jour appeler, lui ordonne de partir pour la France et de proposer au roi Louis XIV un traité qui était tout à fait inacceptable. Porcon est prévenu que s'il échoue dans la négociation il aura la tête tranchée à son retour; s'il ne revient pas à Alger dans un délai fixé, six cents de ses compagnons de captivité périront décapités à sa place. Le malheureux

1. *Dey* : mot arabe ; titre que portait le chef du gouvernement d'Alger avant 1830.

officier fut donc conduit en France sur un navire algérien. Il se rendit à la cour et fit connaître la mission dont il était chargé. Les ministres de Louis XIV pensèrent que le gouvernement du roi ne pouvait accepter l'humiliation de se laisser dicter des conditions par les pirates algériens, et Porcon fut éconduit. Il se rendit alors à Saint-Malo, sa patrie, embrassa ses parents et ses amis; puis, après avoir mis ses affaires en ordre, comme un homme qui part pour un long voyage, il reprit la route d'Alger et y rentra avant l'expiration du délai prescrit. Aussitôt arrivé, il est conduit à la Kasbah, ou palais du dey. Celui-ci lui demande quelle est la réponse du gouvernement français. Porcon réplique sans se troubler que le roi de France ne juge pas à propos d'entrer en négociation avec lui; et il ajoute simplement que, n'ayant pas réussi dans sa mission, il vient s'offrir à la mort plutôt que de laisser périr ses compagnons de captivité. Le dey ordonne qu'on fasse venir le bourreau et Porcon de la Barbinais est aussitôt exécuté.

George Duruy [1], Pour la France [2].

La tolérance religieuse.

(RESPECT DE LA PENSÉE SINCÈRE)

« Ne fais pas à autrui ce que tu ne voudrais pas qu'on te fît. »

Or, on ne voit pas comment un homme, suivant ce principe, pourrait dire à un autre : « Crois ce que je crois, et ce que tu ne peux croire, ou tu périras. » C'est ce qu'on dit en Portugal, en Espagne, à Goa [3]. On se contente à présent dans quelques pays, de dire : « Crois, où je t'abhorre [4]; crois, ou je te ferai tout le mal que je pourrai; monstre, tu n'as pas ma religion, tu n'as donc point de religion, il faut que tu sois en horreur à tes voisins, à ta ville, à ta province. »

S'il était de droit humain de se conduire ainsi, il faudrait donc que le Japonais détestât le Chinois, qui aurait en exécration le Siamois, celui-ci poursuivrait les habitants du Gange, qui tomberaient sur les habitants de l'Indus; un

---

1. Voir p. 45, n. 1.
2. Hachette, éditeur.

3. Colonie portug. dans l'Hindoustan.
4. Je te repousse avec horreur.

Mogol arracherait le cœur au premier Malabare qu'il trouverait; le Malabare pourrait égorger le Persan, qui pourrait massacrer le Turc, et tous ensemble se jetteraient sur les chrétiens qui se sont si longtemps dévorés les uns les autres.

Le droit de l'intolérance est donc absurde et barbare, c'est le droit des tigres; et même il est bien plus horrible, car les tigres ne déchirent que pour manger et nous nous sommes exterminés pour des paragraphes.

Mais quoi! sera-t-il permis à chaque citoyen de ne croire que sa raison et de penser ce que cette raison éclairée ou trompée lui dictera? — Il le faut bien, pourvu qu'il ne trouble pas l'ordre; car il ne dépend pas de l'homme de croire ou de ne pas croire, mais il dépend de lui de respecter les usages de sa patrie; et si vous disiez que c'est un crime de ne pas croire à la religion dominante, vous accuseriez donc vous-mêmes les premiers chrétiens [1] vos pères, et vous justifieriez ceux que vous accusez de les avoir livrés aux supplices.

VOLTAIRE [2].

Mort de Thomas Morus.

(FORCE D'AME DEVANT LA TYRANNIE)

On parla à Morus de l'influence qu'allait avoir son exemple. « Que veut-on de moi? répondit-il; je ne fais pas de mal, je ne dis pas de mal; si ce n'est pas assez pour garder un homme en vie, eh bien! je ne désire pas vivre plus longtemps. D'ailleurs, je suis déjà mourant, et depuis que je suis entré ici [3], j'ai dû penser plusieurs fois que je n'avais pas une heure à vivre. Mon pauvre corps est à la disposition du roi. Dieu veuille que ma mort lui fasse du bien! »

Le roi voulait absolument que Morus se prononçât pour ou contre le statut [4] et on le dit au chancelier.

Celui-ci rappela la maxime du roi lui-même : « Servir

---

1. Les premiers chrétiens refusaient de croire à la religion dominante.
2. Voir p. 205, n. 1.

3. En prison.
4. Le décret qui changeait la religion de l'Angleterre.

Dieu d'abord, et le roi après Dieu. » Ce fut la seule vengeance de l'honnête homme.

On finit par lui poser les deux questions : Avez-vous lu le statut? — Il répondit : Oui. — Est-il légal, oui ou non? — Il se tut.

Un membre pensa le prendre en paraissant douter de son mépris pour la vie. Il dit à Morus : Si vous avez un si grand désir de quitter le monde, que ne vous prononcez-vous nettement contre la légalité du statut? Votre silence ferait croire que vous seriez moins content de mourir que vous le dites. »

Morus fit cette sublime réponse : « Je n'ai pas été d'une vie si sainte que je puisse m'offrir de moi-même à la mort. Je craindrais que Dieu ne me punît de ma présomption en m'abandonnant. »

Morus fut condamné à mort.

A neuf heures, il s'achemina vers l'échafaud. Une bonne femme lui offrit un verre de vin; il le refusa en disant : « Le Christ à sa passion ne but pas de vin, mais du fiel et du vinaigre. »

Arrivé au pied de l'échafaud, il le trouva si branlant qu'il dit au lieutenant de la Tour[1] : « Veillez, je vous prie, à ce que je puisse monter sûrement; pour la descente, je m'en tirerai comme je pourrai. » Comme il commençait à parler au peuple, le shérif l'interrompit.

Morus se borna à dire à la foule de prier pour lui. L'exécuteur lui demanda pardon. Morus l'embrassa et lui dit : « Tu vas me rendre le plus grand service que je puisse recevoir d'un autre homme. N'aie pas peur de faire ton devoir. Mon cou est court; prends garde de ne pas frapper à faux et sauve ton honneur. »

L'exécuteur voulut lui bander les yeux : « Je me les banderai moi-même, » dit-il, et il se couvrit d'un mouchoir qu'il avait apporté dans ce dessein. Alors, il posa sa tête sur le bloc, disant à l'exécuteur d'attendre qu'il eût écarté sa barbe, qui n'avait jamais commis de trahison. Ce fut sa dernière parole. L'exécuteur, d'un seul coup, sépara la tête du tronc.

D. Nisard[3], Renaissance et Réforme.

---

1. Le lieutenant chargé de le conduire à l'échafaud.

2. *Shérif* : magistrat anglais placé à la tête de l'administration civile d'un comté.

3. *Désiré Nisard* : littérateur contemporain.

Le pauvre colporteur[1].

(INTOLÉRANCE, PRÉJUGÉS DE RACE)

Le pauvre colporteur est mort la nuit dernière.
Nul ne voulait donner des planches pour sa bière.
Le forgeron lui-même a refusé son clou :
« C'est un Juif, disait-il, venu je ne sais d'où,
Un ennemi du Dieu que notre terre adore,
Et qui, s'il revenait, l'outragerait encore.
Son corps infecterait un cadavre chrétien :
Aux crevasses du roc, traînons-le comme un chien.
La croix ne doit pas d'ombre à celui qui la nie,
Et ce n'est qu'à nos os que la terre est bénie. »
Et la femme du Juif et ses petits-enfants
Imploraient vainement la pitié des passants,
Et, disputant le corps au dégoût populaire,
Retenaient par les pieds le mort dans son suaire[2].
Du scandale inhumain averti par hasard,
J'accourus, j'écartai la foule du regard.
Je tendis mes deux mains aux enfants, à la femme;
Je fis honte aux chrétiens de leur dureté d'âme,
Et, rougissant pour eux, pour qu'on l'ensevelît :
« Allez, dis-je, et prenez les planches de mon lit.... [3] »
Ces deux mots ont suffi pour retourner leur âme;
Et l'on se disputait les enfants et la femme.

LAMARTINE [4].

Le sac de terre.

(RESPECT DE LA PROPRIÉTÉ)

Le calife[5] Hakkam voulut un jour agrandir les jardins
de son palais. Il acheta toutes les terres environnantes,
payant aux propriétaires le prix qu'ils en demandaient. Il
se trouva cependant une pauvre veuve, qui, par piété, ne

---

1. *Colporteur* : porteballe, marchand ambulant qui porte sur son dos ses marchandises.
2. *Suaire* : linceul dans lequel on ensevelit un mort.
3. C'est un prêtre chrétien qui parle ainsi.
4. Voir p. 24, n. 4.
5. *Calife* : souverain mahométan.

voulut point aliéner [1] l'héritage de ses pères, et refusa toutes les offres qu'on lui fit.

L'intendant des bâtiments royaux fut irrité de l'obstination de la veuve, lui ravit de force sa petite terre, et la pauvre femme s'en vint chez le juge en pleurant.

Ibn-Béchir était alors cadi [2] de la ville; il se fit raconter l'affaire, qu'il trouva très délicate; les lois, sans doute, don-

« Ce sac est trop lourd. »

naient expressément raison à la veuve; mais il n'était pas facile de soumettre à la loi un prince qui regardait sa volonté comme la justice la plus parfaite. Que fit donc l'honnête cadi? Il sella un âne, mit un sac autour de son cou, et se rendit incontinent [3] dans les jardins du palais impérial. Le calife se trouvait en ce moment même dans le beau pavillon qu'il avait fait bâtir sur l'héritage de la veuve.

L'arrivée du cadi avec son âne et son sac lui causa de l'étonnement, et sa surprise fut bien plus grande quand Ibn-Béchir, se jeta à ses pieds en lui disant :

« Permets-moi, seigneur, de remplir ce sac avec de la terre de ce sol. » Hakkam le permit.

Quand le sac fut rempli, Ibn-Béchir pria le calife de l'aider à mettre le sac sur l'âne. Hakkam trouva cette

1. *Aliéner* : céder à autrui.
2. *Cadi* : juge musulman.
3. *Incontinent* : tout aussitôt.

demande encore plus étrange que tout le reste; cependant, pour voir où le cadi voulait en arriver, il se mit à l'aider; mais le sac ne bougeait pas, et le calife dit :

« Ce fardeau est trop lourd.

— Maître, répondit Ibn-Béchir avec une noble audace, tu trouves ce fardeau trop lourd, et il ne contient pourtant qu'une faible partie de la terre que tu as ravie injustement à une pauvre veuve; comment pourras-tu donc porter toute cette terre injustement acquise quand, au jour du grand jugement, le Juge du monde la mettra sur tes épaules? » Le calife fut frappé d'étonnement; il loua le courage et la sagesse du cadi, et il rendit à la veuve son héritage avec les bâtiments qu'il y avait fait élever.

Traduit de HERDER [1].

La probité.

Voici une histoire vraie, qui m'a été contée par celui-là même qui en fut le témoin. Cet homme, un riche Anglais,

<table>
<tr><td>« Je lui remis la pièce. »</td><td>« Voici la monnaie. »</td></tr>
</table>

ne se la rappelait jamais sans être ému jusqu'aux larmes.

Un jour, me disait-il, comme je sortais de ma maison, située dans une des grandes rues de Londres, un enfant d'une douzaine d'années, en haillons, le visage maigre et

1. *Herder* : célèbre écrivain et philosophe allemand, du XVIIIe siècle.

blême, m'offrit des boîtes d'allumettes en me suppliant de lui en acheter une par charité.

Je tirai ma bourse : il se trouva qu'elle ne contenait que de l'or.

« Je suis bien fâché, mon garçon, lui dis-je, mais je n'ai pas de monnaie et je ne veux pas remonter chez moi pour en prendre.

— Oh! monsieur, s'il vous plaît, qu'à cela ne tienne. Donnez-moi la pièce d'or, je vais courir chez un marchand et vous rapporter la monnaie.

— Bien vrai? dis-je en le regardant fixement.

— Oh! monsieur, bien vrai. Je ne suis pas un voleur, monsieur. »

Il y avait, en effet, dans sa pâle figure un air d'honnêteté et de fierté. Je lui remis la pièce d'or, il partit en courant et disparut dans la foule des passants.

Cinq minutes se passèrent, puis dix. Bien qu'il m'en coûtât d'accuser de mensonge cet honnête visage, je commençais à ressentir quelque soupçon. Mais j'attendis en vain, et, quand une demi-heure se fut écoulée, je poursuivis ma promenade en me promettant de profiter de la leçon et de ne plus me fier aux petits vagabonds.

Quand je rentrai au bout de quelques heures, ne pensant déjà plus à cet incident, mon domestique me prévint qu'un enfant, qui disait avoir à me parler, attendait dans l'antichambre. Le petit garçon que j'y trouvai ressemblait à mon voleur, mais il était évidemment plus jeune de quelques années. Son visage, plus maigre et plus pâle que celui de l'autre, était troublé par une expression de chagrin désespéré.

« Monsieur, s'écria-t-il, est-ce vous qui avez remis à Robert une pièce d'or? » Je fis signe que oui.

« Voici la monnaie, monsieur.... Robert m'envoie vous la remettre.... C'est mon frère, et nous sommes orphelins.... Il n'a pas pu vous la rapporter.... Une voiture l'a renversé, monsieur, et à présent il est chez nous..., et je crois qu'il va mourir.... »

La voix du pauvre petit se perdit dans les sanglots.

« Où est-il, dis-je? Conduis-moi auprès de lui. »

Je sortis avec l'enfant. Nous quittâmes les quartiers riches pour nous enfoncer en des rues de plus en plus étroites et sombres. Mon guide marchait aussi vite que ses petites jambes pouvaient aller.

« C'est ici, monsieur, s'il vous plaît », dit-il au bout de quelques instants, en faisant halte devant la porte d'une sorte de cave qui s'ouvrait comme un trou noir au bas d'une vieille maison à demi-ruinée.

Nous descendîmes quelques marches disloquées et ruisselantes d'humidité. Dans un coin du sombre caveau, auprès d'un vieux fourneau éteint, sur un tas de haillons, je reconnus mon petit mendiant, étendu, immobile. Son visage, maintenant, était d'une blancheur de cire, que rendait plus blanche un mince filet rouge coulant du front fendu.

Ses yeux se tournèrent vers nous. « Monsieur, dit-il d'une voix faible comme un souffle, approchez-vous, s'il vous plaît. » Je m'agenouillai près de lui et je pris sa main, une pauvre petite main glacée.

« Tu lui as donné l'argent, n'est-ce pas? dit-il à son frère. Oh! je suis content. Vous voyez bien, monsieur, que je ne suis pas un voleur!... »

Tout à coup, une tristesse affreuse se peignit sur ses traits. « Oh! mon Dieu, gémit-il, Charley, mon petit Charley, que vas-tu devenir!... Il n'avait que moi, monsieur, et maintenant... Oh! mon Dieu!... »

Je me penchai vers lui; je baisai le pauvre front brisé, et je lui dis d'être en paix, que je veillerai sur son petit frère; je lui parlai longtemps, doucement, voulant lui adoucir la mort. La petite main maigre était toujours dans la mienne, plus froide de minute en minute. Il ne parlait plus, ne gémissait plus : ses yeux seulement allaient de son frère à moi, avec une expression de calme presque joyeux.

C'est ainsi que mourut mon petit mendiant, m'ayant fait voir la plus grande chose que j'aie vue dans ma vie : la beauté d'une âme d'enfant demeurée pure au sein de la plus terrible pauvreté.

E. PÉCAUT [1], Petit livre de lectures [2].

La fraude en matière d'impôt.

Combien de braves gens n'hésitent point à frustrer [3] le Trésor public par de fausses déclarations de ventes, de

---

1. *Pécaut* (docteur *Élie*) : fils de l'éducateur F. Pécaut; médecin, auteur d'ouvrages d'éducation.

2. Hachette, éditeur.

3. *Frustrer* : priver injustement.

baux, sous prétexte que l'État n'est pas quelqu'un! Mais, c'est bien plus que quelqu'un, c'est tout le monde, et tout le monde représentant ce qu'il y a de plus sacré dans la société : la loi. N'importe, on commet allègrement[1] cette fraude, quoiqu'elle soit aggravée d'un mensonge, et souvent d'un mensonge signé.

Je ne puis me rappeler à ce sujet sans en rire et sans en

Il lui fallut ouvrir ses malles.

être touché, le trait caractéristique d'un de mes plus chers amis. Il porte dans toutes les choses de la vie, et surtout dans les questions d'argent, une probité, une délicatesse allant jusqu'au chevaleresque, qui lui ont valu dans le monde le surnom de don Quichotte. Or donc, X revenait de Belgique avec sa belle-mère. La brave dame avait acheté à Malines de fort belles dentelles et les avait adroitement cachées dans ses malles au milieu de ses robes. Arrivé à la frontière, son gendre lui dit : « N'oubliez pas de déclarer vos dentelles. — Par exemple! il me faudrait payer des droits énormes. — Mais ces droits, vous les devez. — Je les dois! À qui! Pourquoi? — Parce qu'il y a une loi sur l'importation qui frappe d'un impôt.... — Est-ce que c'est moi qui l'ai faite, cette loi? Est-ce qu'on m'a demandé mon

1. *Allègrement* : avec la conscience légère.

avis pour la faire? Je la trouve absurde, moi, cette loi; je la trouve inique [1], oppressive..., et je ne comprends pas qu'un libéral comme vous approuve une telle tyrannie. J'y échappe; c'est mon droit. — Mais c'est de la contrebande, et la contrebande est une fraude. — Assez, reprit-elle assez sèchement. Vous n'avez pas la prétention j'imagine, de m'apprendre ce que j'ai à faire. Donc taisez-vous! »

Il se tut, mais quand on en vint à l'examen des malles et que le douanier demanda aux voyageurs s'ils n'avaient rien à déclarer, mon ami, avec le calme qui lui est propre, répondit : « Oui monsieur; madame a ici des dentelles qui, je crois, doivent payer à l'entrée. »

La fureur de la dame, vous vous l'imaginez. Elle ne pouvait rien dire, le douanier était là; il lui fallut ouvrir ses malles, dérouler ses bandes de Malines, et payer un droit qui lui parut exorbitant. A chaque pièce de dentelle qu'elle montrait et à chaque somme d'argent qu'elle tirait, elle lançait à son gendre des regards furibonds et des imprécations sourdes, qu'il essuyait avec un flegme imperturbable [2]. Mais l'histoire eut un dénouement bien imprévu. La vue de l'honnêteté a un tel ascendant même sur ceux qu'elle condamne ou irrite que, la visite finie et les deux voyageurs restés seuls, la belle-mère de mon ami se retourna vers lui, et, après un moment de silence, lui sautant au cou : « Mon gendre, vous êtes un brave homme, il faut que je vous embrasse. »

LEGOUVÉ [3].

Assassinat commercial.

Il n'y a pas longtemps, vivait à New-York un certain Stewart; il avait acquis une fortune colossale dans un commerce de gros et de détail installé sur une vaste échelle. Une de ses manœuvres favorites était de baisser brusquement les prix d'une certaine catégorie de marchandises; il faisait ainsi subir des pertes ruineuses à un grand nombre de petites maisons que souvent il faisait tomber et, s'il ne ruinait pas les grandes maisons, il entravait considérable-

1. *Inique* : dépourvue d'équité. | rien ne pouvait troubler.
2. *Flegme imperturbable* : un calme que | 3. Voir p. 103, n. 1.

ment leur négoce. D'autre fois il faisait semblant de se prendre d'amitié pour un fabricant, l'encourageait et lui faisait des avances; puis tout d'un coup, quand ce dernier était fortement endetté, il exigeait le remboursement sur l'heure de sa créance [1], le faisait saisir et, à défaut de paiement, achetait à vil prix les marchandises saisies.

Ce genre de concurrence constitue un véritable assassinat commercial; les tourments qu'il inflige le rendent plus coupable qu'un meurtre ordinaire, car les souffrances des industriels ruinés et de leurs familles sont plus terribles que celles que plus d'un assassin fait endurer à ses victimes.

HERBERT SPENCER [2].

---

1. *De sa créance* : de ce qui lui était dû.

2. *Herbert Spencer* (né en 1820): philosophe anglais contemporain.

TABLE DES MATIÈRES

CHAPITRE II

La patrie.

CHAPITRE III

Solidarité.

CHAPITRE IV

Devoirs envers les animaux.

CHAPITRE V

Devoirs des écoliers.

CHAPITRE VI

Les habitudes morales : Hygiène et tempérance.

CHAPITRE VII

Les habitudes morales (*suite*) : Emploi du temps et des biens; nécessité et dignité du travail.

CHAPITRE VIII

Les habitudes morales (*suite*) : Respect de la vérité, modestie, fermeté d'âme, prudence, patience, discipline, etc.

CHAPITRE IX

La justice.

727 12. — Coulommiers. Imp. PAUL BRODARD. — PG-13.

LIBRAIRIE HACHETTE & Cie, PARIS

BIBLIOTHÈQUE
DES ÉCOLES ET DES FAMILLES
Illustrée de nombreuses gravures

❧ ❧ CINQUIÈME SÉRIE, FORMAT IN-8 (22×13) ❧ ❧

Chaque volume : cartonnage fort, genre maroquin, plats dorés, tranches jaspées, **1 fr.**